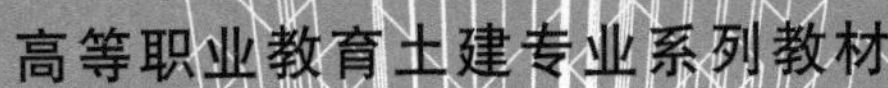

高等职业教育土建专业系列教材

建筑工程资料管理

（第二版）

主　编　刘剑霞　曹志芳　曾　飞
副主编　苏叶青　陈瑞明　曾　伟
参　编　黄介容　劳振铭　莫世涛
倪　侃　潘颖秋　曾子诚

南京大学出版社

内容简介

本书根据高等职业教育教学及改革的实际需求，以生产实际工作岗位所需的基础知识和实践技能为基础，按修订后《建设工程文件归档规范(2019 版)》(GB/T 50328—2014)《建筑工程施工质量验收统一标准》(GB 50300—2013)以及近年来广西地方发布的相关政策更新了教学内容，增加了一些新技术、新知识，适当扩展了知识面，突出实际性、实用性、实践性，按照基于工作过程的教育理论，以建筑工程资料宏观管理这一个"面"，抓住施工资料基础的这一条主"线"，学习实践各类表格、报告等质量验收为各个组成"点"，阐述了建筑工程资料的"来源—收集—编制—验收—立卷—归档"全过程。以提高学生的基本能力和素质为目标，按模块化结构组织教学内容，注重分析和解决问题的方法及思路的引导，注重理论与实践的紧密结合。

本书既可作为高等职业院校、大中专及职工大学建筑工程技术类、工程管理类、物业管理类等相关专业的教材，也可作为相关技术人员的参考教材。

图书在版编目(CIP)数据

建筑工程资料管理 / 刘剑霞，曹志芳，曾飞主编
. -- 2 版. -- 南京 ：南京大学出版社，2021. 6(2025. 8 重印)
ISBN 978 - 7 - 305 - 24729 - 3

Ⅰ. ①建… Ⅱ. ①刘… ②曹… ③曾… Ⅲ. ①建筑工程－技术档案－档案管理－高等职业教育－教材 Ⅳ. ①G275. 3

中国版本图书馆 CIP 数据核字(2021)第 138622 号

出版发行 南京大学出版社
社　　址 南京市汉口路 22 号　　　邮　编 210093

书　　名 建筑工程资料管理
JIANZHU GONGCHENG ZILIAO GUANLI
主　　编 刘剑霞　曹志芳　曾　飞
责任编辑 朱彦霖　　　编辑热线 025 - 83597482

照　　排 南京南琳图文制作有限公司
印　　刷 苏州市古得堡数码印刷有限公司
开　　本 787 mm×1092 mm　1/16　印张 16. 25　字数 406 千
版　　次 2021 年 6 月第 2 版　2025 年 8 月第 4 次印刷
ISBN 978 - 7 - 305 - 24729 - 3
定　　价 46. 00 元

网址：http://www. njupco. com
官方微博：http://weibo. com/njupco
官方微信号：njutumu
销售咨询热线：(025) 83594756

前　言

习近平总书记对职业教育工作作出重要指示强调“在全面建设社会主义现代化国家新征程中，职业教育前途广阔、大有可为。加快构建现代职业教育体系，培养更多高素质技术技能人才，能工巧匠、大国工匠”。党的二十大报告指出，办好人民满意的教育。高等职业教育作为高等教育的一个重要组成部分，是以培养具有一定理论知识和较强实践能力，面向生产、服务和管理第一线的职业岗位，以实用型、技能型专门人才为目的的职业教育。它的课程特色是在必需、够用的理论知识基础上进行系统的学习和专业技能的训练。

本教材根据高职教育特点，依据修订后《建设工程文件归档规范(2019 版)》(GB/T 50328—2014)、2014 年 6 月 1 日实施的《建筑工程施工质量验收统一标准》(GB 50300—2013)，以建筑工程资料宏观管理这一个“面”，抓住施工资料基础的这一条主“线”，学习实践各类表格、报告等质量验收为各个组成“点”，阐述了建筑工程资料的“来源—收集—编制—验收—立卷—归档”全过程。注重理论与实践的紧密结合，突出“实际性、实用性、实践性”，旨在使学生通过学习建筑工程资料管理，掌握收集、编制等工程相关资料基本原理和基本方法，并把知识应用到实践中去，培养工程实践的基本素质，具备建筑工程资料管理的基本能力。

全书共六个模块，分别是岗位基础知识、建筑工程的资料管理、施工资料收集与编制、工程竣工文件及资料的编制、住宅工程质量分户验收资料编制及施工资料上机操作实务等内容，通过大量的图表、填写实例对工程资料的编制、整理、组卷、移交、归档等过程进行解析。每个模块或项目前都提出了学完本项目后应该达到的知识目标和技能目标，并提供了理实一体化的教学建议，每个模块或项目后均附有实训练习和复习思考题。

本书既可作为高等职业技术院校、大中专及职工大学建筑技术类、工程管理类、物业管理类等相关专业的教材，也可作为相关技术人员的参考教材。

本书编修团队曾多次参与申报“国家建筑工程鲁班奖”“国家优质工程奖”等建筑工程奖项的资料编审、报评工作，对建筑工程资料管理有较丰富的实践经验。全书由原南宁职业技术学院建筑工程学院，现任广西广播电视台基建办高级工程师、全国广播电影电视工程监理规范编委成员刘剑霞、广东创新科技职业学院曹志芳、广西建工集团第二安装建设有限公司曾飞共同担任主编，由湖南有色金属职业技术学院苏叶青、贵阳职业技术学院陈瑞明、南宁市建筑工程管理处曾伟担任副主编；广西建工第一建筑工程集团有限公司黄介容和劳振铭、中建五局土木工程有限公司莫世涛、广西科诚建设工程质量检测科技有限公司倪侃、南宁品茗科技有限公司潘颖秋、西安理工大学曾子诚参与编制。最后由刘剑霞负责统稿。

由于地域差异，不足之处恳请读者给予批评指正。

编　者

于中国绿城南宁

目　录

模块一　岗位基础知识

模块概述

建筑工程资料管理的概念及重要性；工程项目管理的现状；建筑工程建设一般程序；建筑工程竣工备案制度；资料员岗位职责；岗位工作涉及的相关规范。

学习目标

通过本模块的学习，掌握工程资料管理的概念、建筑工程标准的分类；熟悉建筑工程建设一般程序，了解建筑工程竣工备案制度、资料员岗位职责。

项目1　概　述

学习目标　掌握建设工程文件、施工文件、工程资料、施工资料管理的概念，熟悉建筑工程建设程序，了解建筑工程竣工备案制度。

能力目标　认识到什么是工程文件、资料。

知 识 点　施工文件、施工资料管理。

一、建筑工程资料管理概述

随着城市建设的步伐日益加快，都市高楼林立、气势雄伟，乡镇房屋鳞次栉比、别具一格，这些无不依靠科技的进步和建筑技术、工艺的飞速发展。目前建设行业的规范化管理日愈完善，建设项目从立项、勘测、设计、施工、监督到竣工验收，都有相应的记录资料。而建设的规模日益变大，施工技术工艺日趋高、精、尖、节能环保发展，相应地记录建设全过程的资料文件也越来越多，更需要规范、全面、科学的管理模式。

建设工程文件就是在工程建设过程中形成的各种形式的信息记录，包括工程准备阶段文件、监理文件、施工文件、竣工图和竣工验收文件，也可简称为工程文件。

施工文件是施工单位在工程施工过程中形成的文件。

建筑工程资料是建筑工程在建设过程中形成的各种形式信息记录（包括文字资料、影像资料、电子文档等）的统称，简称工程资料。

建筑工程施工资料管理是建筑工程在施工过程中的资料填写、编制、审核、审批、收集、整理、组卷、移交及归档等工作的统称。

二、建筑工程项目管理现状

工程项目建设程序是指工程项目从策划、评估、决策、设计、施工到竣工验收、投入生产或交付使用的整个建设过程中，各项工作必须遵循的先后工作顺序。工程项目建设程序是工程建设过程客观规律的反映，是建设工程项目科学决策和顺利进行的重要保证。工程项目建设程序是人们在长期的工程项目建设实践中得出来的经验总结，不能任意颠倒，但可以合理交叉。

建筑工程资料制作、形成、归档、使用，贯穿工程项目从施工到竣工再到投入生产或交付使用的建设过程，直至该建设项目使用维修、改扩建乃至拆除。

我们所讲的建筑工程是指新建、改建或扩建房屋建筑物和附属构筑物设施所进行的规划、勘察、设计、施工、竣工等各项技术工作和完成的工程实体以及与其配套的线路、管道、设备的安装工程，如学校、医院、影剧院、厂房、住宅等。参与建筑工程建设的单位一般有建设单位、勘察单位、设计单位、施工单位、工程监理单位，以上单位在其责任范围内依法对建设工程质量负责。建设单位是建设工程的投资人，也称“业主”“发包人”“甲方”。建设单位是工程建设项目建设过程的总负责方，拥有确定建设项目的规模、功能、外观、选用材料设备、按照国家法律法规规定选择承包单位等权利。建设单位可以是法人或自然人，例如：企事业单位、房地产开发商等。勘察单位是指已通过建设行政主管部门的资质审查，从事工程测量、水文地质和岩土工程等工作的单位。勘察单位依据建设项目的目标，查明并分析、评价建设场地和有关范围内的地质地理环境特征和岩土工作条件，编制建设项目所需的勘察文件，提供相关服务和咨询。设计单位是指经过建设行政主管部门的资质审查，从事建设工程可行性研究、建设工程设计、工程咨询等工作的单位。设计是依据建设项目的目标，对其技术、经济、资源、环境等条件进行综合分析、制订方案、论证比选，编制建设项目所需的设计文件，并提供相关服务和咨询的过程。施工单位是指经过建设行政主管部门的资质审查，从事土木工程、建筑工程、线路管道设备安装、装修工程施工承包的单位，也称“承包人”。工程监理单位是指经过建设行政主管部门的资质审查，受建设单位委托，依照国家法律规定和建设单位要求，在建设单位委托的范围内对建设工程进行监督管理的单位。

近年来，代建项目管理形式在国内逐渐发展起来。根据国家发改委起草、国务院原则通过的《投资体制改革方案》，代建制是针对政府投资超过一定比例的项目，政府通过招标的方式，选择专业化的项目管理单位(以下简称代建单位)，负责项目的投资管理和建设组织实施工作，项目建成后交付使用单位的制度。代建期间，代建单位按照合同约定代行项目建设的投资主体职责，有关行政部门对实行代建制的建设项目的审批程序不变。

目前各地代建制模式略有不同，严格意义上讲建设单位与代建单位是不一样的。但在建筑工程资料管理过程中，诸多表格为固定通用格式，考虑到实践中的通用性、简易性，仅预留建设单位填写栏。因此，在一般情况下，建筑工程资料中所指的建设单位，就是与施工单位(即承包人)签订项目施工合同的单位。

中华人民共和国房屋建筑工程竣工实行竣工验收备案制度。依据《中华人民共和国建筑法》制定的《建设工程质量管理条例》(2000 年 1 月 30 日发布施行)规定：建设单位应当自建设工程竣工验收合格之日起 15 日内，将建设工程竣工验收报告和规划、公安消防、环保等部门出具的认可文件或者准许使用文件报建设主管部门或者其他有关部门备案。

住房和城乡建设部于2000年4月7日发布《房屋建筑工程和市政基础设施工程竣工验收备案管理暂行办法》，经2009年10月19日修正为《房屋建筑和市政基础设施工程竣工验收备案管理办法》。办法明确规定：建设单位应当自工程验收合格之日起15日内，依照本办法规定，向工程所在地的县级以上地方人民政府建设主管部门（简称备案机关）备案。

三、建筑工程资料管理重要性

建筑工程资料的管理是工程项目管理的重要组成部分，它记载着整个工程施工活动全过程；是工程建设至竣工验收及备案的必需条件；是核查工程建设合法性和施工组织过程、质量等方面的依据；也是工程在使用过程中进行检查、维修、改建和扩建的原始资料。建筑工程资料的完整与质量的好坏，直接影响到这个工程项目真实情况反映，同时也体现出一个施工企业整体管理水平。

工程档案、资料管理部门要认真做好工程资料的管理工作，对于掌握第一手资料的施工企业来说尤为重要。因此，施工企业要不断地提高自身管理水平，加强资料员的业务素质培训，确保工程施工资料质量的完整性、准确性、有效性，更好地为工程建设服务，为“十四五”国家可持续建设与发展服务。

实训练习

任务一　了解我国房屋建筑工程竣工备案制度

1. 目的　通过网络搜索建设部颁布的相关规章制度，进一步学习、了解国内工程竣工备案管理规定。

2. 能力目标　利用网络资源为学习提供更为详细的文件资料。

项目2　认知资料管理岗位规范和标准

学习目标　掌握标准的分类，熟悉标准编号含义，熟悉建筑工程档案管理规范要求，了解建筑工程施工相关规范。

能力目标　拿到任意一本规范或标准可初步判定其适用范围、作用。

知 识 点　强制性标准、推荐标准、国家标准、施工及验收标准。

一、标准、规范分类

建筑工程资料管理工作是在遵守《中华人民共和国建筑法》《建设工程质量管理条例》（国务院令第279号）《中华人民共和国民法典》《中华人民共和国招标投标法》《中华人民共和国产品质量法》等国家法律及法规和工程所在地建设主管部门规章文件的前提下，严格执行各项标准。

标准是为了在一定的范围内获得最佳秩序，经协商一致，制定并由公认机构批准，共同使用和重复使用的一种规范性文件。

1. 按标准的约束性分类

(1) 强制性标准。保障人体健康、人身财产安全的标准和法律、行政性法规规定强制性执行的国家和行业标准是强制性标准，省、自治区、直辖市标准化行政主管部门制定的工业产品的安全、卫生要求的地方标准在本行政区域内是强制性标准。对工程建设业来说，下列标准属于强制性标准：

工程建设勘察、规划、设计、施工(包括安装)及验收等通用的综合标准和重要的通用的质量标准；工程建设通用的有关安全、卫生和环境保护的标准；工程建设重要的术语、符号、代号、计量单位、建筑模数和制图方法标准；工程建设重要的通用的试验、检验和评定等标准；工程建设重要的通用的信息技术标准；国家需要控制的其他工程建设通用的标准。

(2) 其他非强制性的国家和行业标准是推荐性标准。推荐性标准国家鼓励企业自愿采用。

2. 按内容分类

(1) 设计标准：指从事工程设计所依据的技术文件。

(2) 施工及验收标准：施工标准是指施工操作程序及其技术要求的标准；验收标准是指检验、接收竣工工程项目的规程、办法与标准。

(3) 建设定额：指国家规定的消耗在单位建筑产品上活劳动和物化劳动的数量标准，以及用货币表现的某些必要费用的额度。

3. 按属性分类

(1) 技术标准：指对标准化领域中需要协调统一的技术事项所制定的标准。

(2) 管理标准：指对标准化领域中需要协调统一的管理事项所制定的标准。

(3) 工作标准：指对标准化领域中需要协调统一的工作事项所制定的标准。

4. 我国标准的权限范围分类

(1) 国家标准

国家标准是对需要在全国范围内统一的技术要求制定的标准，由国务院标准化行政主管部门(现为国家质量技术监督检验检疫总局)制定(编制计划、组织起草、统一审批、编号、发布)。国家标准在全国范围内适用，其他各级别标准不得与国家标准相抵触。国家标准的编号为：强制性国家标准(GB)、推荐性国家标准(GB/T)、国家标准指导性技术文件(GB/Z)等，建筑工程资料管理涉及的国家标准较多，例如：

强制性国家标准有：《建筑工程施工质量验收统一标准》GB 50300、《建设工程监理规范》GB/T 50319、《建筑地基基础施工质量验收规范》GB 50202、《混凝土结构施工质量验收规范》GB 50204、《建筑装饰装修工程施工质量验收规范》GB 50210、《建筑给水排水及采暖工程施工质量验收规范》GB 50242、《民用建筑工程室内环境污染控制规范》GB 50325 等。

推荐性国家标准有：《建设工程文件归档规范》GB/T 50328、《建设工程监理规范》GB/T 50319、《混凝土强度检验评定标准》GB/T 50107、《绿色建筑评价标准》GB/T 50378、《建筑工程施工质量评价标准》GB/T 50375 等。

国家标准指导性技术文件在建筑工程资料管理工作中涉及不多，有：《土方机械合格评定和认证过程》GB/Z 41096 等。

(2) 行业标准

行业标准是对没有国家标准而又需要在全国某个行业范围内统一的技术要求所制定的标准。由我国各主管部、委(局)批准发布，在该部门范围内统一使用的标准，称为行业标准。机械、电子、建筑、化工、冶金、轻工、纺织、交通、能源、农业、林业、水利等行业，都制定有行业标准。当同一内容的国家标准公布后，则该内容的行业标准即行废止。行业标准分为强制性标准和推荐性标准。涉及代号为：建筑工业(JG)、建工行标(JGJ)、建材行业(JC)。

强制性行业标准有：《建筑地基处理技术规范》JGJ 79、《玻璃幕墙工程技术规范》JGJ 102、《钢筋焊接及验收规程》JGJ 18、《古建筑修建工程施工与质量验收规范》JGJ 159 等。推荐性行业标准有：《建筑工程饰面砖粘结强度检验标准》JGJ/T 110、《玻璃幕墙工程质量检验标准》JGJ/T 139、《采暖通风与空气调节工程检测技术规程》JGJ/T 260、《建筑工程冬期施工规程》JGJ/T 104、《先张法预应力混凝土空心板梁》JC/T 2088、《天然石材装饰工程技术规程》JCG/T 60001等。

(3) 地方标准

地方标准是对没有国家标准和行业标准而又需要在该地区范围内有统一的技术要求所制定的标准。地方标准又称区域标准，没有国家标准和行业标准而又需要在省、自治区、直辖市范围内有统一的工业产品的安全、卫生要求时，可以制定地方标准。地方标准由省、自治区、直辖市标准化行政主管部门制定，并报国务院标准化行政主管部门和国务院有关行政主管部门备案。在公布国家标准或者行业标准之后，该地方标准即行废止。

(4) 企业标准

企业标准是对企业范围内需要协调、统一的技术要求、管理事项和工作事项所制定的标准。没有国家标准、行业标准和地方标准的产品，企业应当制定相应的企业标准，企业标准应报当地政府标准化行政主管部门和有关行政主管部门备案。企业标准在企业内部适用。企业标准由企业制定，由企业法人代表或法人代表授权的主管领导批准、发布。企业标准一般以“Q”作为企业标准代号的开头。

二、编制、整理工程资料必备标准、规范文件

现行国家、部门有关质量管理法律、法规目录，以及现行常用的质量管理规范、标准及部分相关文件目录见表 1-1。

表 1-1

序号	名　称	编　号	备注
1	建设工程文件归档规范(2019 版)	GB/T 50328—2014	
2	城市建设档案著录规范	GB/T 50323—2001	
3	建设工程项目管理规范	GB/T 50326—2017	
4	建设工程监理规范	GB 50319—2013	
5	建筑工程施工质量验收统一标准	GB 50300—2013	
6	建筑工程资料管理规程	JGJ/T 185—2009	
7	建筑地基基础工程施工质量验收标准	GB 50202—2018	
8	砌体结构工程施工质量验收规范	GB 50203—2011	
9	混凝土结构工程施工质量验收规范	GB 50204—2015	
10	钢结构工程施工质量验收标准	GB 50205—2020	
11	木结构工程施工质量验收规范	GB 50206—2012	

（续表）

序号	名　称	编　号	备注
12	屋面工程质量验收规范	GB 50207—2012	
13	地下防水工程质量验收规范	GB 50208—2011	
14	建筑地面工程施工质量验收规范	GB 50209—2010	
15	建筑装饰装修工程质量验收标准	GB 50210—2018	
17	建筑防腐蚀工程施工规范	GB 50212—2014	
18	建筑给水排水及采暖工程施工质量验收规范	GB 50242—2002	
19	通风与空调工程施工质量验收规范	GB 50243—2016	
20	气体灭火系统施工及验收规范	GB 50263—2007	
21	建筑电气工程施工质量验收规范	GB 50303—2015	
22	电梯工程施工质量验收规范	GB 50310—2002	
23	建筑与建筑群综合布线系统工程验收规范	GB/T 50312—2016	
24	智能建筑工程质量验收规范	GB 50339—2013	
25	砌体工程现场检测技术标准	GB/T 50315—2011	
26	砌体结构工程施工质量验收规范	GB 50203—2011	
27	民用建筑工程室内环境污染控制标准	GB 50325—2020	
28	钢筋焊接及验收规程	JGJ 18—2012	
29	回弹法混凝土抗压强度技术检测规程	JGJ/T 23—2011	
30	钢结构高强度螺栓连接技术规程	JGJ 82—2011	
31	建筑工程饰面砖粘结强度检验标准	JGJ 110—2017	
32	外墙饰面砖工程施工及验收规程	JGJ 126—2015	
33	烟囱工程施工及验收规范	GB 50078—2008	
34	混凝土强度检验评定标准	GB/T 50107—2010	
35	人防工程施工及验收规程	GBJ 50134—2004	
36	古建筑修建工程施工及验收规范	JCJ 159—2008	
37	混凝土质量控制标准	GB 50164—2011	
38	火灾自动报警系统施工及验收标准	GB 50166—2019	
39	贯入法检测砌筑砂浆抗压强度技术规程	JGJ/T 136—2017	
40	玻璃幕墙工程质量检验标准	JGJ/T 139—2020	
41	预拌混凝土	GB 14902—2012	
42	工程建设标准强制性条文	2020 年版	房屋建筑部分
43	岩土锚杆与喷射混凝土支护技术规范	GB 50086—2015	

（续表）

序号	名　称	编　号	备注
44	城镇污水处理厂工程质量验收规范	GB 50334—2017	
45	建设项目工程总承包管理规范	GB/T 50358—2017	
46	工程建设施工企业质量管理规范	GB/T 50430—2017	
47	建筑施工组织设计规范	GB/T 50502—2009	
48	工程网络计划技术规程	JGJ 121—2015	
49	建设电子文件与电子档案管理规范	CJJ/T 117—2017	
50	房屋建筑工程和市政基础设施工程竣工验收备案管理办法	建设部令第2号	
51	住宅工程初装饰竣工验收办法	建监[1994]392号	

实训练习

任务一　熟悉与工程资料管理直接相关的主要规范、标准。

1. 目的　购买或通过网络搜索《建设工程文件归档规范(2019版)》《建筑工程施工质量验收统一标准》等标准，详细阅读、理解、掌握建筑工程资料涉及标准及内容。

2. 能力目标　懂得岗位必须准备，必须理解的相关标准。

项目3　资料员岗位能力要求

学习目标　熟悉建筑工程资料员岗位要求，了解岗位发展空间。

能力目标　正确认识岗位职责。

知 识 点　责任和要求。

一、资料员岗位能力的目标

建筑工程项目参建单位，如：建设单位、设计单位、勘察单位、监理单位、施工单位等，均设资料员专岗，其中施工单位资料员岗位为项目建设过程资料编制、收集、整理第一责任人。读者掌握施工单位资料员岗位知识，也能胜任其他单位资料管理工作。

建筑工程资料管理工作是一项复杂、艰巨的任务，要顺利圆满地完成所有的资料管理工作，就要求施工单位项目经理部的资料员在日常管理工作中多思考、勤交流、敢协调，同时要热忱、细致地去做、去检查、去落实，不放过任何一个细节。建筑工程资料员也是联系项目部内部、施工企业管理各职能部门，乃至参建各单位的纽带。从一份资料的盖章直至全部资料的移交、归档，都是资料员辛苦劳动的结果。

要做好建筑工程资料的管理工作，做好一名资料员，不仅仅要求身体健康、思想作风正派、对工作热情，还对其岗位能力有一定的要求。建筑工程资料管理是一项集建设管理、施工管理、档案管理知识、计算机操作知识等为一体的复合型工作，所以资料员必须具备一定的建筑专业知识、档案专业知识、计算机应用软件操作知识等，具体要求有：熟知现行的国家、省市级城市建筑工程和档案工作法律、法规、政策、标准、规定等；能读懂一般工业与民用建筑施工图纸；能正确运用和填写各种施工记录表格；熟悉工程档案归档要求、内容、时限等规定；掌握资料的收集、编制、整理的方法；了解文秘基础知识，会撰写工程活动的报告、通知、纪要等常用公文；熟悉资料管理相关的计算机软件等。

二、资料员岗位职责

资料员是建筑业关键岗位之一，负责工程资料的编制、收集、整理、装订归档等工作，一般工程项目管理岗位的职责是：

(1) 严格贯彻执行国家法律、法规，工程技术各项规程、规范标准、管理制度及项目合同要求，了解工程进度。

(2) 负责收发建设、监理、各管理部门等相关单位下发的各种图纸、变更、文件等资料，并登记造册，妥善保管。

(3) 负责工程技术资料的收集、整理、保存与归档，及时清理并标注作废资料，确保不被误用。

(4) 按工程实际情况填写工程技术资料，督促项目部各部门完成技术资料。

(5) 按照资料管理规程的要求，在规定时间内对竣工技术资料进行组卷、移交，为竣工备案及项目结算创造条件。

(6) 完成上级公司及项目领导下达的各项任务。

三、资料员岗位要求

资料员的职业性质决定了其必须具备的素质要求，资料员的职业素质要求应包括以下几个方面：

(1) 要有良好的思想素质和道德风范。这是职业素质中排在第一位的重要要求。诚信守纪，作风正派，具有良好的人格、性格特征和心理品质，积极的劳动态度，才能在实际管理工作中做到务实求真，同时不断地提高自身业务水平。

(2) 要有合理的知识结构和学习能力。资料员在资料管理工作中要用到各专业的知识，有大量的图表和数据需要统计、处理，故资料员既要有建筑管理一般的知识结构，如土木工程、建筑识图、建筑学、建筑材料、建筑安装工程、计算机等基础知识，还要有专业理论基础和专业知识技能，如档案管理、公共关系学等。同时，在全面的基础知识之外，特别要注重不断提高学习能力，不断获取新知，更好地为项目建设服务。

(3) 要有较强的表达与沟通能力。对于项目内部，资料员要能清晰、明确地向项目部成员表达工程档案形成要求，同时通过与项目部成员交流沟通，获取工程项目实时状况与收集工程资料进度作核查对比。对于项目外部，如建设单位、监理单位、设计单位、建设管理部门等，资料员也要积极沟通，准确获取对方要求、目标，及时传达到项目内部。总之，资料员要与自我、他人、社会之间建立和谐融洽的关系。

(4) 要有良好的身体素质。

四、资料员岗位职业发展

作为建筑业关键岗位之一的资料员，因其工作性质特殊，职业发展路径有：一是在管理方向上发展，成为项目经理、单位主管或建筑行政管理部门领导干部等，这与在岗位历练中讲政治的能力、群众工作的能力、组织协调的能力、意识形态工作的能力等有直接的关系；二是成为业务骨干，不少资料员在做好本职工作的同时，热爱自己的岗位专业，专心学习，刻苦研究，成长为专业重要带头人；三是成为专业技术顾问，特别是整个项目的策划，无论是建设单位、施工单位，还是项目策划咨询单位，都需要一些积累了丰富的理论知识和实践经验、精通工程资料的专家，那么有着扎实现场管理经验的资料员，可以成为优秀的技术专家。

作为最基础、最全面掌握工程建设情况的施工企业资料员，通过最直接的方式在工程现场参与施工全过程，获取第一手资料，累积全面、丰富的工程资料管理经验，可为今后在各种工作岗位工作打下坚实基础。

模块二　建筑工程的资料管理

模块概述

工程资料来源、分类，工程项目参建各单位对于工程资料管理的职责范围；《建筑工程施工质量验收统一标准》的质量验收程序；单位工程、分部工程、分项工程、检验批概念及划分原则；施工各阶段资料的管理流程；竣工图的编制要求和绘制方法；工程资料的立卷、编目和归档标准。

学习目标

通过本模块的学习，掌握工程资料的分类、建筑工程施工质量验收程序，掌握施工资料、单位工程、分部工程、分项工程、检验批的概念，掌握竣工图的编制方法；熟悉工程资料的立卷、编目和归档标准，熟悉施工各阶段资料的管理流程，熟悉施工资料包括的内容，了解各项工程资料来源单位；了解单位工程、分部工程、分项工程、检验批的划分原则。

项目 1　工程项目资料的形成

学习目标　掌握工程资料的分类，熟悉施工资料包括的内容，了解各项工程资料来源单位。

能力目标　熟悉施工资料包括各项表格名称。

知 识 点　施工资料、竣工图、工程竣工文件。

一、工程项目资料来源

工程项目资料管理是指在工程建设过程的不同阶段形成的工程资料或文件，经过建设、勘察、设计、施工、监理等不同单位相关人员积累、收集、整理，形成具有归档保存价值的工程档案的过程。建筑工程资料来源是参与建设的所有单位，包括建设单位、勘察单位、设计单位、施工单位、监理单位、检测机构、设备或材料供应商等。

二、工程资料分类及内容

按《建设工程文件归档规范(2019 版)》(GB/T 50328—2014)，工程资料可分为工程准备阶段文件、监理资料、施工资料、竣工图和工程竣工文件 5 大类。

1. 工程准备阶段文件

工程准备阶段文件指工程项目开工之前，在立项、审批、征地、勘察、设计、招投标、开工审批及工程概预算等工程准备阶段形成的各式文件资料，由建设单位提供。工程准备阶段文件包括项目决策立项文件、建设用地文件、勘察设计文件、招投标及合同文件、开工文件、商务文件，属于A类资料，使用A类表格填写。

2. 监理资料

监理资料指在工程项目施工监理过程中形成的各式文件资料，由监理单位负责完成。工程项目竣工后，监理单位应按规定将监理资料移交给建设单位。监理资料包括监理管理资料、进度控制资料、质量控制资料、造价控制资料、合同管理资料和竣工验收资料，属于B类资料，使用B类表格填写。

3. 施工资料

施工资料指工程项目施工过程中形成的各式文件资料，由施工单位负责完成。工程项目竣工后，施工单位应按规定将施工资料移交给建设单位。单位工程的施工资料包括施工管理资料、施工技术资料、施工进度及造价资料、施工物资资料、施工记录、施工试验记录及检测报告、施工质量验收记录、竣工验收资料等，属于C类资料，使用C类表格填写。

4. 竣工图

竣工图指工程项目竣工后，由施工单位按实际情况绘制的图纸，属于D类资料。

5. 工程竣工文件

工程竣工文件指工程项目在办理各项竣工手续过程中形成的各式文件资料，包括竣工验收文件、竣工决算文件、竣工交档文件、竣工总结文件等，属于E类资料。

三、工程项目资料的管理职责

根据国家规定，参与工程项目建设的建设、勘察、设计、监理和施工等单位均对各自提交的工程项目文件资料及管理工作承担相应的责任。每个参建单位负责的工作内容不一样，工程项目资料管理的职责也各不相同。

1. 通用职责

通用职责是参与工程项目建设的各个单位都应该遵守的基本管理责任，具体有以下几个方面：

(1) 工程资料的形成应符合国家相关的法律、法规、技术规范、质量验收标准、工程合同和设计文件等规定。

(2) 参建单位应将工程资料的形成和积累纳入工程建设管理的各个环节和全过程。勘察、设计、建设、监理、施工单位应各自负责本单位的工程资料管理工作，并应明确相关人员的职责。

(3) 工程资料应随着工程进度同步收集、整理和立卷，资料的组卷与资料的份数应符合规定，并按照有关规定进行移交。

(4) 工程资料应该实行分级管理，参建单位的主管(技术)负责人应主持本单位工程项目资料管理工作，聘任专职资料管理员，并应按规定取得相应的岗位资格。

(5) 确保工程项目资料的真实性、准确性、有效性、完整性。

(6) 涂改、伪造工程项目资料的，应按有关规定对相关责任人予以处罚，情节严重的，应依法追究法律责任。

2. 建设单位的职责

工程项目建设如采用代建制方式建设的，代建单位应履行建设单位的工程资料管理职责。

(1) 负责工程准备及验收阶段资料的编制、收集和管理工作。

(2) 在签订相关合同或协议时，应明确合同或协议的对方单位在工程项目资料管理上的内容及责任，如资料提交的份数、质量和移交期限等。

(3) 监督和检查参建各方工程资料的管理工作。

(4) 对需建设单位签认的工程项目资料，应及时签署意见。

(5) 建设单位自行采购的建筑材料、构配件和设备等，应符合设计文件及规范的要求，并保证质量证明文件的完整、齐全、真实、有效。

(6) 及时收集和整理勘察、设计、监理和施工等参与建设各单位提交的工程资料。

(7) 列入城建档案馆接收范围的工程项目资料文件应提请城建档案馆对工程项目资料文件进行预验收。未取得《建设工程竣工档案预验收意见》的，不得组织工程竣工验收。

(8) 工程竣工验收 3 个月内，应将一套符合规范、标准规定的工程项目资料档案原件，移交给城建档案馆，并办理好移交手续。

3. 勘察、设计单位的职责

(1) 按照合同和规范的要求及时提供完整的勘察、设计文件，包括工程洽商记录和设计变更记录。

(2) 对需要勘察、设计单位签认的工程项目资料，应及时签署意见。

(3) 按照有关规定对工程进行竣工验收，并出具工程质量检查报告。

(4) 对列入城建档案馆接收范围内的勘查、设计资料，应在工程竣工验收后，及时移交建设单位。

4. 监理单位的职责

(1) 负责监理资料的编制、收集、整理等管理工作。

(2) 依据合同或协议约定，在工程项目施工过程中，代表建设单位履行监督和检查勘察、设计、施工等单位工程项目资料的编制、整理情况，确保准确、真实、完整、有效，使其符合相关规定。

(3) 对需要签认的工程项目资料，应及时签署意见。

(4) 对列入城建档案馆接收范围内的监理资料，应在工程竣工验收后，及时移交建设单位。

5. 施工单位的职责

采用工程施工总承包制度的工程项目，如有施工分包单位的，分包单位参照执行。

(1) 负责施工资料的编制、整理等管理工作，建立健全施工资料管理岗位责任制。

(2) 总承包单位除负责自身的工程项目资料编制、收集、整理等管理责任外，还负责收集、整理各分包单位工程项目资料。分包单位负责其分包范围内工程项目资料的编制收集、整理，并对其提供的施工资料的真实性、完整性及有效性负责。

(3) 在工程竣工验收前，完成所有工程项目施工资料整理、汇总和立卷工作。

(4) 负责竣工图的绘制、立卷工作。

(5) 按照合同的要求和有关规定，负责编制施工资料，一般不少于 4 套。

(6) 对列入城建档案馆接收范围内的施工资料，应在工程竣工验收后，及时移交建设单位。

四、工程项目资料的构成表

一个完整的工程项目资料档案是由参与建设的所有单位共同完成的，各家单位负责提交的工程项目资料既相对独立，也相互关联。《建筑工程资料管理规程》(JGJ/T 185—2009)中对工程资料类别、来源及保存要求都有明确的规定，详见表 2－1。

表 2－1 工程项目资料的构成表

工程资料类别、来源及保存要求							
工程资料类别	工程资料名称		工程资料来源	工程资料保存			
				施工单位	监理单位	建设单位	城建档案馆
A 类	**工程准备阶段文件**						
A1 类	决策立项文件	项目建议书	建设单位			●	●
		项目建议书的批复	建设行政管理部门			●	●
		可行性研究报告及附件	建设单位			●	●
		可行性研究报告的批复文件	建设行政管理部门			●	●
		关于立项的会议纪要、领导批示	建设单位			●	●
		工程立项的专家建议资料	建设单位			●	●
		项目评估研究资料	建设单位			●	●
A2 类	建设用地文件	选址申请及选址规划意见通知书	建设单位 自然资源管理部门			●	●
		建设用地批准文件	自然资源管理部门			●	●
		拆迁安置意见、协议、方案等	建设单位			●	●
		建设用地规划许可证及附件	自然资源管理部门			●	○
		国有土地使用证	自然资源管理部门			●	●
		划拨建设用地文件	自然资源管理部门			●	●
		建设用地钉桩通知单(书)	自然资源管理部门			●	●
A3 类	勘察设计文件	工程地质勘察报告	勘察单位			●	●
		地形测量和拨地测量成果报告	测绘单位			●	●
		审定设计方案通知书及审查意见	自然资源管理部门			●	●
		审定设计方案通知书要求征求有关部门的审查意见和要求取得的有关协议	有关部门			●	●

（续表）

工程资料类别、来源及保存要求							
工程资料类别	工程资料名称		工程资料来源	工程资料保存			
				施工单位	监理单位	建设单位	城建档案馆
		初步设计图及设计说明	设计单位			●	●
		消防、人防、环保等设计审核意见	建设行政管理部门	○	○	●	●
		施工图设计文件审查通知书及审查报告	施工图审查机构	○	○	●	●
		施工图及设计说明	设计单位	○	○	●	
		节能设计备案文件	建设行政管理部门			●	●
A4 类	招投标及合同文件	勘察招标文件	建设单位 勘察单位			●	
		勘察合同××	建设单位 勘察单位			●	●
		设计招标文件	建设单位 设计单位			●	
		设计合同××	建设单位 设计单位			●	●
		监理招标文件	建设单位 监理单位		●	●	
		委托监理合同××	建设单位 监理单位		●	●	●
		施工招标文件	建设单位 施工单位	●	○	●	
		施工合同××	建设单位 施工单位	●	○	●	●
A5 类	开工文件	建设工程规划许可证及其附件	自然资源管理部门	○	○	●	●
		建设工程施工许可证及其附件	建设行政管理部门	●	●	●	●
		工程质量安全监督登记备案	质量监督机构	○	○	●	●
		工程开工前的原貌影像资料	建设单位	●	●	●	●
		施工现场移交单	建设单位	○	○	○	

（续表）

工程资料类别、来源及保存要求							
工程资料类别	工程资料名称		工程资料来源	工程资料保存			
				施工单位	监理单位	建设单位	城建档案馆
A6类	工程造价文件	工程投资估算资料	建设单位			●	
		工程设计概算资料	建设单位			●	
		招标控制价文件	建设单位			●	
		合同价格文件	建设单位 施工单位	●		●	○
		结算价格文件	建设单位 施工单位	●		●	○
A7类	工程建设基本信息	工程概况建设基本信息	建设单位	○		●	●
		建设单位工程项目负责人及现场管理人员名册	建设单位			●	●
		监理单位工程项目总监及监理人员名册	施工单位		●	●	●
		施工单位工程项目经理及质量管理人员名册	监理单位	●		●	●
B类	**监理资料**						
B1类	监理管理资料	监理规划	监理单位		●	●	●
		监理实施细则	监理单位	○	●	●	●
		监理月报	监理单位		●	○	
		监理会议纪要	监理单位	○	●	●	
		监理工作日志	监理单位		●		
		监理工作总结	监理单位		●		●
		工作联系单(表B.1.1)	监理单位 施工单位	○	○	●	
		监理工程师通知(表B.1.2)	监理单位	○	○	●	○
		监理工程师通知回复单××(表C.1.7)	施工单位	○	○	●	○
		工程暂停令(表B.1.3)	监理单位	○	○	●	●
		工程复工报审表××(表C.3.2)	施工单位	●	●	●	●
B2类	进度控制资料	工程开工报审表××(表C.3.1)	施工单位	●	●	●	●
		施工进度计划报审表××(表C.3.3)	施工单位	○	○	●	
B3类	质量控制资料	质量事故报告及处理资料	施工单位	●	●	●	●
		旁站监理记录××(表B.3.1)	监理单位	○	●	○	

（续表）

工程资料类别、来源及保存要求							
工程资料类别	工程资料名称		工程资料来源	工程资料保存			
				施工单位	监理单位	建设单位	城建档案馆
		见证取样和送检见证人员备案表（表 B. 3. 2）	监理单位/建设单位	●	●	●	
		见证记录××（表 B. 3. 3）	监理单位	●	●	●	
		工程技术文件报审表××（表 C. 2. 1）	施工单位	○			
B4 类	造价控制资料	工程款支付申请表（表 C. 3. 6）	施工单位	○	○	●	
		工程款支付证书（表 B. 4. 1）	监理单位	○	○	●	
		工程变更费用报审表××（表 C. 3. 7）	施工单位	○	○	●	
		费用索赔申请表（表 C. 3. 8）	施工单位	○	○	●	
		费用索赔审批表（表 B. 4. 2）	监理单位	○	○	●	
B5 类	工程管理资料	工程延期申请表（表 C. 3. 5）	施工单位	●	●	●	●
		工程延期审批表（表 B. 5. 1）	监理单位		●	●	●
B6 类	监理验收资料	竣工移交证书	监理单位	●	●	●	●
		监理资料移交书	监理单位		●	●	
C 类	**施工资料**						
C1 类	施工管理资料	工程概况表（表 C. 1. 1）	施工单位	●	●	●	○
		施工现场质量管理检查记录××（表 C. 1. 2）	施工单位	○	○		
		企业资质证书及相关专业人员岗位证书	施工单位	○	○	○	○
		分包单位资质报审表××（表 C. 1. 3）	施工单位	●	●	●	
		建设工程质量事故调查、勘查记录	调查单位	●	●	●	●
		建设工程质量事故报告书	调查单位	●	●	●	●
		施工检测计划	施工单位	○	○	○	
		见证记录××（表 B. 3. 3）	监理单位	●			
		见证试验检测汇总表（表 C. 1. 5）	施工单位	●	●	●	●
		施工日志（表 C. 1. 6）	施工单位	●			
C2 类	施工技术资料	工程技术文件报审表××（表 C. 2. 1）	施工单位	○	○	○	
		施工组织设计及施工方案	施工单位	○	○	○	○
		危险性较大分部分项工程施工方案及专家论证表（表 C. 2. 2）	施工单位	○	○	○	○
		技术交底记录（表 C. 2. 3）	施工单位	○	○		

（续表）

工程资料类别、来源及保存要求							
工程资料类别	工程资料名称		工程资料来源	工程资料保存			
				施工单位	监理单位	建设单位	城建档案馆
		图纸会审记录××××（表 C. 2. 4）	施工单位	●	●	●	●
		设计变更通知单××××（表 C. 2. 5）	设计单位	●	●	●	●
		工程洽商记录（技术核定单）××××（表 C. 2. 6）	施工单位	●	●	●	●
C3 类	进度造价资料	工程开工报审表××（表 C. 3. 1）	施工单位	●	●	●	●
		工程复工报审表××（表 C. 3. 2）	施工单位	●	●	●	●
		施工进度计划报审表××（表 C. 3. 3）	施工单位	○	○		
		施工进度计划	施工单位	○	○		
		人、机、料动态表（表 C. 3. 4）	施工单位	○	○		
		工程延期申请表（表 C. 3. 5）	施工单位	●	●	●	●
		工程款支付申请表（表 C. 3. 6）	施工单位	○	○	●	
		工程变更费用报审表××（表 C. 3. 7）	施工单位	○	○	●	
		费用索赔申请表（表 C. 3. 8）	施工单位	○	○	●	
C4 类	施工物资资料	出厂质量证明文件及检测报告					
		砂、石、砖、水泥、钢筋、隔热保温、防腐材料、轻集料出厂质量证明文件	施工单位	●	●	●	○
		其他物资出厂合格证、质量保证书、检测报告和报关单或商检证等	施工单位	●	○	○	
		材料、设备的相关检验报告、型式检验报告、3C 强制认证合格证书或 3C 标志	采购单位	●	○	○	
		主要设备、器具的安装使用说明书	采购单位	●	○	●	
		进口的主要材料设备的商检证明文件	采购单位	●	○	○	
		涉及消防、安全、卫生、环保、节能的材料、设备的检测报告或法定机构出具的有效证明文件	采购单位	●	●	●	○
		进场检验通用表格					
		材料、构配件进场检验记录××（表 C. 4. 1）	施工单位	○	○		
		设备开箱检验记录××（表 C. 4. 2）	施工单位	○	○		
		设备及管道附件试验记录××（表 C. 4. 3）	施工单位	●	○	●	

（续表）

工程资料类别、来源及保存要求							
工程资料类别	工程资料名称		工程资料来源	工程资料保存			
				施工单位	监理单位	建设单位	城建档案馆
C4类	施工物资资料	进场复试报告					
		钢材试验报告	检测单位	●	●	●	●
		水泥试验报告	检测单位	●	●	●	●
		砂试验报告	检测单位	●	●	●	●
		碎(卵)石试验报告	检测单位	●	●	●	●
		外加剂试验报告	检测单位	●	●	○	●
		防水涂料试验报告	检测单位	●	○	●	
		防水卷材试验报告	检测单位	●	○	●	
		砖(砌块)试验报告	检测单位	●	●	●	●
		预应力筋复试报告	检测单位	●	●	●	●
		预应力锚具、夹具和连接器复试报告	检测单位	●	●	●	●
		装饰装修用门窗复试报告	检测单位	●	○	●	
		装饰装修用人造木板复试报告	检测单位	●	○	●	
		装饰装修用花岗石复试报告	检测单位	●	○	●	
		装饰装修用安全玻璃复试报告	检测单位	●	○	●	
		装饰装修用外墙面砖复试报告	检测单位	●	○	●	
		钢结构用钢材复试报告	检测单位	●	●	●	●
		钢结构用防火涂料复试报告	检测单位	●	●	●	●
		钢结构用焊接材料复试报告	检测单位	●	●	●	●
		钢结构用高强度大六角螺栓连接副复试报告	检测单位	●	●	●	●
		钢结构用扭剪型高强螺栓连接副复试报告	检测单位	●	●	●	●
		幕墙用铝塑板、石材、玻璃、结构胶复试报告	检测单位	●	●	●	●
		散热器、采暖系统保温材料、通风与空调工程绝热材料、风机盘管机组、低压配电系统电缆的见证取样复试报告	检测单位	●	●	●	●
		节能工程材料复试报告	检测单位	●	●	●	●
		其他物资进场复试报告					

（续表）

工程资料类别、来源及保存要求							
工程资料类别	工程资料名称		工程资料来源	工程资料保存			
				施工单位	监理单位	建设单位	城建档案馆
C5 类	施工记录	通用表格					
		隐蔽工程验收记录××（表 C. 5. 1）	施工单位	●	●	●	●
		施工检查记录（表 C. 5. 2）	施工单位	○			
		交接检查记录（表 C. 5. 3）	施工单位	○			
		专用表格					
		工程定位测量记录××（表 C. 5. 4）	施工单位	●	●	●	●
		基槽验线记录	施工单位	●	●	●	●
		楼层平面放线记录	施工单位	○	○		○
		楼层标高抄测记录	施工单位	○	○		○
		建筑物垂直度、标高观测记录××（表 C. 5. 5）	施工单位	●	○	●	○
		沉降观测记录	测量单位	●	○	●	●
		基坑支护水平位移监测记录	施工单位	○	○		
		桩基、支护测量放线记录	施工单位	○	○		
		地基验槽记录××××（表 C. 5. 6）	施工单位	●	●	●	●
		地基钎探记录	施工单位	○	○	●	●
		混凝土浇筑申请书	施工单位	○	○		
		预拌混凝土运输单	施工单位	○			
		混凝土开盘鉴定	施工单位	○	○		
		混凝土拆模申请单	施工单位	○	○		
		混凝土预拌测温记录	施工单位	○			
		混凝土养护测温记录	施工单位	○			
		大体积混凝土养护测温记录	施工单位	○			
		大型构件吊装记录	施工单位	○	○	●	●
		焊接材料烘焙记录	施工单位	○			
		地下工程防水效果检查记录××（表 C. 5. 7）	施工单位	○	○	●	
		防水工程试水检查记录××（表 C. 5. 8）	施工单位	○	○	●	
		通风（烟）道、垃圾道检查记录××（表 C. 5. 9）	施工单位	○	○	●	
		预应力筋张拉记录	施工单位	●	○	●	●

（续表）

工程资料类别、来源及保存要求							
工程资料类别		工程资料名称	工程资料来源	工程资料保存			
				施工单位	监理单位	建设单位	城建档案馆
C5类	施工记录	有粘结预应力结构灌浆记录	施工单位	●	○	●	●
		钢结构施工记录	施工单位	●	○	●	
		网架(索膜)施工记录	施工单位	●	○	●	●
		木结构施工记录	施工单位	●	○	●	
		幕墙注胶检查记录	施工单位	●	○	●	
		自动扶梯、自动人行道的相邻区域检查记录	施工单位	●	○	●	
		电梯电气装置安装检查记录	施工单位	●	○	●	
		自动扶梯、自动人行道电气装置检查记录	施工单位	●	○	●	
		自动扶梯、自动人行道整机安装质量检查记录	施工单位	●	○	●	
		其他施工记录文件					
C6类	施工试验记录及检测报告	通用表格					
		设备单机试运转记录××(表C.6.1)	施工单位	●	○	●	○
		系统试运转调试记录××(表C.6.2)	施工单位	●	○	●	○
		接地电阻测试记录××(表C.6.3)	施工单位	●	○	●	○
		绝缘电阻测试记录××(表C.6.4)	施工单位	●	○	●	○
		专用表格					
		建筑与结构工程					
		锚杆试验报告	检测单位	●	○	●	○
		地基承载力检验报告	检测单位	●	○	●	●
		桩基检测报告	检测单位	●	○	●	●
		土工击实试验报告	检测单位	●	○	●	●
		回填土试验报告(应附图)	检测单位	●	○	●	●
		钢筋机械连接试验报告	检测单位	●	○	●	○
		钢筋焊接连接试验报告	检测单位	●	○	●	○
		砂浆配合比申请单、通知单	施工单位	○	○		○
		砂浆抗压强度试验报告	检测单位	●	○	●	●
		砌筑砂浆试块强度统计、评定记录(表C.6.5)	施工单位	●		●	○
		混凝土配合比申请单、通知单	施工单位	○	○		○

(续表)

工程资料类别、来源及保存要求							
工程资料类别	工程资料名称		工程资料来源	工程资料保存			
				施工单位	监理单位	建设单位	城建档案馆
C6类	施工试验记录及检测报告	混凝土抗压强度试验报告	检测单位	●	○	●	●
		混凝土试块强度统计、评定记录(表C.6.6)	施工单位	●	○	●	○
		混凝土抗渗试验报告	检测单位	●	○	●	○
		砂、石、水泥放射性指标报告	施工单位	●	○	●	○
		混凝土碱总量计算书	施工单位	●	○	●	○
		外墙饰面砖样板粘结强度试验报告	检测单位	●	○	●	○
		后置埋件抗拔试验报告	检测单位	●	○	●	○
		超声波探伤报告、探伤记录	检测单位	●	○	●	○
		钢构件射线探伤报告	检测单位	●	○	●	○
		磁粉探伤报告	检测单位	●	○	●	○
		高强度螺栓抗滑移系数检测报告	检测单位	●	○	●	○
		钢结构焊接工艺评定	检测单位	○	○		○
		网架节点承载力试验报告	检测单位	●	○	●	○
		钢结构防腐、防火涂料厚度检测报告	检测单位	●	○	●	○
		木结构胶缝试验报告	检测单位	●	○	●	
		木结构构件力学性能试验报告	检测单位	●	○	●	○
		木结构防腐剂试验报告	检测单位	●	○	●	○
		幕墙双组份硅酮结构密封胶混匀性及拉断试验报告	检测单位	●	○	●	○
		幕墙的抗风压性能、空气渗透性能、雨水渗透性能及平面内变形性能检测报告	检测单位	●	○	●	○
		外窗的抗风压性能、空气渗透性能和雨水渗透性能检测报告	检测单位	●	○	●	○
		墙体节能工程保温板材与基层粘结强度现场拉拔试验	检测单位	●	○	●	○
		外墙保温浆料同条件养护试件试验报告	检测单位	●	○	●	○
		结构实体混凝土强度检验记录××(表C.6.7)	施工单位	●	○	●	○
		结构实体钢筋保护层厚度检验记录××(表C.6.8)	施工单位	●	○	●	○
		围护结构现场实体检验	检测单位	●	○	●	○

（续表）

工程资料类别、来源及保存要求							
工程资料类别	工程资料名称		工程资料来源	工程资料保存			
				施工单位	监理单位	建设单位	城建档案馆
C6类	施工试验记录及检测报告	室内环境检测报告	检测单位	●	○	●	○
		节能性能检测报告	检测单位	●	○	●	●
		给排水及采暖工程					
		灌(满)水试验记录××(表C.6.9)	施工单位	○	○	●	
		强度严密性试验记录××(表C.6.10)	施工单位	●	○	●	○
		通水试验记录××(表C.6.11)	施工单位	○	○	●	
		冲(吹)洗试验记录××(表C.6.12)	施工单位	●	○	●	
		通球试验记录	施工单位	○	○	●	
		补偿器安装记录	施工单位	○	○		
		消火栓试射记录	施工单位	●	○	●	
		安全附件安装检查记录	施工单位	●	○		
		锅炉烘炉试验记录	施工单位	●	○		
		锅炉煮炉试验记录	施工单位	●	○		
		锅炉试运行记录	施工单位	●	○	●	
		安全阀定压合格证书	检测单位	●	○	●	
		自动喷水灭火系统联动试验记录	施工单位	●	○	●	○
		其他给水排水及供暖施工试验记录与检测文件					
		建筑电气工程					
		电气接地装置平面示意图表	施工单位	●	○	●	○
		电气器具通电安全检查记录	施工单位	○	○	●	
		电气设备空载试运行记录××(表C.6.13)	施工单位	●	○	●	○
		建筑物照明通电试运行记录	施工单位	●	○	●	○
		大型照明灯具承载试验记录××(表C.6.14)	施工单位	●	○	●	
		漏电开关模拟试验记录	施工单位	●	○	●	
		大容量电气线路结点测温记录	施工单位	●	○	●	
		低压配电电源质量测试记录	施工单位	●	○	●	
		建筑物照明系统照度测试记录	施工单位	○	○	●	
		其他建筑电气施工试验记录与检测文件					

（续表）

工程资料类别、来源及保存要求							
工程资料类别	工程资料名称		工程资料来源	工程资料保存			
				施工单位	监理单位	建设单位	城建档案馆
C6类	施工试验记录及检测报告	智能建筑工程					
		综合布线测试记录××	施工单位	●	○	●	○
		光纤损耗测试记录××	施工单位	●	○	●	○
		视频系统末端测试记录××	施工单位	●	○	●	○
		子系统检测记录××（表C.6.15）	施工单位	●	○	●	○
		系统试运行记录××	施工单位	●	○	●	○
		其他智能建筑施工记录与检测文件					
		通风与空调工程					
		风管漏光检测记录××（表C.6.16）	施工单位	○	○	●	
		风管漏风检测记录××（表C.6.17）	施工单位	●	○	●	
		现场组装除尘器、空调机漏风检测记录	施工单位	○	○		
		各房间室内风量测量记录	施工单位	○	○	●	
		管网风量平衡记录	施工单位	○	○	●	
		空调系统试运转调试记录	施工单位	●	○	●	○
		空调水系统试运转调试记录	施工单位	●	○	●	○
		制冷系统气密性试验记录	施工单位	●	○	●	○
		净化空调系统检测记录	施工单位	●	○	●	○
		防排烟系统联合试运行记录	施工单位	●	○	●	○
		其他通风与空调施工试验记录与检测文件					
		电梯工程					
		轿厢平层准确度测量记录	施工单位	○	○	●	
		电梯层门安全装置检测记录	施工单位	●	○	●	
		电梯电气安全装置检测记录	施工单位	●	○	●	
		电梯整机功能检测记录	施工单位	●	○	●	
		电梯主要功能检测记录	施工单位	●	○	●	
		电梯负荷运行试验记录	施工单位	●	○	●	○
		电梯负荷运行试验曲线图表	施工单位	●	○	●	
		电梯噪声测试记录	施工单位	○	○	○	
		自动扶梯、自动人行道安全装置检测记录	施工单位	●	○	●	

（续表）

工程资料类别、来源及保存要求							
工程资料类别	工程资料名称		工程资料来源	工程资料保存			
				施工单位	监理单位	建设单位	城建档案馆
		自动扶梯、自动人行道整机性能、运行试验记录	施工单位	●	○	●	○
		其他电梯施工试验记录与检测文件					
C7类	施工质量验收记录	检验批质量验收记录××（表C.7.1）	施工单位	○	○	●	
		分项工程质量验收记录××（表C.7.2）	施工单位	●	●	●	
		分部（子分部）工程质量验收记录××××（表C.7.3）	施工单位	●	●	●	●
		建筑节能分部工程质量验收记录××××（表C.7.4）	施工单位	●	●	●	●
		自动喷水灭火系统验收缺陷项目划分记录	施工单位	●	○	○	
		程控电话交换系统分项工程质量验收记录	施工单位	●	○	●	
		会议电视系统分项工程质量验收记录	施工单位	●	○	●	
		卫星数字电视系统分项工程质量验收记录	施工单位	●	○	●	
		有线电视系统分项工程质量验收记录	施工单位	●	○	●	
		公共广播与紧急广播系统分项工程质量验收记录	施工单位	●	○	●	
		计算机网络系统分项工程质量验收记录	施工单位	●	○	●	
		应用软件系统分项工程质量验收记录	施工单位	●	○	●	
		网络安全系统分项工程质量验收记录	施工单位	●	○	●	
		通风与空调系统分项工程质量验收记录	施工单位	●	○	●	
		变配电系统分项工程质量验收记录	施工单位	●	○	●	
		公共照明系统分项工程质量验收记录	施工单位	●	○	●	
		给排水系统分项工程质量验收记录	施工单位	●	○	●	
		热源和热交换系统分项工程质量验收记录	施工单位	●	○	●	
		冷冻和冷却水系统分项工程质量验收记录	施工单位	●	○	●	
		电梯和自动扶梯系统分项工程质量验收记录	施工单位	●	○	●	
		数据通信接口分项工程质量验收记录	施工单位	●	○	●	
		中央管理工作站及操作分站分项工程质量验收记录	施工单位	●	○	●	

（续表）

工程资料类别、来源及保存要求							
工程资料类别	工程资料名称		工程资料来源	工程资料保存			
				施工单位	监理单位	建设单位	城建档案馆
C7类	施工质量验收记录	系统实时性、可维护性、可靠性分项工程质量验收记录	施工单位	●	○	●	
		现场设备安装及检测分项工程质量验收记录	施工单位	●	○	●	
		火灾自动报警及消防联动系统分项工程质量验收记录	施工单位	●	○	●	
		综合防范功能分项工程质量验收记录	施工单位	●	○	●	
		视频安防监控系统分项工程质量验收记录	施工单位	●	○	●	
		入侵报警系统分项工程质量验收记录	施工单位	●	○	●	
		出入口控制(门禁)系统分项工程质量验收记录	施工单位	●	○	●	
		巡更管理系统分项工程质量验收记录	施工单位	●	○	●	
		停车场(库)管理系统分项工程质量验收记录	施工单位	●	○	●	
		安全防范综合管理系统分项工程质量验收记录	施工单位	●	○	●	
		综合布线系统安装分项工程质量验收记录	施工单位	●	○	●	
		综合布线系统性能检测分项工程质量验收记录	施工单位	●	○	●	
		系统集成网络连接分项工程质量验收记录	施工单位	●	○	●	
		系统数据集成分项工程质量验收记录	施工单位	●	○	●	
		系统集成整体协调分项工程质量验收记录	施工单位	●	○	●	
		系统集成综合管理及冗余功能分项工程质量验收记录	施工单位	●	○	●	
		系统集成可维护性和安全性分项工程质量验收记录	施工单位	●	○	●	
		电源系统分项工程质量验收记录	施工单位	●	○	●	
		其他施工质量验收文件					
C8类	竣工验收资料	工程竣工报告	施工单位	●	●	●	●
		单位(子单位)工程竣工预验收报验表××(表C.8.1)	施工单位	●		●	●
		单位(子单位)工程质量竣工验收记录××××(表C.8.2-1)	施工单位	●		●	●

（续表）

工程资料类别、来源及保存要求								
工程资料类别	工程资料名称			工程资料来源	工程资料保存			
					施工单位	监理单位	建设单位	城建档案馆
		单位（子单位）工程质量控制资料核查记录××（表C.8.2－2）		施工单位	●		●	●
		单位（子单位）工程安全和功能检验资料核查及主要功能抽查记录××（表C.8.2－3）		施工单位	●		●	●
		单位（子单位）工程观感质量检查记录××（表C.8.2－4）		施工单位	●		●	●
		施工资料移交书		施工单位	●		●	
		其他施工验收文件						
D类	**竣工图**							
D类	竣工图	建筑与结构	建筑竣工图	编制单位	●		●	●
			结构竣工图	编制单位	●		●	●
			钢结构竣工图	编制单位	●		●	●
		装饰装修	幕墙竣工图	编制单位	●		●	●
			室内装饰竣工图	编制单位	●		●	
		建筑给排水与采暖竣工图		编制单位	●		●	●
		建筑电气竣工图		编制单位	●		●	●
		智能建筑竣工图		编制单位	●		●	●
		通风与空调竣工图		编制单位	●		●	●
		规划红线内室外工程	室外给排水、供热、供电、照明管线等竣工图	编制单位	●		●	●
			室外道路、园林绿化、花坛、喷泉等竣工图	编制单位	●		●	●
D类其他资料								
E类	**工程竣工文件**							
E1类	竣工验收文件	勘察单位工程质量检查报告		勘察单位	○	○	●	●
		设计单位工程质量检查报告		设计单位	○	○	●	●
		施工单位工程竣工报告		施工单位	●	○	●	●
		监理单位工程质量评估报告		监理单位	○	●	●	●
		工程竣工验收报告		建设单位	●	●	●	●
		工程竣工验收会议纪要		建设单位	●	●	●	●

（续表）

工程资料类别、来源及保存要求							
工程资料类别	工程资料名称		工程资料来源	工程资料保存			
				施工单位	监理单位	建设单位	城建档案馆
		工程竣工验收证书	建设单位	●	●	●	●
		规划、消防、环保、民防、防雷、档案等部门出具的验收文件或意见	政府主管部门	●	●	●	●
		房屋建筑工程质量保修书	施工单位	●	●	●	●
		住宅质量保证书、住宅使用说明书	建设单位	●		●	●
		建设工程竣工验收备案表	建设单位	●	●	●	●
		城市建设档案移交书	建设单位			●	●
E2 类	竣工决算文件	施工决算资料××	施工单位	●		●	○
		监理决算资料××	监理单位		●	●	○
E3 类	工程声像资料等	开工前原貌、施工阶段、竣工新貌照片	建设单位	●	○	○	●
		工程建设过程的录音、录像资料（重大工程）	建设单位	●	○	○	●
E4 类		其他工程文件					

注：1. 表中工程资料名称与保存单位对应栏中“●”表示“必须归档保存”；“○”表示“过程保存”，是否归档保存可自行确定。

2. 表中注明“××”的表，宜由施工单位和监理或建设单位共同形成；表中注明“××××”的表，宜由建设、设计、监理、施工等多方共同形成。

实训练习

任务一　认知各类表格来源、所属分类。

1. 目的　通过实物表格展示，认知各种表格、资料来源单位及属于哪个类别。

2. 能力目标　懂得将形成的各式表格、资料进行分类。

3. 实物表格　如：立项批文、开工报告、材料检测报告、混凝土抗压强度试验报告、设计变更通知单、竣工图等。

任务二　认知施工资料所属类别及分别包括哪些表格、资料。

1. 目的　通过抄写表格名称、课后自行网络查找施工资料各类表格样式，初步认知施工资料各种表格。

2. 能力目标　了解施工企业在施工过程中应该形成哪些文字资料。

项目 2　施工资料组成

学习目标　掌握施工资料、单位工程、分部工程、分项工程、检验批的概念，熟悉《建筑工程施工质量验收统一标准》中划分的质量验收程序，了解单位工程、分部工程、分项工程、检验批的划分原则。

能力目标　认识建筑工程施工质量验收程序。

知 识 点　C 类表格、单位工程、(子)分部工程、分项工程、检验批。

一、施工资料概念

施工资料就是工程项目施工过程中形成的各式文件资料，由施工单位主要负责编制、收集、整理完成。这里所讲的施工单位是《建设工程文件归档规范(2019 版)》(GB/T 50328—2014)中标注的一个宏观概念。在实际工程项目施工过程中，根据工程项目情况的不同，真正参与施工的单位可能是一家，也可能是很多家。所以，本书所指施工单位是总承包施工单位、分包施工单位、专业施工单位等参与施工的所有单位的统称。各施工单位对承包范围内工程项目施工资料进行编制、收集、整理，并按合同或协议的约定进行提交、归档。

工程项目施工采用总承包施工模式的，总承包施工单位应当监督、检查、收集、整理所有分包施工单位、专业施工单位等的工程施工资料，工程项目竣工后，应按规定将完整施工资料移交给建设单位。

二、施工资料分类

按《建设工程文件归档规范(2019 版)》(GB/T 50328—2014)中的划分，施工资料属于 C 类，使用 C 类表格填写，包括施工管理资料、施工技术资料、施工进度及造价资料、施工物资资料、施工记录、施工试验记录及检测报告、施工质量验收记录、竣工验收资料等。

按 2013 年新版《建筑工程施工质量验收统一标准》中的划分，建筑工程施工质量验收应分为单位工程、(子)分部工程、分项工程和检验批。质量验收流程如图 2－1 所示：

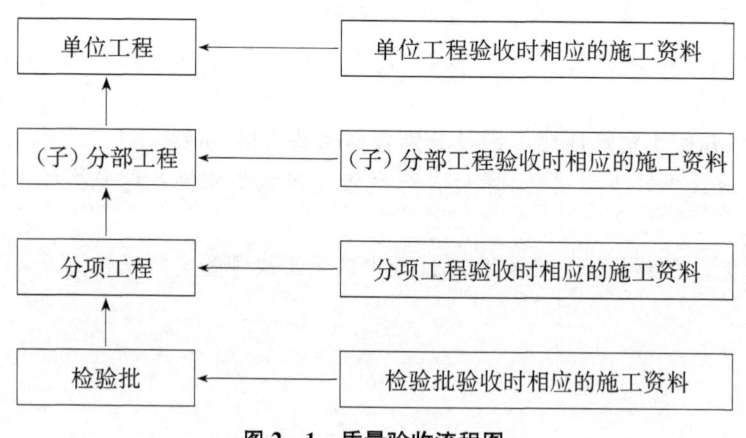

图 2－1　质量验收流程图

1. 检验批

检验批是按相同的生产条件或按规定的方式汇总起来供检验用的由一定数量样本组成的检验体。检验批是施工质量验收的最小单位，也是验收模式的基础单元。检验批可根据施工、质量控制和专业验收的需要，按工程量、楼层、施工段、变形缝等划分，例如：

(1) 一个不设变形缝的 n 层砖混结构工程，对主体砖砌体的质量验收可分为一层、二层，……，n 层检验批依次验收，即该工程主体砖砌体共有 n 个检验批，若中间有一道变形缝，可按楼层和变形缝划分为 $2n$ 个检验批；

(2) 小型工程一般按楼层划分；

(3) 有地下层的基础工程可按不同地下层划分检验批；

(4) 屋面分部工程中的分项工程按不同楼层屋面可划分为不同的检验批；

(5) 单层建筑工程中的分项工程可按变形缝等划分检验批，多层及高层建筑工程中主体分部的分项工程可按楼层或施工段来划分检验批；

(6) 安装工程按一个设计系统或组别划分为一个检验批；

(7) 特种管道安装工程按不同压力段来划分；

(8) 划分时以便于质量控制和验收为原则。

2. 分项工程

分项工程一般含若干个检验批，对于建筑规模小、结构简单的工程项目，应至少含一个检验批。分项工程可按工种、材料、施工工艺、设备类别划分，例如：

(1) 按主要工种划分：如砌体、钢筋、模板、混凝土、门窗、涂料等分项工程。

(2) 按材料不同划分：如灰土地基、注浆地基、混凝土灌注桩、木门窗安装等分项工程。

(3) 按施工工艺划分：如管道及配件安装、辅助设备安装、管道绝缘等分项工程。

(4) 按设备类别划分：如给水设备安装、消声设备制作与安装、制冷机组安装、变电器安装等分项工程。

3. (子)分部工程

(子)分部工程一般含若干个分项工程，建筑规模小、结构简单的工程项目至少含一个分项工程。由于分部(子分部)的验收程序相同，所以归为同一层次。若一个分部工程仅含一个子分部，该子分部即为分部。

分部工程可按专业、建筑部位划分。当分部工程较大或较复杂时，可按材料种类、施工特点、施工程序、专业系统及类别等将分部工程划分为若干个子分部工程，便于验收。

建筑工程的分部工程划分如下：

(1) 地基与基础分部工程；

(2) 主体结构分部工程；

(3) 建筑装饰装修分部工程；

(4) 屋面分部工程；

(5) 建筑给水排水及供暖分部工程；

(6) 通风与空调分部工程；

(7) 建筑电气分部工程；

(8) 建筑智能化分部工程；

(9) 建筑节能分部工程；

(10) 电梯分部工程。

4. 单位工程

单位(子单位)工程是具备独立施工条件、能形成独立使用功能并能独立施工的建筑物或构筑物。对于建筑规模较大的单位工程,可将其能形成独立使用功能的部分划分为一个子单位工程。

单位工程的验收是《统一标准》验收模式中的最后一个程序,通过单位工程验收即通过竣工验收。有些大规模工程为早日实现投资效益,可分段验收,就有必要划分子单位工程。如带裙楼的塔式建筑,可将能形成独立使用功能的裙楼划分为子单位工程,先行验收投入使用。塔楼的建设对裙楼的使用无影响,继续施工,以后作为另一个子单位工程再验收。由于单位工程、子单位工程的验收程序相同,两者归为同一层次。

建筑工程分部(子分部)工程、分项工程的划分见表 2 - 2。

表 2 - 2 建筑工程分部(子分部)工程、分项工程划分

序号	分部工程	子分部工程	分项工程
1	地基与基础	土方工程	土方开挖,土方回填,场地平整
		基坑支护	排桩,重力式挡土墙、型钢水泥土搅拌墙,土钉墙与复合土钉墙,地下连续墙,沉井与沉箱,钢或混凝土支撑,锚杆,降水与排水
		地基及基础处理	灰土地基,砂和砂石地基,土工合成材料地基,粉煤灰地基,重锤夯实地基,强夯地基,注浆地基,预压地基,振冲地基,高压喷射注浆地基,土和灰土挤密桩地基,水泥粉煤灰碎石桩地基,夯实水泥土桩地基,砂桩地基
		桩基	先张法预应力管桩,混凝土预制桩,钢桩,混凝土灌注桩
		地下防水	防水混凝土,水泥砂浆防水层,卷材防水层,涂料防水层,金属板防水层,塑料板防水层,膨润土防水材料防水层,细部构造,喷锚支护,地下连续墙,盾构法隧道;沉井,逆筑结构;渗排水,盲沟排水,隧道排水,坑道排水,塑料排水板排水;预注浆、后注浆,结构裂缝注浆
		混凝土基础	模板、钢筋、混凝土,后浇带混凝土,混凝土结构缝处理
		砌体基础	砖砌体,混凝土小型空心砌块砌体,配筋砌体,石砌体
		型钢、钢管混凝土基础	型钢、钢管焊接与螺栓连接、型钢,钢管与钢筋连接,浇筑混凝土
		钢结构	钢结构制作,钢结构安装,钢结构涂装
2	主体结构	混凝土结构	模板,钢筋,混凝土,预应力、现浇结构,装配式结构
		砌体结构	砖砌体,混凝土小型空心砌块,石砌体,填充墙砌体,配筋砌体
		钢结构	钢结构焊接,紧固件连接,钢零部件加工,钢构件组装及预拼接,单层钢结构安装,多层及多层钢结构安装,空间格构钢结构制作,空间格构钢结构安装,压型金属板、防腐涂料涂装,防火涂料涂装,天沟安装,雨篷安装
		型钢、钢管混凝土结构	型钢、钢管现场拼装,柱脚锚固,构件安装,焊接、螺栓连接,钢筋骨架安装,型钢、钢管与钢筋连接,浇筑混凝土
		轻钢结构	钢结构制作,钢结构安装,墙面压型板,屋面压型板

（续表）

序号	分部工程	子分部工程	分项工程
		索膜结构	膜支撑构件制作，膜支撑构件安装，索安装，膜单元及附件制作，膜单元及附件安装
		铝合金结构	铝合金焊接，坚固件连接，铝合金零部加工，铝合金构件组装，空间格构铝合金结构安装，铝合金压型板，防腐处理，防火隔热
		木结构	方木和原木结构，胶合木结构，轻型木结构，木构件防护
3	建筑装饰装修	地面	基层，整体面层，板块面层，地毯面层，地面防水，垫层及找平层
		抹灰	一般抹灰，保温墙体抹灰，装饰抹灰，清水砌体勾缝
		门窗	木门窗安装，金属门窗安装，塑料门窗安装，特种门安装，门窗玻璃安装
		吊顶	整体面层吊顶，板块面层吊顶，格栅吊顶
		轻质隔墙	板材隔墙，骨架隔墙，活动隔墙，玻璃隔墙
		饰面砖	外墙饰面砖粘贴，内墙饰面砖粘贴
		涂饰	水性涂料涂饰，溶剂型涂料涂饰，美术涂饰
		裱糊与软包	裱糊，软包
		外墙防水	砂浆防水层，涂膜防水层，防水透气膜防水层
		细部	橱柜制作与安装，窗帘盒和窗台板制作与安装，门窗套制作与安装，护栏和扶手制作与安装，花饰制作与安装
		金属幕墙	构件与组件加工制作，构架安装，金属幕墙安装
		石材与陶板幕墙	构件与组件加工制作，构架安装，石材与陶板幕墙安装
		玻璃幕墙	构件与组件加工制作，构架安装，玻璃幕墙安装
4	建筑屋面	基层与保护	找平层，找坡层，隔气层，隔离层，保护层
		保温与隔热	板状材料保温层，纤维材料保温层，喷涂硬泡聚氨酯保温层，现浇泡沫混凝土保温层，种植隔热层，架空隔热层，蓄水隔热层
		防水与密封	卷材防水层，涂膜防水层，复合防水层，接缝密封防水
		瓦面与板面	烧结瓦与混凝土瓦铺装，沥青瓦铺装，金属板铺装，玻璃采光顶铺装
		细部构造	檐口，檐沟和天沟，女儿墙和山墙，水落口，变形缝，伸出屋面管道，屋面出入口，反水过水孔，设施基座，屋脊，屋顶窗
5	建筑给水、排水及采暖	室内给水系统	给水管道及配件安装，给水设备安装，室内设备安装，室内消防火栓系统安装，消防喷淋系统安装，管道防腐，绝热
		室内排水系统	排水管道及配件安装、雨水管道及配件安装，防腐
		室内热水供应系统	管道及配件安装，辅助设备安装，防腐，绝热
		卫生器具安装	卫生器具安装，卫生器具给水配件安装，卫生器具排水管道安装

（续表）

序号	分部工程	子分部工程	分项工程
		室内采暖系统	管道及配件安装，辅助设备及散热器安装，金属辐射板安装，低温热水地板辐射采暖系统安装，系统水压试验及调试，防腐，绝热
		室外给水管网	给水管道安装，消防水泵接合器及室外消火栓安装，管沟及井室
		室外排水管网	排水管道安装，排水管沟与井池
		室外供热管网	管道配件安装，系统水压试验及调试，防腐，绝热
		建筑中水系统及游泳池系统	建筑中水系统管道及辅助设备安装，游泳池水系统安装
		供热锅炉辅助设备安装	锅炉安装，辅助设备及管道安装，安全附件安装，烘炉，煮炉和试运行，换热站安装，防腐，绝热
		太阳能热水系统	预埋件及后置锚栓安装和封堵，基座、支架、集热器安装，接地装置安装，电线、电缆敷设，辅助设备及管道安装，防腐，绝热
6	通风与空调	送排风系统	风管与配件制作，部件制作，风管系统安装，空气处理设备安装，消声设备制作与安装，风管与设备防腐，风机安装，系统调试
		防排烟系统	风管与配件制作，部件制作，风管系统安装，防排烟风口、常闭正压风口与设备安装，风管与设备防腐，风机安装，系统调试
		除尘系统	风管与配件制作，部件制作，风管系统安装，除尘器与排污设备安装，风管与设备防腐，风机安装，系统调试
		空调风系统	风管与配件制作，部件制作，风管系统安装，空气处理设备安装，消声设备制作与安装，风管与设备防腐，风机安装，风管与设备绝热，系统调试
		空气能量回收系统	空气能量热回收装置安装，新风导入管道安装，排风管道安装，空气过滤系统的安装，空气能量回收装置系统运行试验及调试
		净化空调系统	空气质量控制系统，风管与配件制作，部件制作，风管系统安装，空气处理设备安装，消声设备制作与安装，风管与设备防腐，风机安装，风管与设备绝热，高效过滤器安装，系统调试
		制冷设备系统	制冷机组安装，制冷剂管道及配件安装，制冷附属设备安装，管道及设备的防腐与绝热，系统调试
		空调水系统	管道冷热（媒）水系统安装，冷却水系统安装，冷凝水系统安装，阀门及部件安装，冷却塔安装，水泵及附属设备安装，管道与设备的防腐与绝热，系统调试
		地源热泵系统	地埋管换热系统，地下水换热系统，地表水换热系统，建筑物内系统，整体运转、调试
7	建筑电气	室外电气	架空线路及杆上电气设备安装，变压器、箱式变电所安装，成套配电柜、控制柜（屏、台）和动力、照明配电箱（盘）及控制柜安装，电线、电缆导管和线槽敷设，电线、电缆穿管和线槽敷设，电缆头制作、导线连接和线路电气试验，建筑物外部装饰灯具、航空障碍标志灯安装，庭院路灯安装，建筑照明通电试运行地，接地装置安装

（续表）

序号	分部工程	子分部工程	分项工程
		变配电室	变压器、箱式变电所安装，成套配电柜、控制柜（屏、台）和动力、照明配电箱（盘）安装，裸母线、封闭母线、插接式母线安装，电缆沟内和电缆竖井内电缆敷设，电缆头制作、导线连接和线路电气试验，接地装置安装，避雷引下线和变配电室接地干线敷设
		供电干线	裸母线、封闭母线、插接式母线安装，桥架安装和桥架内电缆敷设，电缆沟内和电缆竖井内电缆敷设，电线、电缆穿管和线槽敷线，电缆头制作、导线连接和线路电气试验
		电气动力	成套配电柜、控制柜（屏、台）和动力、照明配电箱（盘）及安装，低压电动机、电加热器及电动执行机构检查、接线，低压电气动力设备检测、试验和空载试运行，桥架安装和桥架内电缆敷设，电线、电缆导管和线槽敷设，电线、电缆穿管和线槽敷线，电缆头制作、导线连接和线路电气试验，插座、开关、风扇安装
		电气照明安装	成套配电柜、控制柜（屏、台）和动力、照明配电箱（盘）安装，电线、电缆导管和线槽敷设，电线、电缆穿管和线槽敷线，槽板配线，钢索配线，电缆头制作，导线连接和线路电气试验，普通灯具安装，专用灯具安装，插座、开关、风扇安装，建筑照明通电试运行
		备用和不间断电源安装	成套配电柜、控制柜（屏、台）和动力、照明配电箱（盘）安装，柴油发电机组安装，不间断电源的其他功能单元安装，裸母线、封闭母线、插接式母线安装，电线、电缆导管和线槽敷设，电线、电缆穿管和线槽敷线，电缆头制作，导线连接和线路电气试验，接地装置安装
		防雷接地安装	接地装置安装，避雷引下线和变配电室接地干线敷设，建筑物等电位连接，接闪器安装
8	智能建筑	通信网络系统	通信系统，卫星及有线电视系统，公共广播系统，视频会议系统
		计算机网络系统	信息平台及办公自动化应用软件，网络安全系统
		建筑设备监控系统	空调与通风系统，空气能量回收系统，室内空气质量控制系统，变配电系统，照明系统，给排水系统，热源和热交换系统，冷冻和冷却系统，电梯和自动扶梯系统，中央管理工作站与操作分站，子系统通信接口
		火灾报警及消防联动系统	火灾和可燃气体探测系统，火灾报警控制系统，消防联动系统
		会议系统与信息导航系统	会议系统，信息导航系统
		专业应用系统	专业应用系统
		安全防范系统	电视监控系统，入侵报警系统，巡更系统，出入口控制（门禁）系统，停车管理系统，智能卡应用系统
		综合布线系统	缆线敷设和终接，机柜、机架、配线架的安装，信息插座和光缆芯线终端的安装
		智能化集成系统	集成系统网络，实时数据库，信息安全，功能接口

（续表）

序号	分部工程	子分部工程	分项工程
		电源与接地	智能建筑电源，防雷及接地
		计算机机房工程	路由交换系统，服务器系统，空间环境，室内外空气能量交换系统，室内空调环境，视觉照明环境，电磁环境
		住宅（小区）智能化系统	火灾自动报警及消防联动系统，安全防范系统（含电视监控系统、入侵报警系统、巡更系统、门禁系统、楼宇对讲系统、住户对讲呼救系统、停车管理系统），物业管理系统（多表现场计量及远程传输系统、建筑设备监控系统、公共广播系统、小区网络及信息服务系统、物业办公自动化系统），智能家庭信息平台
9	建筑节能	围护系统节能	墙体节能，幕墙节能，门窗节能，屋面节能，地面节能
		供暖空调设备及管网节能	供暖节能，通风与空调设备节能，空调与供暖系统冷热源节能，空调与供暖系统管网节能
		电气动力节能	配电节能，照明节能
		监控系统节能	监测系统节能、控制系统节能
		可再生能源	太阳能系统、地源热泵系统
10	电梯	电力驱动的曳引式或强制式电梯安装工程	设备进场验收，土建交接检验，驱动主机，导轨，门系统，轿厢，对重，安全部件，悬挂装置，随行电缆，补偿装置，电气装置，整机安装验收
		液压电梯安装工程	设备进场验收，土建交接检验，液压系统，导轨，门系统，轿厢，对重，安全部件，悬挂装置，随行电缆，电气装置，整机安装验收
		自动扶梯、自动人行道安装工程	设备进场验收，土建交接检验，整机安装验收

实训练习

任务一　认知各类建筑工程质量验收表格。

1. 目的　通过实物表格展示，认知各种建筑工程质量验收表格。

2. 能力目标　懂得建筑工程检验批的划分。

3. 实物表格　如：地基与基础分部工程质量验收记录、桩基础分项工程质量验收记录、混凝土灌注桩检验批质量验收记录等。

项目 3　施工资料管理流程

学习目标　掌握施工各阶段资料的管理流程，了解整个工程项目所有施工资料形成时间。
能力目标　了解施工到哪个阶段应收集、编制哪些施工资料。
知 识 点　资料的填报、审批程序和相关单位责任。

按照国家标准要求，工程资料应与建筑工程建设过程同步形成，并应真实反映建筑工程的建设情况和实体质量。工程资料管理应符合下列规定：

(1) 工程施工资料管理应制度健全、岗位责任明确，并纳入工程建设管理的各个环节和各级相关人员的职责范围；

(2) 工程施工资料的套数、费用、移交时间应在承包合同中明确约定；

(3) 工程施工资料的收集、整理、组卷、移交及归档应及时。

工程施工资料的形成应符合下列规定：

(1) 施工企业必须对施工资料内容的真实性、完整性、有效性负责；由多方共同形成的资料，应各负其责。

(2) 工程施工资料的填写、编制、审核、审批、签认要及时进行，其内容应符合相关规定。

(3) 工程施工资料不得随意修改；如遇客观原因确需修改时，应实行划改，并由划改人签署。

(4) 工程施工资料的文字、图表、印章应清晰。

收集、编制的资料应为原件，如遇客观原因只获得复印件时，提供资料的单位应在复印件上加盖单位印章，并有经办人签字及日期。提供资料的单位要对资料的真实性负责。工程资料应内容完整、结论明确、签认手续齐全。工程资料宜采用信息化技术进行辅助管理。

施工资料与工程同步形成，这就意味着施工资料的收集、编制等管理工作是一个较长的过程，具体时间的长短取决于工程的规模、施工的顺序、施工的组织等。为更快更清晰地理解工程施工资料的管理全过程，下面将以系统图、流程图的形式展现各阶段的管理内容，如图 2－2 至图 2－11 所示。

一、建筑工程施工资料管理总系统图

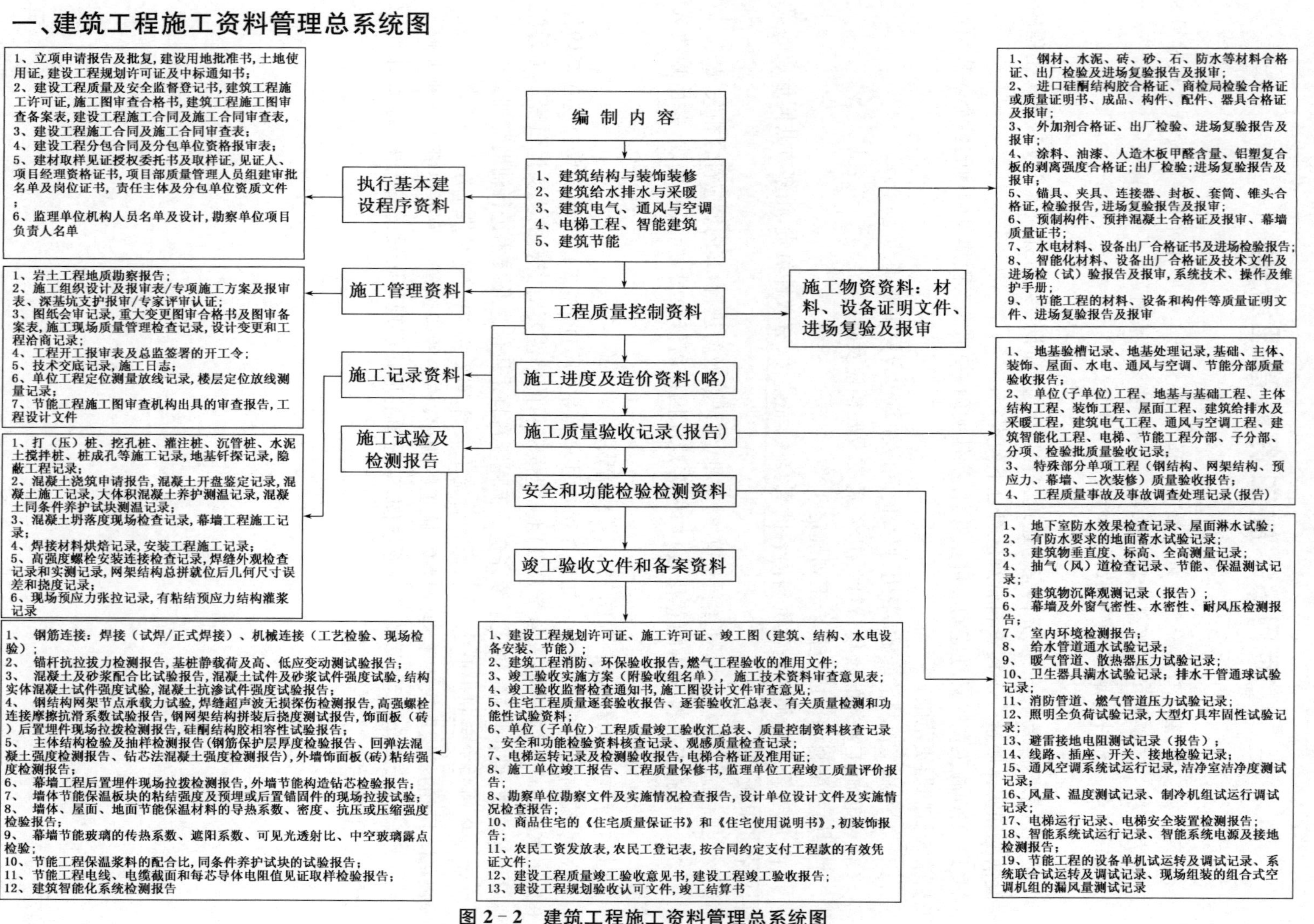

图 2-2　建筑工程施工资料管理总系统图

二、建筑工程施工资料各阶段管理流程图

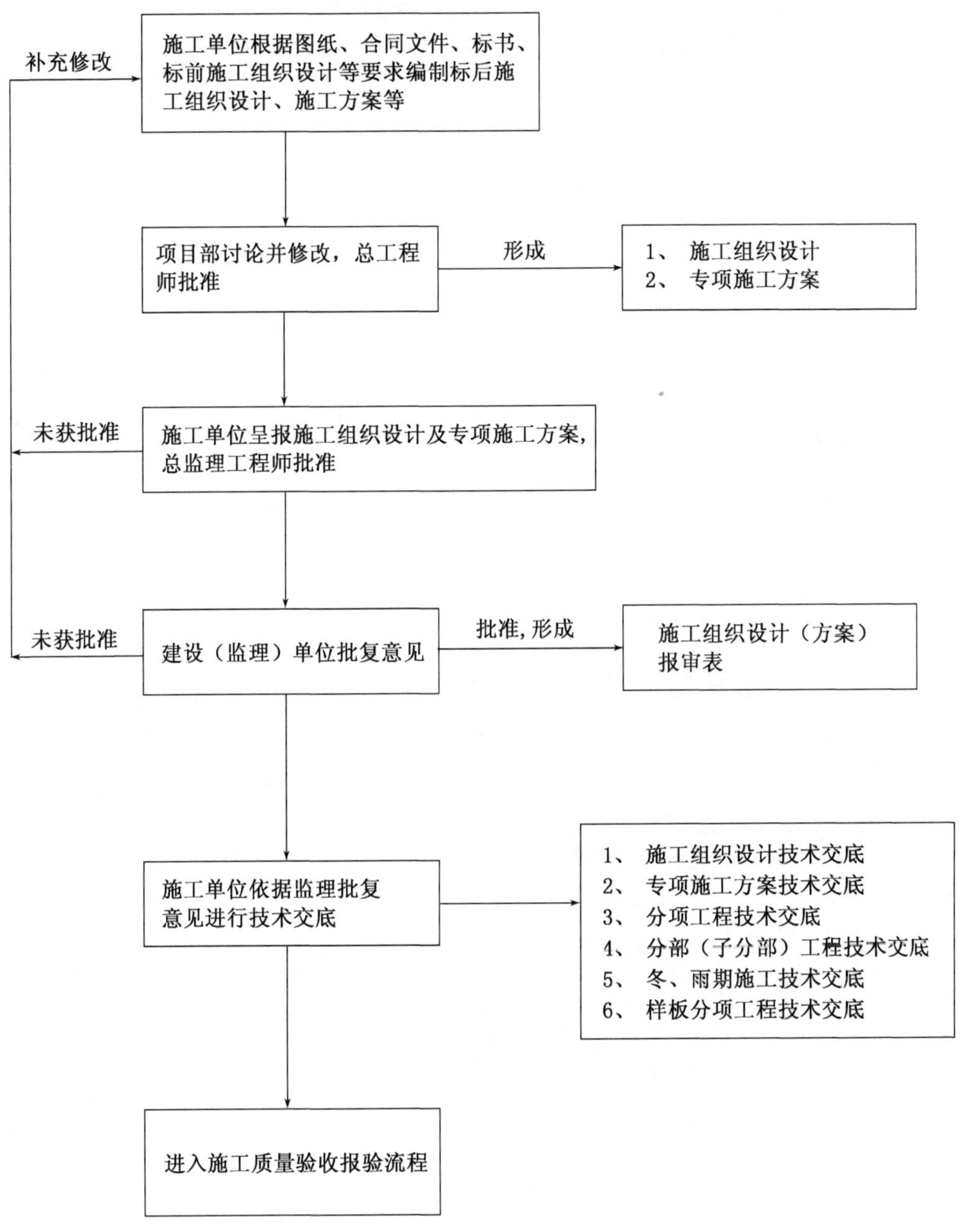

图 2-3 施工技术资料管理流程图

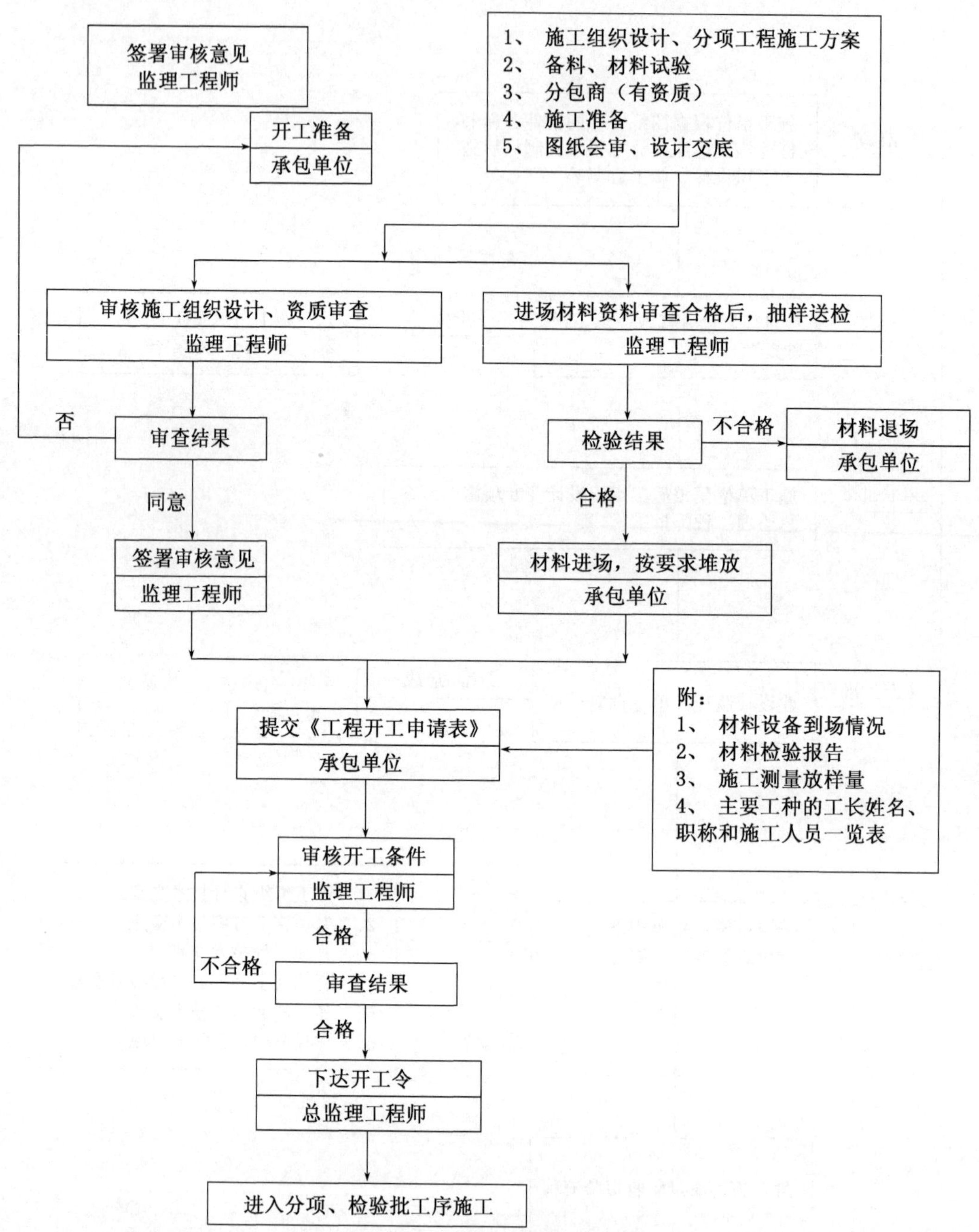

图 2-4 开工准备阶段质量控制流程图

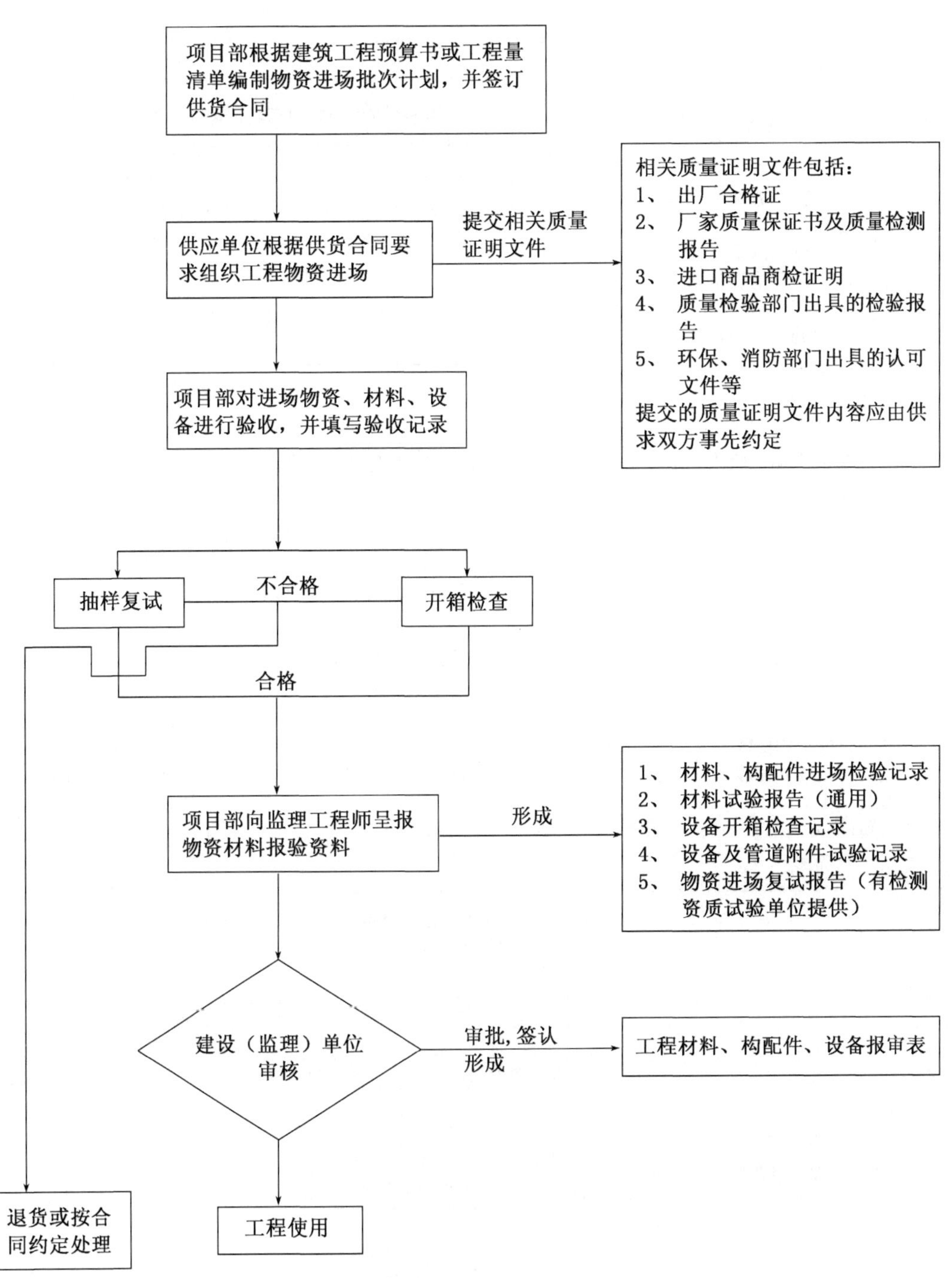
项目部根据建筑工程预算书或工程量清单编制物资进场批次计划，并签订供货合同
供应单位根据供货合同要求组织工程物资进场
提交相关质量证明文件
相关质量证明文件包括：
1、出厂合格证
2、厂家质量保证书及质量检测报告
3、进口商品商检证明
4、质量检验部门出具的检验报告
5、环保、消防部门出具的认可文件等
提交的质量证明文件内容应由供求双方事先约定
项目部对进场物资、材料、设备进行验收，并填写验收记录
抽样复试
不合格
开箱检查
合格
项目部向监理工程师呈报物资材料报验资料
形成
1、材料、构配件进场检验记录
2、材料试验报告（通用）
3、设备开箱检查记录
4、设备及管道附件试验记录
5、物资进场复试报告（有检测资质试验单位提供）
建设（监理）单位审核
审批,签认形成
工程材料、构配件、设备报审表
退货或按合同约定处理
工程使用

图 2－5　施工物资资料管理流程图

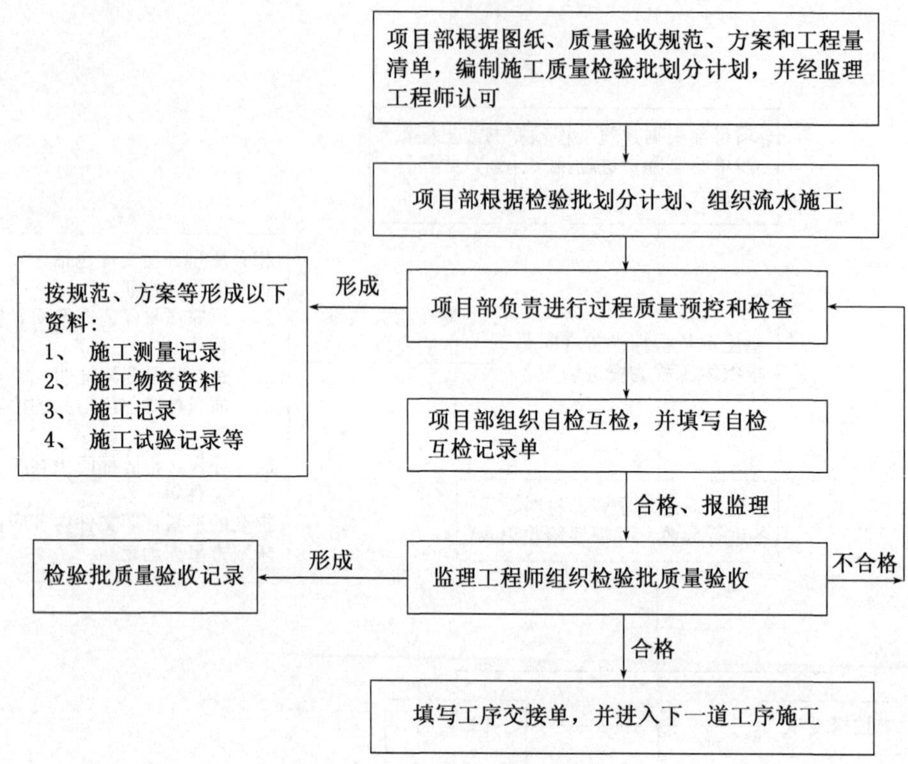
项目部根据图纸、质量验收规范、方案和工程量清单，编制施工质量检验批划分计划，并经监理工程师认可
项目部根据检验批划分计划、组织流水施工
项目部负责进行过程质量预控和检查
形成
按规范、方案等形成以下资料：
1、 施工测量记录
2、 施工物资资料
3、 施工记录
4、 施工试验记录等
项目部组织自检互检，并填写自检互检记录单
合格、报监理
监理工程师组织检验批质量验收
不合格
形成
检验批质量验收记录
合格
填写工序交接单，并进入下一道工序施工

图 2-6 检验批质量验收流程图

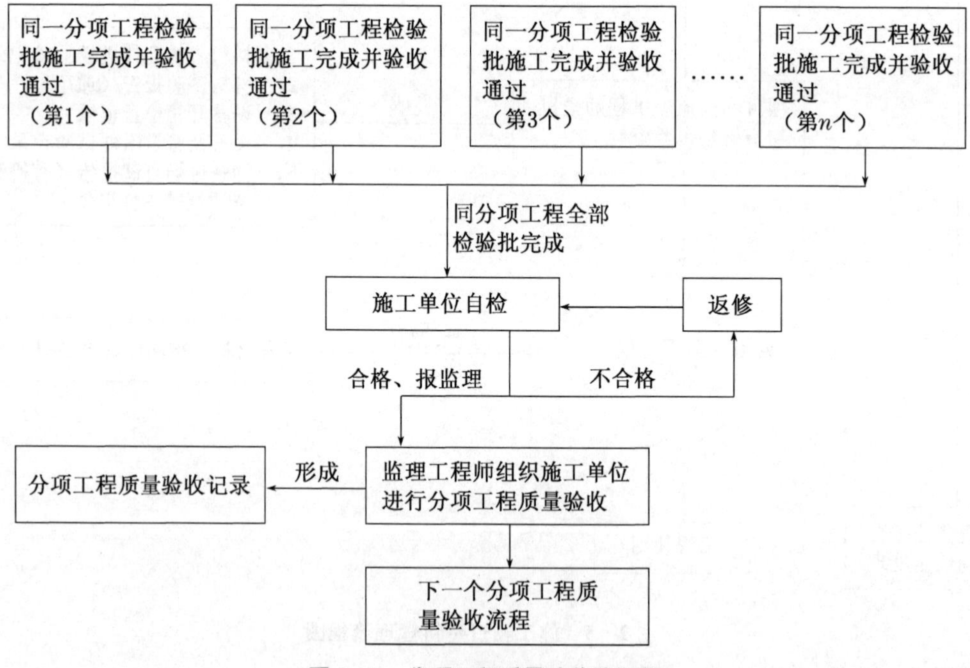
同一分项工程检验批施工完成并验收通过（第1个）
同一分项工程检验批施工完成并验收通过（第2个）
同一分项工程检验批施工完成并验收通过（第3个）
……
同一分项工程检验批施工完成并验收通过（第n个）
同分项工程全部检验批完成
施工单位自检
返修
合格、报监理
不合格
监理工程师组织施工单位进行分项工程质量验收
形成
分项工程质量验收记录
下一个分项工程质量验收流程

图 2-7 分项工程质量验收流程图

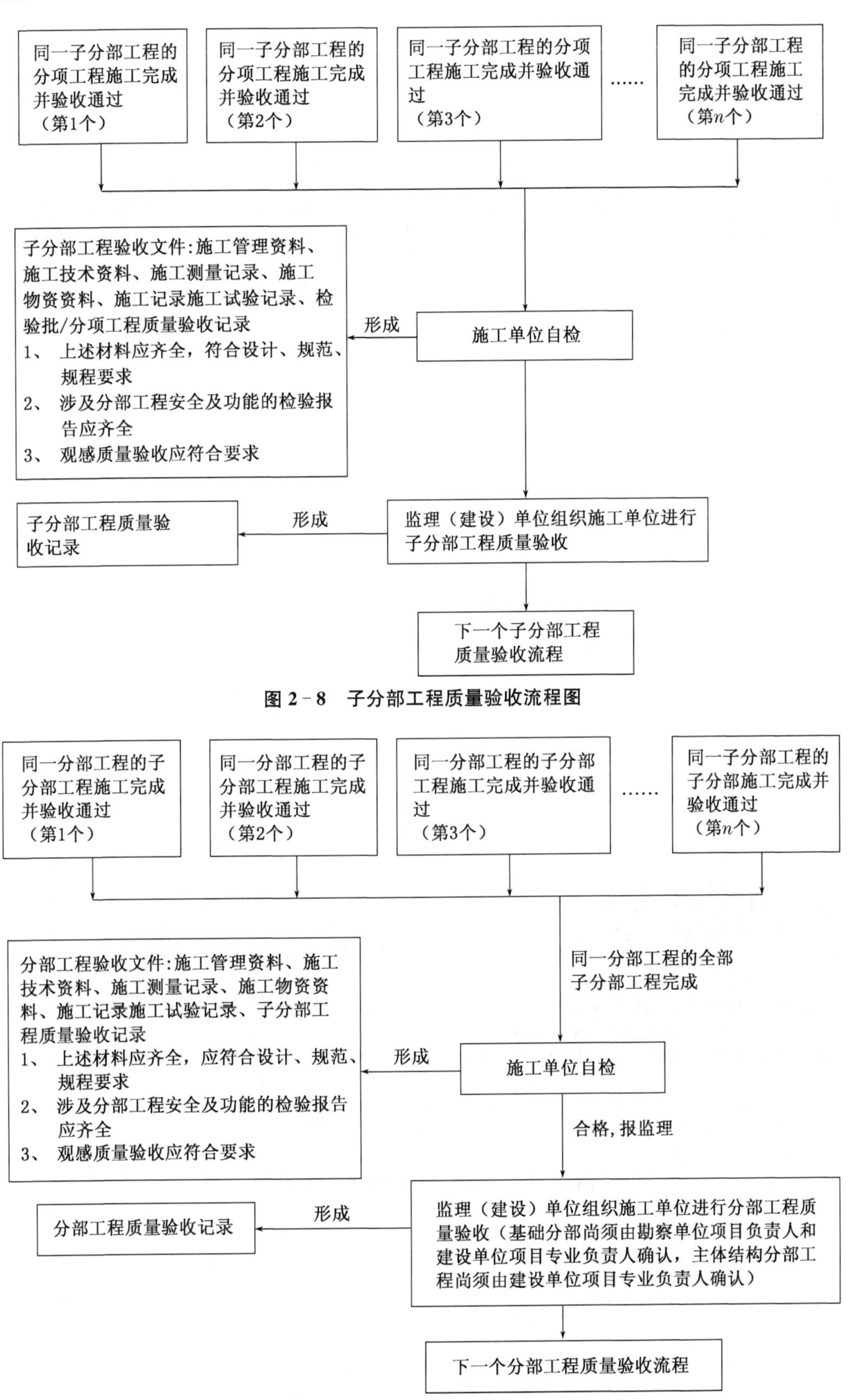
同一子分部工程的分项工程施工完成并验收通过（第1个）
同一子分部工程的分项工程施工完成并验收通过（第2个）
同一子分部工程的分项工程施工完成并验收通过（第3个）
……
同一子分部工程的分项工程施工完成并验收通过（第n个）
子分部工程验收文件:施工管理资料、施工技术资料、施工测量记录、施工物资资料、施工记录施工试验记录、检验批/分项工程质量验收记录
1、 上述材料应齐全，符合设计、规范、规程要求
2、 涉及分部工程安全及功能的检验报告应齐全
3、 观感质量验收应符合要求
形成
施工单位自检
子分部工程质量验收记录
形成
监理（建设）单位组织施工单位进行子分部工程质量验收
下一个子分部工程质量验收流程

图2-8　子分部工程质量验收流程图

同一分部工程的子分部工程施工完成并验收通过（第1个）
同一分部工程的子分部工程施工完成并验收通过（第2个）
同一分部工程的子分部工程施工完成并验收通过（第3个）
……
同一子分部工程的子分部施工完成并验收通过（第n个）
同一分部工程的全部子分部工程完成
分部工程验收文件:施工管理资料、施工技术资料、施工测量记录、施工物资资料、施工记录施工试验记录、子分部工程质量验收记录
1、 上述材料应齐全，应符合设计、规范、规程要求
2、 涉及分部工程安全及功能的检验报告应齐全
3、 观感质量验收应符合要求
形成
施工单位自检
合格，报监理
分部工程质量验收记录
形成
监理（建设）单位组织施工单位进行分部工程质量验收（基础分部尚须由勘察单位项目负责人和建设单位项目专业负责人确认，主体结构分部工程尚须由建设单位项目专业负责人确认）
下一个分部工程质量验收流程

图2-9　分部工程质量验收流程图

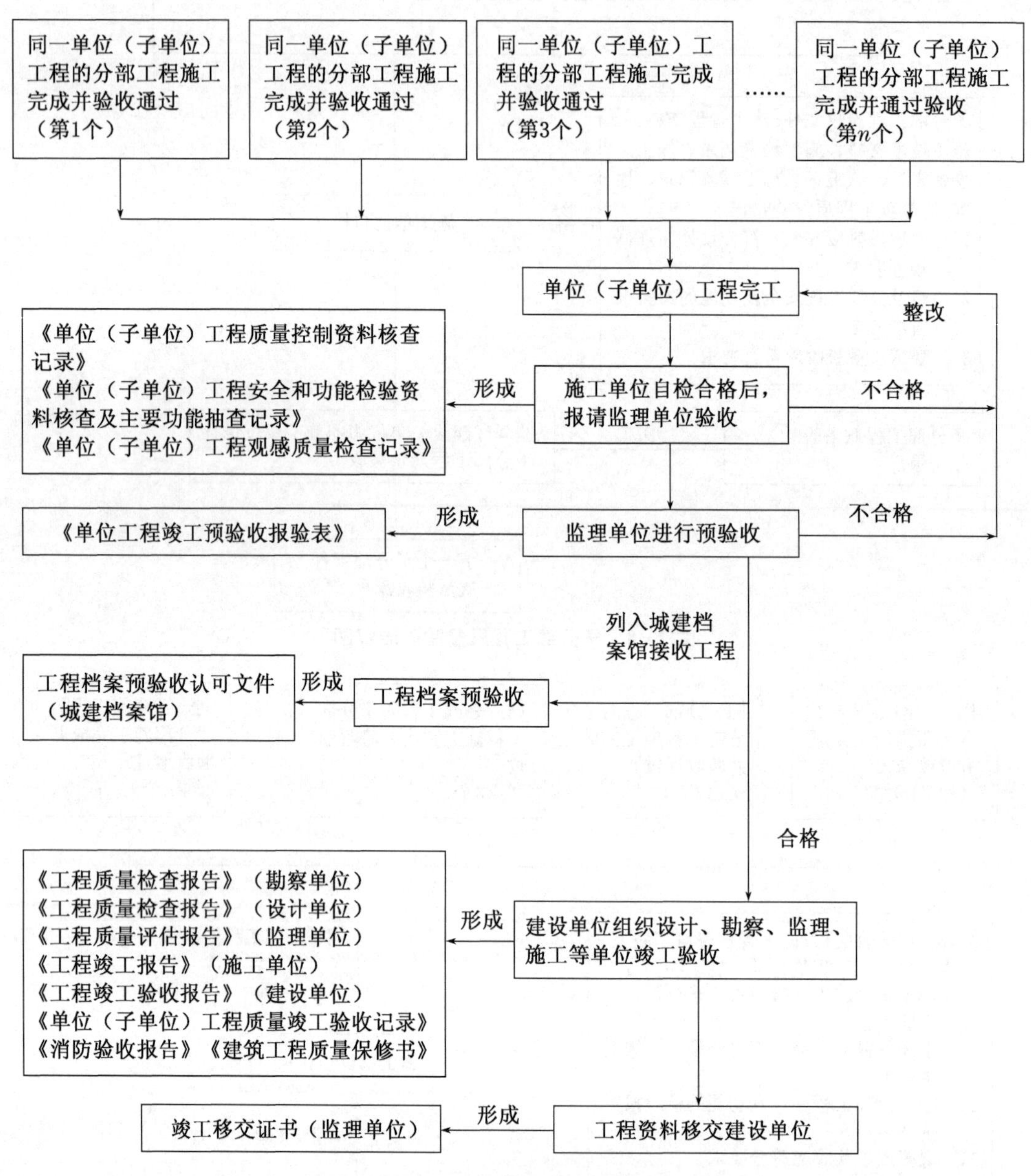

图 2-10　单位工程验收资料管理流程图

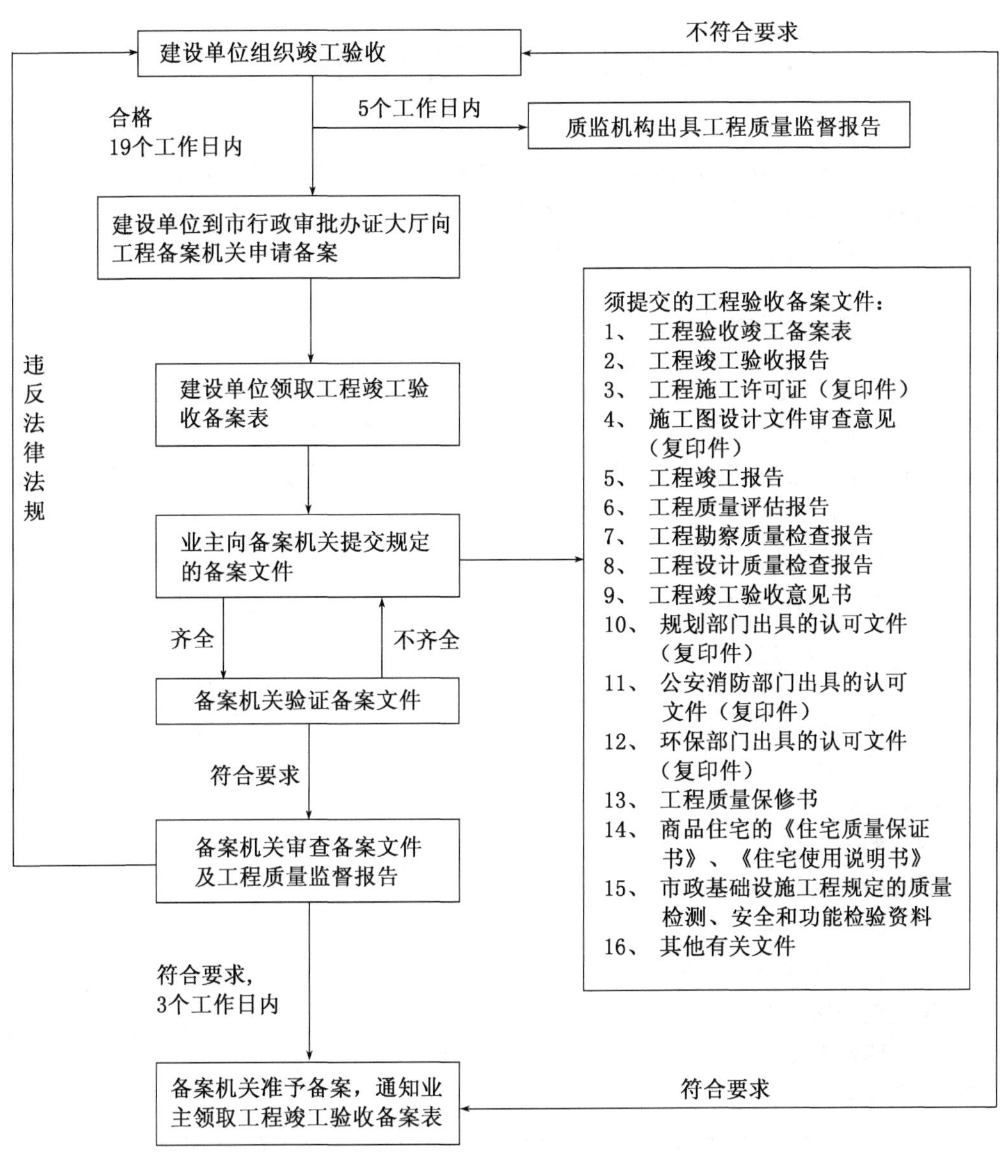
建设单位组织竣工验收
不符合要求
合格
19个工作日内
5个工作日内
质监机构出具工程质量监督报告
建设单位到市行政审批办证大厅向工程备案机关申请备案
违反法律法规
建设单位领取工程竣工验收备案表
业主向备案机关提交规定的备案文件
须提交的工程验收备案文件：
1、工程验收竣工备案表
2、工程竣工验收报告
3、工程施工许可证（复印件）
4、施工图设计文件审查意见（复印件）
5、工程竣工报告
6、工程质量评估报告
7、工程勘察质量检查报告
8、工程设计质量检查报告
9、工程竣工验收意见书
10、规划部门出具的认可文件（复印件）
11、公安消防部门出具的认可文件（复印件）
12、环保部门出具的认可文件（复印件）
13、工程质量保修书
14、商品住宅的《住宅质量保证书》、《住宅使用说明书》
15、市政基础设施工程规定的质量检测、安全和功能检验资料
16、其他有关文件
齐全
不齐全
备案机关验证备案文件
符合要求
备案机关审查备案文件及工程质量监督报告
符合要求，
3个工作日内
备案机关准予备案，通知业主领取工程竣工验收备案表
符合要求

图 2－11　建设工程竣工备案流程图

实训练习

任务一　认知建筑工程施工资料管理全过程。

1. 目的　通过填写某个表格或文件，对流程有一定的了解和认识。
2. 能力目标　理解每张表格都是施工质量确认的过程。
3. 实物表格　如：开工令、进场设备/材料报审表、施工组织设计等。

项目 4　竣工图的编制

学习目标　掌握竣工图的编制要求和绘制方法，了解竣工图包括的内容及存档要求。

能力目标　能够按照要求完成竣工图编制。

知 识 点　竣工图的折叠方式、竣工图章。

一、竣工图基本概念

竣工图是指工程竣工后，一般由施工单位编制、整理，能反映建设工程项目完工后真实情况的图纸。竣工图是工程竣工档案的重要组成部分，也是施工单位的一项重要工作内容，是工程项目竣工验收的必备条件之一。工程项目施工过程中难免有修改，与原来的设计图纸有所不同，在工程竣工后由施工单位按照施工实际情况绘制竣工图，让工程项目的建设单位或使用单位能比较清晰、快速地了解工程结构、管道走向和设备安装等实际情况，为今后工程维修、改建、扩建、城市规划等提供依据。

二、竣工图主要内容

竣工图应按单位工程，根据专业、系统分类和整理。一般应包括以下内容：

(1) 建筑竣工图。

(2) 混凝土结构竣工图。

(3) 钢结构竣工图。

(4) 幕墙竣工图。

(5) 室内装饰竣工图。

(6) 建筑给水排水及供暖竣工图。

(7) 建筑电气竣工图。

(8) 智能建筑竣工图。

(9) 通风与空调竣工图。

(10) 室外工程竣工图、规划红线内的室外给水、排水、供热、供电、照明管线等竣工图。

(11) 规划红线内的道路、园林绿化、喷灌设施等竣工图。

三、竣工图的编制依据

(1) 设计施工图。建设单位提供的作为工程施工依据的全部施工图，包括所附的文字说明，以及有关的通用图集、标准图集或施工图册。

(2) 施工图纸会审记录或交底记录。

(3) 设计变更通知单，即设计单位提出的变更图纸和变更通知单。

(4) 技术联系核定单，即在施工过程中由建设单位和施工单位提出的设计修改，增减项目内容的技术核定文件。

(5) 隐蔽工程验收记录，以及材料代换等签证记录。

(6) 建(构)筑物定位测量资料，施工检查测量及竣工测量资料。

四、竣工图的编制时间

根据《建设工程文件归档规范(2019 版)》(GB/T 50328—2014)规定,竣工图的编制应按国家建委关于《编制基本建设工程竣工图的几项暂行规定》执行。该规定在第二条款中规定,"编制各种竣工图,必须在施工过程中(不能在竣工后)",按照这一规定必须在施工过程中编制竣工图。这样做的目的在于避免建设工期长,机构、人事变化等因素引起的遗忘或责任不清,造成竣工图不准确,给以后的使用带来不必要的麻烦。另一方面,把编制竣工图放在竣工后集中完成,工作量太大,时间要求紧,赶编出来的竣工图质量也不高。把编制竣工图的工作放在施工中进行,其优点是:

(1) 跟随施工进度进行编制,做到细水长流,把繁重的工作量分散,可以克服技术力量不足的困难。

(2) 跟随施工进度编制,工程情况看得清,摸得准,观测清楚,编制准确。

(3) 工程质量检查人员能及时核对竣工资料与实物的误差,以保证竣工图的质量。

竣工图编制的时间限定具有下列几个特点:

(1) 绘制竣工图周期不宜过长,工程建设周期一般较长,竣工后再编制竣工图,原始记录不易收集齐全,事后许多问题要靠回忆进行整理,往往因为当事人记不清楚,造成竣工图不准确。

(2) 管理人员的变动,影响竣工图的编制。施工中往往会出现管理组织、管理人员的变动和交替现象,特别是施工单位的人员变动,都会对竣工后编制竣工图有直接影响,容易出现责任不清或互相扯皮现象。

(3) 及时编制竣工图。有些施工单位承包的工程项目较多,技术力量又不足,一个技术人员要负责几项工程,前面的工程刚接近收尾,新的工程又跟着上,全部精力主要用在工程建设上,造成竣工图编制工作"老账未了,新账又来"的局面。随着时间的推移,竣工的项目越来越多,编制竣工图也就更困难。有些施工单位本来技术人员有限,再加上竣工后要整理移交资料,势必牵制一部分技术力量,既影响交工验收,又影响新项目的开工。

五、竣工图编制要求

(1) 各项新建、扩建、改建、技术改造的项目,在项目竣工时应编制竣工图。

(2) 竣工图图面要整洁,字迹要清楚,线条、符号要符合各专业制图规范。

(3) 所有竣工图(在原图上有小变动修改)均应加盖竣工图章,并签字确认。

(4) 重大结构变更:设计单位重新出蓝图,施工单位提出修改意见,请设计单位签章确认。

(5) 竣工图章的基本内容:"竣工图"字样、施工单位、编制人、审核人、技术负责人、编制日期、监理单位、现场监理、总监。

① 竣工图章示例如图 2-12 所示。

② 竣工图章尺寸为 50 mm×80 mm。

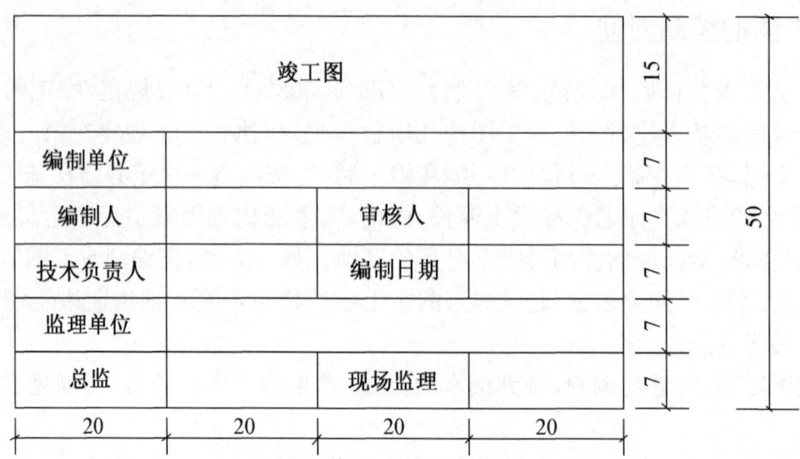

图 2-12　竣工图章示例图

③ 竣工图章应使用不易褪色的印泥，应盖在图标栏上方空白处。当图面内容饱和时盖在图签的背面。

(6) 利用施工图改绘竣工图，必须标明变更或修改依据；变更部分超过图面 1/3 的，应当重新绘制竣工图。

(7) 竣工图编制时，必须编制各专业竣工图的图纸目录，编绘的内容不要出图框线，图纸封面、目录均加盖竣工图章，绘制的竣工图必须准确、清楚、完整、规范，能真实反映竣工验收时的实际情况。

(8) 竣工图样上各专业名词、术语、代号、图形文字、符号和选用的结构要素，以及填写的计量单位，均应符合有关标准和规定。

(9) 用于改绘竣工图的图纸必须是新蓝图或绘图仪绘制的白图，不得使用复印的图纸。

(10) 竣工图编制单位应按照国家建筑制图规范要求绘制竣工图，使用绘图笔或签字笔，图面整洁、字迹清楚，不得用圆珠笔或其他易褪色的墨水绘制。

(11) 不同幅面的工程图纸应按《技术制图　复制图的折叠方法》(GB/T 10609.3—2009)统一折叠成 A4 幅面(297 mm×210 mm)，图标栏露在外面。

(12) 竣工图折叠方式：图纸折叠前要按图框裁剪整齐，折叠方式应采用"手风琴风箱式"，图标、竣工图章应露在外面，图标外露右下角。

(13) 竣工建筑物若是按现有建筑物的关系位置来定位的，则应按竣工位置实测定位关系数据作为编绘竣工总平面图的依据。

(14) 各建(构)筑物应注明其竣工标高(绝对标高或相对标高不得以地面算起注明地面以上或地面以下××米来代替)。

六、竣工图的绘制方法

1. 利用施工蓝图改绘竣工图

在施工蓝图上改绘竣工图一般采用注记修改法、杠(划)改法、叉改法。局部修改可以圈出更改部位，在原图空白处绘出更改内容。

在施工图上改绘，不得使用涂改液涂抹、刮、补贴等方法修改图纸。具体改绘方法可视图面、改动范围和位置、繁简程度等实际情况而定，以下是常见的改绘方法的举例说明。

（1）注记修改法：此法是用一条粗直线将被修改部分划去。因为注记修改基本上不涉及图纸上线条修改的内容，而用文字、符号加以注释，因此，此法仅适用于原施工图上仅是用文字注释的内容，如建筑、结构施工图的总说明、材料代用、门窗表的修改等变更。

（2）杠（划）改法：即在原施工图上将不需要的线条用粗直线或叉线划去，重新编制竣工图的真实情况。此法是竣工图编制工作中最常用的一种基本方法。特点是被划去的内容和重新绘制的内容都一目了然，编制竣工图的工作量较小。

例如，尺寸、门窗型号、设备型号、灯具型号、钢筋型号和数量、注解说明等数字、文字、符号的取消，可采用杠（划）改法。即将取消的数字、文字、符号等用横杠杠掉（不得涂抹掉），从修改的位置引出带箭头的索引线，在索引线上注明修改依据。

【例 2－1】 结构施工图中柱 Z16(Z17)柱截面变更，Z17 取消。

改绘方法：将 Z17 和有关尺寸用杠（划）改法去掉，并注明修改依据。如图 2－13 所示。

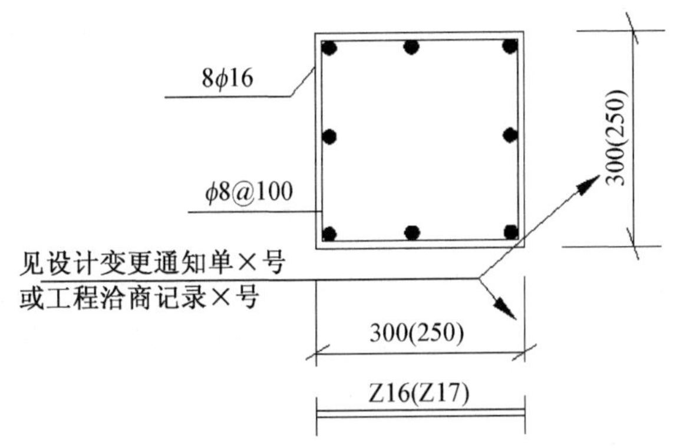

图 2－13　杠（划）改法

（3）叉改法：隔墙、门窗、钢筋、灯具、设备等取消，可用叉改法。适用于在图面上局部取消部分的打“×”修改。在图上描绘取消的部分较长时，可视情况打几个“×”，达到表示清楚为准，并从图上修改处用箭头索引线引出，注明修改依据。

【例 2－2】 平面图中库房取消，Ⓑ—Ⓒ轴/③轴上砖隔墙取消。

改绘方法：库房二字和与隔墙相关的尺寸杠改，将隔墙及其门用叉改法×掉，并注明修改依据。如图 2－14 所示。

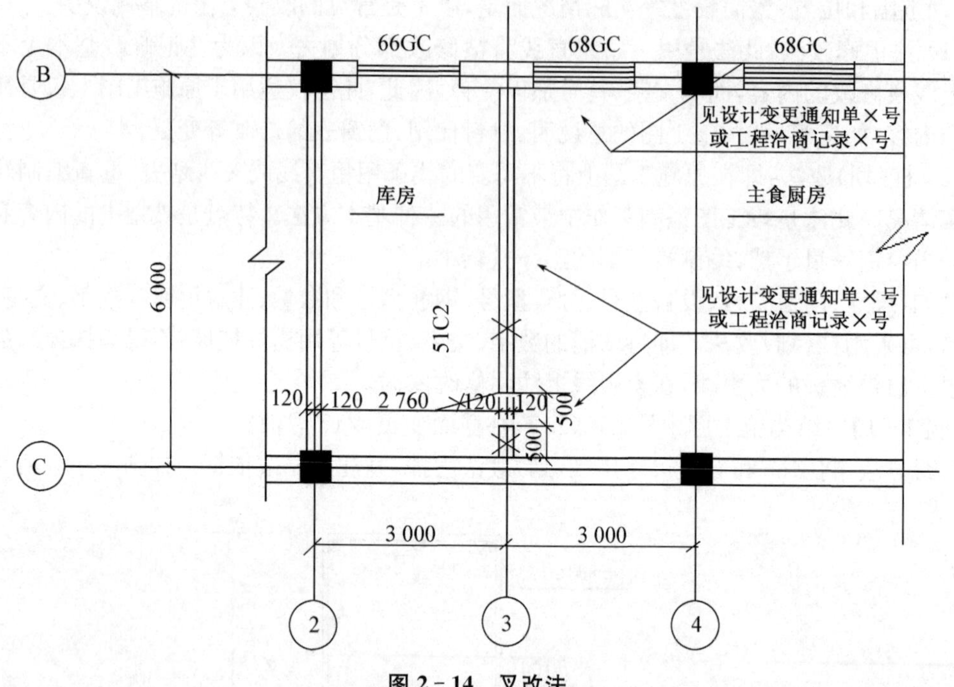

图 2-14　叉改法

(4) 补图法:具体做法是直接在原图上画上需要增加的内容,当需要增加处空白图面不够时,可以采用结点引出法,画到本张图的其他空白处,或者该卷竣工图的其他页的空白处。该方法适用于在蓝图上局部增加的图幅不大的情况下使用。

2. 在底图上修改竣工图

(1) 用设计底图制成二底图,在二底图上依据设计变更、工程洽商记录用括改法进行绘制、即将需要更改部位刮掉,再用绘图笔绘制修改内容,并在图中空白处作修改备考表,注明设计变更、工程洽商记录编号(或时间)和修改内容。

表 2-3　修改备考表

设计计变更、工程洽商记录编号	修改内容(简要提示)

(2) 修改的部位用语言描述不清楚时,可用细实线在图上画出修改范围。

(3) 修改后的二底图应加盖竣工图章,没有改动的底图做竣工图也应加盖竣工图章。

3. 重新绘制竣工图

根据工程竣工现状绘制竣工图时,重新绘制的竣工图应与原图比例相同,符合制图规范,并有标准的图框和内容齐全的图签,图签中应有明确的“竣工图”字样或加盖竣工图章。经施工部门有关技术负责人审查,核实后,再描绘成底图,底图核签之后即可晒制竣工蓝图。此法的特点是竣工图清晰准确、系统完整,便于永久保存和利用。

4. 用 CAD 绘制竣工图

在电子版施工图上依据设计变更、工程洽商记录进行修改时,修改后用线圈出修改部位,并在图中空白处作修改备考表,原设计人员必须在图签上签字。

七、竣工图的编制职责

对于竣工图的编制职责归属问题，建设单位在工程设计、施工合同中应予以明确规定。竣工图一般是由施工单位负责编制，特殊工程项目也可由建设单位委托施工单位、监理单位或设计单位负责。因重大变更需要重新绘制竣工图，由责任方负责编制，即因设计原因造成的由设计单位负责重新绘制；因施工单位造成的，由施工单位负责重新绘制，并经设计单位、建设单位确认；因建设单位造成的，由建设单位会同设计单位及施工单位协商处理；因其他原因造成的，由业主自行绘图或委托设计单位绘图，施工总承包单位负责在新图上加盖“竣工图”标志，并附以有关记录和说明，作为竣工图。

实训练习

任务一　掌握竣工图的编制方法。

1. 目的　给出一份设计施工图纸及几张设计变通通知单，编制竣工图。

2. 能力目标　在利用设计施工图编制竣工图的过程中，掌握最基本的工程竣工图的制作方法。

3. 实物图纸　如：普通七层及以下的民用建筑房屋设计施工图（建筑专业）及相关设计变更通知单。

项目5　建筑工程施工资料立卷和归档

学习目标　掌握立卷和归档的概念，熟悉案卷编目及立卷要求。理解对工程施工资料进行编目、立卷的含义。

能力目标　能独立进行对施工资料的编目、立卷。

知 识 点　立卷、组卷、归档。

一、立卷

立卷也称组卷，是指按一定的原则和方法，将具有保存价值的文件分门别类地整理成案卷。案卷则是由互有联系的若干文件组成的档案保管单位，也就是常说的卷、册、组等。施工资料立卷方式有很多，例如，按时间先后顺序来立卷则分为开工类文件、进度类文件、施工记录类文件、竣工类文件等；按资料来源单位则分为建设单位发来文件、设计单位发来文件、监理单位发来文件资料等；按资料性质则分为进度控制文件、进场物质检验试验记录、施工过程试验记录等；按专业类别则分为地基与基础工程、主体结构工程、防水工程、装饰装修工程、电气安装工程等。

1. 组卷的原则

组卷应遵循工程文件的自然形成规律，保持卷内文件的有机联系，便于档案的保管和利用。工程施工资料可根据分类施工资料数量多少组成一卷或多卷。工程施工资料的组卷应按照单位工程、分部工程、专业、阶段等组卷。单位（子单位）工程应结合建设工程质量监督登记书划分的单位（子单位）工程进行组卷。

施工资料组卷原则：

(1) 一个建设工程由多个单位工程组成时，工程施工资料应按单位(子单位)工程分别组卷；

(2) 单位(子单位)工程施工资料应按分部工程进行组卷；

(3) 各分部工程应按施工资料的性质分别排序，进行组卷；

(4) 综合性质较强的分部工程，如建筑节能分部工程、智能建筑分部工程等，组卷时还可进一步细分为相关专业具体内容排序或组卷；

(5) 电梯分部工程可分为电力驱动曳引式或强制式电梯、液压电梯、自动扶梯、自动人行道并按不同型号单台电梯单独组卷；

(6) 室外工程应按设计图纸中不同专业工程单独组卷；

(7) 专业分包工程的施工资料可单独组卷；

(8) 当施工资料中部分资料不能按一个单位工程分类组卷时，可按单项工程独立组卷；

(9) 竣工图按单位工程、专业分类等组卷。每一专业可根据图纸数量多少组成一卷或多卷；

(10) 工程竣工文件可按单位工程、专业分类等组卷；

(11) 当工程规模较大、施工资料组卷数量较多时，所有案卷目录除各案卷保存外，还应汇总后单独组卷，便于查找。

2. 组卷的要求

为便于资料档案的查阅、存放和管理，案卷要求整齐、美观，并有如下要求：

(1) 案卷不宜过厚，文字材料厚度不宜超过 20 mm，图纸卷厚度不宜超过 50 mm。

(2) 案卷内不应有重份文件；不同载体的文件一般应分别组卷。

(3) 文字材料按事项、专业顺序排列。同一事项的请示与批复、同一文件的印本与定稿，主体与附件不能分开，并按批复在前、请示在后，印本在前、定稿在后，主件在前、附件在后的顺序排列。

(4) 图纸按专业排列，同专业图样按图号顺序排列。

(5) 既有文字材料又有图样的案卷，文字材料排前，图样排后。

(6) 电子文件的组织和排序可按纸质文件进行。

3. 案卷的编目

为便于查找资料档案，一般都要对所有的案卷进行编目。施工资料案卷编目一般是三级目录，即单位工程的总目录、分部工程子目录、案卷目录。通过目录的汇总、逐级分解，使工程资料更具有系统性和条理性。

卷内资料排列一般顺序为：封面、目录、卷内资料、备考表、封底。

(1) 编制卷内页号要求

① 卷内文件均按有书写内容的页面编号。每卷单独编号，页号从“1”开始编制。

② 页号编写位置：单面书写的文件应在右下角；双面书面的文件，正面在右下角，背面在左下角。折叠后的图纸一律在一角。

③ 成套图纸或印刷成册的科技文件材料自成一卷的，原目录可代替卷内目录，不必重新编制页码。

④ 案卷封面、卷内目录、卷内备考表不编写页号。

(2) 卷内目录编制要求

① 序号：以一份文件为单位，用阿拉伯数字从1依次标注。

② 责任者填写：文件直接填写单位和个人。如存在多个责任人的，选择两个主要责任者后用“等”代替。

③ 文件编号填写：工程文件原有的文件号或图号。

④ 文件题名填写：文件标题的全称。

⑤ 日期填写：文件形成的日期。

⑥ 页次填写：文件在卷内文件首面之前。

⑦ 卷内目录排列在卷内文件首面之前。

(3) 卷内备考表编制要求

① 卷内备考表主要标明卷内文件的总页数、各类文件页数（照片张数）以及立卷单位对案卷情况的说明（说明卷内文件复印件情况、页码错误情况、文件的更换情况等，如没有需要说明的事项可不必填写说明）。

② 卷内备考表排列在卷内文件的尾页之后。

使用城建档案卷内备考表，其内容包括卷内文字资料张数、图样资料张数、照片张数等，以及立卷单位的立卷人、审核人签字。说明部分由城建档案馆根据案卷的完整及质量情况标明审核意见。卷内备考表排列在卷内文件之后。

(4) 案卷封面编制要求

① 案卷封面印刷在卷盒、卷夹的正表面，也可采用内封面形式。

② 案卷封面的内容应包括：档号、档案馆代号、案卷题名、编制单位、起止日期、密级、保管期限、共几卷、第几卷，若工程分为几个（子）单位工程应在第二行填写（子）单位工程名称。

③ 档号应由分类号、项目号和案卷号组成。档号由档案保管单位填写。

④ 档案馆代号应填写国家给定的本档案馆的编号。档案馆代号由档案馆填写。

⑤ 案卷题名应简明、准确地提示卷内文件的内容；施工资料案卷题名包括工程名称、专业名称、卷内文件的内容。

⑥ 编制单位应填写案卷内文件的形式单或主要责任者。

⑦ 起止日期应填写案卷内全部文件形成的起止日期。

⑧ 保管期限分为永久、长期、短期三种期限，施工资料各类文件的保管期限如下：

永久是指工程档案需永久保存；长期是指工程档案的保存期限等于该工程的使用寿命；短期是指工程档案保存20年以下。

⑨ 密级分为绝密、机密、秘密三种。同一案卷内有不同密级的文件，应以高密级为本卷密级。

4. 案卷的规格与装订

(1) 案卷规格

卷内资料、封面、目录、备考表统一采用A4幅（297 mm×210 mm）尺寸。图纸为A0（841 mm×1 189 mm），A1（594 mm×841 mm），A2（420 mm×594 mm），A3（297 mm×420 mm）幅面，应折叠成A4（297 mm×210 mm）幅面；幅面小于A4幅面的资料要用A4白纸（297 mm×210 mm）衬托。

(2) 案卷装具

案卷采用无酸纸卷盒、卷夹。卷盒外表尺寸为310 mm×220 mm，厚度分别为20 mm、

30 mm、40 mm、50 mm，卷夹外表尺寸为 310 mm×220 mm，厚度宜为 20 mm、30 mm。

(3) 案卷装订

① 文字材料必须装订成册。图纸材料可装订成册，也可散装存放。

② 装订时要剔除金属物，装订线一侧根据案卷薄厚加垫草板纸。

③ 案卷用棉线在左侧三孔装订，棉线装订结打在背面。装订线距左侧 20 mm，上下两孔分别距中孔 80 mm。装订应整齐、牢固，便于保管和利用。装订也可用装订机活页装订，不宜采用死页装订。

④ 装订时，须将封面、目录、备考表、封底与案卷一起装订。

⑤ 脊背的内容包括项目名称、案卷号、案卷题名。

⑥ 竣工图不用装订，折叠后把图标露在面层，然后装入档案盒。

二、归档

归档是指文件形成单位完成其工作任务后，把形成的文件整理立卷，按规定移交档案管理机构。对一个建设工程而言，归档有两方面的含义：一是建设单位将工程资料向档案管理机构移交；二是勘察、设计、施工、监理等单位将各自形成的工程资料向建设单位档案管理机构移交。

对于工程资料归档范围，主要是针对工程建设有关的重要活动。记载工程建设过程和现状、具有保存价值的各种载体的文件，均应收集齐全，整理立卷后归档。

1. 归档要求

(1) 归档文件必须完整、准确、系统，能够反映工程建设活动的全过程。

(2) 归档文件必须经过分类整理，并应组成符合要求的案卷。

(3) 归档时间应符合下列规定：

① 根据建设程序和工程特点，归档可以分阶段分期进行，也可以在单位或分部工程通过竣工验收后进行。

② 施工单位应当在工程竣工验收前将形成的有关档案向建设单位归档。

(4) 施工单位应根据城建档案管理机构的要求对档案文件完整、准确、系统情况和案卷质量进行审查。

(5) 工程档案一般不少于四套，一套(原件)移交当地城建档案馆，建设单位、监理单位、施工单位各存一套。

2. 质量要求

(1) 归档的工程文件必须为原件。因各种原因不能使用原件的，必须在复印件上加盖存放单位公章并注明原件存放处，应有经办人签字及时间。

(2) 工程文件的内容及其深度必须符合国家有关勘察、设计、施工、监理等方面的技术规范、规程、标准的要求。

(3) 工程文件应采用耐久性强的书写材料，如碳素墨水、蓝黑墨水，不应使用易褪色的书写材料，如红色墨水、纯蓝墨水、圆珠笔、复写纸、铅笔等。

(4) 工程文件要字迹清晰，图表整洁，签字盖章手续完备。不允许涂改；若有涂改，应在工程文件涂改处加盖修改方的法人图章。计算机形成的工程资料应采用内容打印、手工签名的方式。

(5) 工程文件中文字材料幅面尺寸规格应为 A4 幅面(297 mm×210 mm)。

(6) 工程文件的纸张应采用能够长期保存、韧力大、耐久性强的纸张。

(7) 工程资料应采用电脑打印、手写签名的办法编制。

(8) 工程资料的填写和编制应符合电子档案管理和计算机输入的要求。

(9) 编制资料选用的表格规定:工程资料的编制应选用当地规定的表格填写,如《施工质量验收规范广西应用手册》。对于配套表格中没有的表格,可以采用表格的资料重新设计新表格,新设计的表格格式应与配套表格格式相近,内容符合相关规范要求。

(10) 除表格外的施工资料,如文字资料、图形资料等应采用粘贴的办法制成 A4 幅面,以便于装订与保管。

(11) 工程声像资料,要求图像清晰,声音清楚,文字说明或内容要准确。

3. 工程档案的验收与移交

(1) 档案预验收内容

① 工程档案齐全、系统、完整;

② 工程档案的内容真实,能准确地反映工程建设活动和工程实际状况;

③ 工程档案已整理立卷,立卷符合有关规定;

④ 竣工图绘制方法、图式及规格等符合专业技术要求,图面整洁,盖有竣工图章;

⑤ 文件的形成、来源符合实际,要求单位或个人签章的文件签章手续完备;

⑥ 文件材质、幅面、书写、绘图、用墨、托裱等符合要求。

(2) 档案预验收要求

① 工程竣工验收前,各参建单位的主管(技术)负责人应对本单位形成的工程资料进行竣工审查;建设单位应按照国家验收规范规定和城建档案管理的有关要求,对勘察、设计、监理、施工单位汇总的工程资料进行验收,使其完整、准确真实。

② 单位(子单位)工程完工后,施工单位应自行组织有关人员进行检查评定,合格后填写《单位工程竣工预验收报验表》,并附相应的竣工资料(包括分包单位的竣工资料)报项目监理部,申请工程竣工预验收。总监理工程师组织项目监理部人员与施工单位进行检查验收,合格后总监理工程师签署《单位工程竣工预验收报验表》。

③ 工程竣工验收前,应由城建档案馆对工程档案进行预验收,并出具《建设工程竣工档案预验收意见》。建设单位未取得城建档案管理机构出具的认可文件的,不得组织工程竣工验收。

(3) 档案的移交

根据《建筑工程资料管理规程》(JGJ/T 185—2009)第 4.5.2 条,工程资料移交应符合下列规定:

① 施工单位应向建设单位移交施工资料。

② 实行总承包的,各专业承包单位应向施工总承包单位移交施工资料。

③ 监理单位应向建设单位移交监理资料。

④ 工程资料移交时应及时办理相关移交手续,填写工程资料移交书、移交目录。

⑤ 建设单位应按国家有关法规和标准的规定向城建档案管理部门移交工程档案,移交的工程档案应为原件。

⑥ 建设单位向城建档案馆移交工程档案时,应办理移交手续。填写移交目录,双方签字、

盖章后交接。

实训练习

任务一　掌握立卷的方法。

1. 目的　给出一套施工资料，按立卷的要求分别组卷，并编目。
2. 能力目标　懂得如何进行施工资料组卷、编目。
3. 实物资料　普通七层及以下的民用建筑房屋施工竣工资料。

复习思考题

习题 1　工程资料是怎么形成的？
习题 2　工程资料的施工文件有哪些组卷方法？
习题 3　案卷封面的填写有哪些要求？
习题 4　简述在建筑工程资料管理工作中施工单位的职责。
习题 5　简述工程资料的主要内容。
习题 6　简述工程资料组卷原则。
习题 7　简述工程文件的归档要求。

模块三　施工资料收集与编制

模块概述

建筑工程施工管理资料、施工技术资料、进度造价资料、进场材料设备资料、施工记录、施工试验及检测报告、施工质量验收资料的编制与收集的方法，与其相对应的抽样和检验试验方法，最终形成的资料表格或报告形式。

学习目标

通过本模块的学习，掌握各种表格、报告的样式及填写方法；熟悉相关的见证取样、检验试验的方法。

项目1　施工管理资料

学习目标　掌握工程概况表、施工现场质量管理检查记录表、施工日志的填写，熟悉分包单位资格审查，了解质量事故处理程序、见证试验检测范围。

能力目标　懂得如何填写工程概况表、施工现场质量管理检查记录、施工日志。

知 识 点　工程概况信息的获取、施工现场质量管理检查内容和涉及资格证书的认识。

一、工程概况表

工程概况表是在施工前项目部根据施工设计图和规范要求对工程情况进行归纳，编号为表C.1.1，如表3-1所示。

工程概况表分四部分内容：一般情况栏、构造特征栏、机电系统栏、其他栏。

工程概况表填写要求：

(1) 一般情况栏包括：建设单位、监理单位、设计单位、勘察单位、施工单位的名称；建设用途、建设地点、建筑面积、结构类型、基础类型、层次、建筑檐高、地上面积、地下面积、人防等级、抗震等级，按设计说明填写；工期、计划开工日期、计划竣工日期等按施工许可证和施工合同进行填写。

(2) 构造特征栏中应表述建筑物的主要构造情况，填写基础形式。主体内外墙、柱、梁板的主要尺寸、内外装饰、楼地面装饰的主要做法及屋面防水等按设计图纸要求填写。

(3) 机电系统栏中简单描述工程机电部分的几大主要系统及主要设备的参数，机电承受的容量和电压等级等按设计图纸要求填写。

(4) 其他栏中可填写本工程关键工序或本工程的一些特殊内容说明。如工程采用的新材料、新工艺、新产品、新设备等，施工单位主要是按照国家规定的新材料、新工艺、新产品、新设备、施工合同、设计图纸要求填写。

表 3-1　工程概况表　　表 C.1.1

工程名称		××住宅楼	编号	××
一般情况	建设单位	××房产开发公司		
	建设用途	住宅	设计单位	××设计有限公司
	建设地点	××市××区××路××号	勘察单位	××勘察院
	建筑面积	25 000 m^2	监理单位	××监理公司
	工　期	750 天	施工单位	××建筑工程公司
	计划开工日期	××年××月××日	计划竣工日期	××年××月××日
	结构类型	框剪	基础类型	桩基、筏板式基础
	层　次	地下 1 层/地上 18 层	建筑檐高	54 米
	地上面积	22 600 m^2	地下面积	2 400 m^2
	人防等级	六级	抗震等级	框架三级
构造特征	地基与基础	基础持力层为砂卵石层，地基承载力为 210 kPa，筏板式基础，底板厚度为 1 000～1 500 mm，混凝土强度等级为 C30，抗渗等级 P8。		
	柱、内外墙	独立柱强度等级为 C60，1～7 层为 C50，8～14 层为 C40，15 层以上为 C30，最大截面尺寸为 1 000×1 000。外墙厚度 300 mm，内墙厚度 200 mm，强度等级 10 层下 C40，10 层以上 C30，地下室抗渗等级 P8。		
	梁、板、楼盖	现浇钢筋混凝土梁板，强度等级 C30		
	外墙装饰	外墙装饰为外墙涂料		
	内墙装饰	内墙为水泥砂浆抹灰		
	楼地面装饰	水泥砂浆地坪		
	屋面构造	SBS 改性沥青卷材与双层三元乙丙丁基橡胶卷材结合		
	防火设备	一级防火等级，各防火分区以木制防火门隔开		
机电系统名称		电气系统包括照明、动力、电话、消防报警系统		
其　他		无		

工程概况表一般一式四份，并由建设单位、监理单位、施工单位、城建档案馆各保存一份。

二、施工现场质量管理检查记录

根据要求，施工现场质量管理检查记录应由施工单位填写，由总监理工程师检查并作出签证结论意见，表格编号为桂建质(综合类)-01，见表 3-2。施工现场质量管理检查记录主要含有以下内容：项目部质量管理体系、现场质量责任制、主要专业工种操作上岗证书、分包单位管理制度、图纸会审情况、地质勘察资料、施工技术标准、施工组织设计和施工方案编制及审批、物资采购管理制度、施工设施和机械设备管理制度、计量设备配置、检测试验管理制度、工程质量检验制度等13项。

(1)“项目部质量管理体系”栏:主要核查项目管理的质量方针和目标管理、质量管理组织机构、质量例会制度、质量信息管理和质量管理改进等机制是否已建立落实。

(2)“现场质量责任制”栏:要求责任落实到岗位,核查项目部质量负责人的分工,各项质量责任的落实规定,定期检查及有关人员奖罚制度等。

(3)“主要专业工种操作上岗证书”栏:特殊工种作业人员必须持证上岗,核查测量、起重、垂直运输司机、焊接、电工等上岗人员持证情况,无证不得开工,具体核查范围以当地建设行政主管部门的规定为准。

(4)“分包单位管理制度”栏:专业承包单位的资质应在其承包业务的范围内承建工程,超出范围的应办理特许证书,否则不能承包工程。在有分包的情况下,总承包单位应有管理分包单位的制度,主要是质量、技术的管理制度等。

(5)“图纸会审情况”栏:重点审查建设行政主管部门出具的施工图审查批准书及审查机构出具的审查报告。如图纸是分批出图时,审查工作可分段进行。

(6)“地质勘察资料”栏:核查有勘察资质的单位出具的正式地质勘察报告,地下部分施工方案制定和施工组织总平面编制时参考等。

(7)“施工技术标准”栏:审查施工质量要达到哪些标准,是工作的依据和保证工程质量的基础,承建单位应编制不低于国家质量验收规范的操作规程等企业标准。一般批准程序,由企业的总工程师、技术委员会负责人审查批准,有批准日期、执行日期、企业标准编号及标准名称。企业应建立技术标准档案。施工现场应有的施工技术标准都有。可作培训工人、技术交底和施工操作的主要依据,也是质量检查评定的标准。

(8)“施工组织设计、施工方案编制及审批”栏:审查是否有针对性,是否有编制、审核、批准人签名,经总监理工程师审批等。

(9)“物资采购管理制度”栏:审查是否建立采购制度、材料进场验收制度等,必须建立台账流水等。

(10)“施工设施和机械设备管理制度”栏:审查是否建立管理制度、操作规程、安全警示告示等。

(11)“计量设备配置”栏:审查是否建立计量制度,相关计量设备准备情况等。

(12)“检测试验管理制度”栏:审查是否包括检测仪器设备配置、材料设备进场检验制度、见证取样送检制度、试块留置方案、检测试验计划等。

(13)“工程质量检验制度”栏:审查包括自检与交接检制度、项目周检制度、质检员日检制度、质量问题整改制度、缺陷修补方案、施工过程质量控制制度等。

表 3-2　施工现场质量管理检查记录表

GB 50300—2013　　　　桂建质(综合类)-01

<table>
<tr><td>工程名称</td><td colspan="3">××商住楼</td><td>施工许可证(开工证)号</td><td>×××</td></tr>
<tr><td>建设单位</td><td colspan="3">××开发有限公司</td><td>项目负责人</td><td>×××</td></tr>
<tr><td>设计单位</td><td colspan="3">××设计有限责任公司</td><td>项目负责人</td><td>×××</td></tr>
<tr><td>监理单位</td><td colspan="3">××建设监理有限公司</td><td>总监理工程师</td><td>×××</td></tr>
<tr><td>施工单位</td><td>××建设工程有限公司</td><td>项目经理</td><td>×××</td><td>项目技术负责人</td><td>×××</td></tr>
<tr><td>序号</td><td>项目</td><td colspan="4">内容</td></tr>
<tr><td>1</td><td>项目部质量管理体系</td><td colspan="4">质量方针和目标管理、质量管理组织机构、质量例会制度、质量信息管理和质量管理改进等</td></tr>
<tr><td>2</td><td>现场质量责任制</td><td colspan="4">人员任命与职责分工工作;公司对项目负责人的授权文件、项目负责人签署的工程质量终身责任承诺书;人员签字与照片文件;项目负责人、项目技术负责人、项目施工负责人;技术员、施工员、质检员、安全员、资料员、预算员、材料员、试验员、测量员、机械员、标准员;施工班组长、作业人员等质量责任制;质量责任的落实规定,定期检查及有关人员奖罚制度;技术交底制度</td></tr>
<tr><td>3</td><td>主要专业工种操作上岗证书</td><td colspan="4">包括特种作业人员和测量工、钢筋工、木工等普通专业工种人员的岗位证书</td></tr>
<tr><td>4</td><td>分包单位管理制度</td><td colspan="4">包括分包合同、对分包单位的质量安全管理制度等</td></tr>
<tr><td>5</td><td>图纸会审情况</td><td colspan="4">包括完整的设计文件、审图报告及相应的设计回复资料、设计交底记录、图纸会审记录及相应的设计答复资料等;建设、施工、监理、设计项目负责人均应参加设计交底与图纸会审。设计文件应加盖审图章</td></tr>
<tr><td>6</td><td>地质勘察资料</td><td colspan="4">有勘察单位出具的工程地质勘察报告</td></tr>
<tr><td>7</td><td>施工技术标准</td><td colspan="4">包括施工工艺标准、验收标准、标准图集等,要求施工有明确的依据,能满足本工程施工需要</td></tr>
<tr><td>8</td><td>施工组织设计、施工方案编制及审批</td><td colspan="4">要求有针对性,有编制、审核、批准人签名,经总监理工程师审批</td></tr>
<tr><td>9</td><td>物资采购管理制度</td><td colspan="4">包括采购制度、进场验收制度、台账等</td></tr>
<tr><td>10</td><td>施工设施和机械设备管理制度</td><td colspan="4">把控安装、检测、备案、维保与拆卸等</td></tr>
<tr><td>11</td><td>计量设备配置</td><td colspan="4">要求计量准确</td></tr>
<tr><td>12</td><td>检测试验管理制度</td><td colspan="4">包括检测仪器设备配置、材料设备进场检验制度、见证取样送检制度、试块留置方案、检测试验计划等</td></tr>
<tr><td>13</td><td>工程质量检验制度</td><td colspan="4">包括自检与交接检制度、项目周检制度、质检员日检制度、质量问题整改制度、缺陷修补方案、施工过程质量控制制度等</td></tr>
<tr><td colspan="3">自检结果:

施工单位项目负责人:
年　月　日</td><td colspan="3">检查结论:

总监理工程师:
(建设单位项目负责人)
年　月　日</td></tr>
</table>

施工现场质量管理检查记录一般一式三份,由建设单位、监理单位、施工单位各保存一份。

三、企业资质证书及相关专业人员岗位证书

不同的工程规模对施工单位企业资质等级要求各不相同，对建造师、造价工程师等专业人员的要求也不一样。开工前施工单位应提交企业资质证书、营业执照、安全生产许可证、建造师执业资格证书、专业人员岗位证书等。

存在有分包单位的工程项目，分包单位进场前还应提交分包单位的分包资格证明文件、分包单位的资质证书及相关专业人员的岗位证书、上岗人员的操作证书等。合法的分包需满足以下几个条件：(1) 分包必须取得发包人的同意；(2) 分包只能是一次分包；(3) 必须分包给具备相应资质条件的单位；(4) 总承包人可以将承包工程中的部分工程分包给具有相应资质条件的分包单位，但不得将主体工程分包出去。

施工单位应该按以下内容提交资料：

(1) 企业资质证书：施工单位资质证、营业执照、安全生产许可证等。

(2) 相关人员主要证书：

① 项目经理的建造师注册证、三类人员考核证、年度安全继续教育证。

② 技术负责人的职称证、年度安全继续教育证。

③ 安全员的上岗证、三类人员考核证、年度安全继续教育证。

④ 质检员的上岗证、年度安全继续教育证。

⑤ 施工员的上岗证、年度安全继续教育证。

⑥ 资料员的上岗证。

⑦ 材料员的上岗证。

⑧ 取样员的上岗证。

⑨ 测量员的上岗证。

⑩ 特殊工种(如焊工、塔吊司机、架子工等)的上岗证。

收集和整理施工单位的资质证书和安全生产许可证；按投标文件整理配置相关人员的岗位证复印件，并加盖施工单位公章。

分包单位资质报审表应符合现行国家标准的有关规定，见表 3－3。有分包单位的，分包单位的相关证件(具体要求同上述施工单位提供资料要求)由工程项目总承包施工单位收集，分包单位填报的分包单位资质报审表报送给总承包单位、监理单位或建设单位审批、确认。

表3-3　分包单位资格报审表

工程名称 1#楼　　　　　　　　　　　　　　　　　　　　　　　　编号：××

<table>
<tr><td colspan="3">致：××监理公司（项目监理机构）
经考察，我方认为拟选择的××科技公司（分包单位）具有承担下列工程的施工或安装资质和能力，可以保证本工程按施工合同第××条款的约定进行施工或安装。
分包后，我方仍承担本工程施工合同的全部责任。请予以审查。</td></tr>
<tr><td>分包工程名称（部位）</td><td>分包工程量</td><td>分包工程合同额</td></tr>
<tr><td>智能建筑专业工程</td><td>包括综合布线、广播、网络、楼宇自控、门禁、安防、技防工程、无线对讲、有线电视等全部智能建筑工程</td><td>2 500.00万元</td></tr>
<tr><td colspan="2">合计</td><td>2 500.00万元</td></tr>
<tr><td colspan="3">施工项目经理部（盖章）
项目经理（签字）×××
××××年××月××日</td></tr>
<tr><td colspan="3">审查意见：合格
专业监理工程师（签字）×××
××××年××月××日</td></tr>
<tr><td colspan="3">审查意见：合格
项目监理机构（盖章）
总监理工程师（签字）×××
××××年××月××日</td></tr>
</table>

本表一式三份，并由建设单位、监理单位、施工总承包单位各保存一份。

四、建设工程质量事故调(勘)查笔录及工程质量事故报告

工程质量事故，是指建设、勘察、设计、施工、监理等单位违反工程质量有关法律法规和工程建设标准，使工程产生结构安全、重要使用功能等方面的质量缺陷，造成人身伤亡或者重大经济损失的事故。

工程项目发生质量事故的，要形成相应的资料记录，主要内容包括：质量事故报告、处理方案、实施记录、处理验收记录等。建设工程质量事故发生后，事故发生单位(一般多为施工单位)必须在24 h内，以口头、电话或者书面形式及时报告上级主管部门，并在48 h内逐级向行政主管部门或有关政府部门报告，并填报《建设工程质量事故报告书》。见表3-4。

1.《建设工程质量事故报告书》的内容

(1) 事故发生的时间、地点、工程项目名称、工程各参建单位名称；

(2) 事故发生的简要经过、伤亡人数(包括下落不明的人数)和初步估计的直接经济损失；

(3) 事故的初步原因；

(4) 事故发生后采取的措施及事故控制情况；

(5) 事故报告单位、联系人及联系方式；

(6) 其他应当报告的情况。

2. 建设工程质量事故调(勘)查、评审、处理

各级建设主管部门或有关政府部门接到事故报告后，根据初步估计的经济损失和人员伤亡情况，按事故级别组成调查组，对事故进行调查。在调查的基础上，对事故做出正确的评价和处置。技术处理方案应由设计单位出具或确认。

依据住房和城乡建设部相关文件的规定，工程质量事故根据工程质量事故造成的人员伤亡或者直接经济损失，划分为4个等级：

(1) 特别重大事故，是指造成30人以上死亡，或者100人以上重伤，或者1亿元以上直接经济损失的事故；

(2) 重大事故，是指造成10人以上30人以下死亡，或者50人以上100人以下重伤，或者5 000万元以上1亿元以下直接经济损失的事故；

(3) 较大事故，是指造成3人以上10人以下死亡，或者10人以上50人以下重伤，或者1 000万元以上5 000万元以下直接经济损失的事故；

(4) 一般事故，是指造成3人以下死亡，或者10人以下重伤，或者100万元以上1 000万元以下直接经济损失的事故。

表 3-4　建设工程质量事故调(勘)查记录表

C0-2

<table>
<tr><td>工程名称</td><td colspan="4">××住宅楼</td></tr>
<tr><td>调(勘)查时间</td><td colspan="4">××年××月××日××时</td></tr>
<tr><td>调(勘)查地点</td><td colspan="4">××市××区××号(工程项目所在地)</td></tr>
<tr><td>参加人员</td><td>单位</td><td>姓名</td><td>职务</td><td>电话</td></tr>
<tr><td rowspan="2">被调查人</td><td>××建筑工程公司</td><td>×××</td><td>项目经理</td><td>×××</td></tr>
<tr><td></td><td></td><td></td><td></td></tr>
<tr><td rowspan="2">陪同调查(勘)查人员</td><td>×××</td><td>×××</td><td>质检员</td><td>×××</td></tr>
<tr><td>×××</td><td>×××</td><td>质检员</td><td>×××</td></tr>
<tr><td>调(勘)查笔录</td><td colspan="4">××年××月××日在六层柱砼施工时,由于振捣工没有按照混凝土振捣操作规程操作致使六层 1—A 轴交接处一根柱混凝土发生漏筋、漏石、孔洞等质量缺陷。</td></tr>
<tr><td>现场证物照片</td><td colspan="4">☑ 有　□ 无　共 5 张　共 4 页</td></tr>
<tr><td>事故证据资料</td><td colspan="4">☑ 有　□ 无　共 8 张　共 5 页</td></tr>
<tr><td>被调查人签字</td><td>×××</td><td>调(勘)查人签字</td><td colspan="2">×××</td></tr>
</table>

说明:由调查单位填写《建设工程质量事故调(勘)查记录》,一式五份,并应由调查单位、建设单位、监理单位、施工单位、城建档案馆各保存一份。

质量事故的技术处理必须遵守以下原则:

(1) 工程质量事故的部位、原因必须查清,必要时应委托法定工程质量检测单位进行质量鉴定或请专家认证。

(2) 技术处理方案,必须依据充分、可靠、可行的原则,确保结构安全和使用功能。

(3) 技术处理的方案,应委托原设计单位提出;由其他单位提供技术处理方案的,需经原设计单位同意并签认。设计单位在提供技术处理方案时，应征求建设单位的意见。

(4) 施工企业必须按技术处理方案的要求，制定可行的技术处理施工措施，做好原始记录。

(5) 对于技术处理过程中的关键部位工序，施工单位应会同建设单位(设计单位)进行检查认可，技术处理完，应组织验收，并将有关技术资料纳入工程档案。

处置方案必须详细、准确、真实，并获得建设(监理)单位等相关部门的确认。事故处理过程工程项目资料员必须准备和收集的工程资料有：

(1) 与事故有关的施工图，如施工平面图、大样图等；

(2) 与施工有关的资料，如材料进场报验记录、各类检验试验报告等；

(3) 事故调查分析报告；

(4) 技术处理资料；

(5) 处置后的检查记录。

五、见证取样送检记录和试验检测汇总表

每个单位工程按工程规模的大小配备相应数量的取样和送检见证人。见证和取样人员应经市级建设主管部门培训考试，取得"见证人员岗位资格证书"和"取样人员岗位资格证书"后方可上岗。见证人由施工现场监理人员担任或由建设单位委派具备一定试验知识的专业人员担任，施工单位和材料、设备供应单位人员不能担任见证人。

1. 建筑工程项目见证试验范围

(1) 用于承重结构的混凝土试块；

(2) 用于承重墙体的砌筑砂浆试块；

(3) 用于承重结构的钢筋及连接接头试件；

(4) 用于承重墙的砖和混凝土小型砌块；

(5) 用于拌制混凝土和砌筑砂浆的水泥；

(6) 用于承重结构的混凝土中使用的掺加剂；

(7) 地下、屋面、厕浴间使用的防水材料；

(8) 国家规定必须实行见证取件和送检的其他试块、试件和材料。

2. 见证要求

(1) 见证试验室必须通过省(或省以上)技术监督局计量(CMA)和质量(CMC)认证，并且有省(或省以上)质监部门颁发的检测资质证书。

(2) 见证人必须持有试验检测资格证书，见证人对见证样品的代表性、真实性负责。

(3) 试样或其包装上应做出标识、封志。标识和封志应标明样品名称、样品数量、工程名称、取样部位、取样日期，并有取样人和见证人签字。

(4) 承担有见证试验的试验室应检查确认试样上的见证标识、封志无误后方可进行试验，否则应拒绝试验。

(5) 见证试验报告单必须由见证人签名盖章，而且加盖"见证试验"专用章。

取样员应填写见证取样送检记录，见表 3-5；见证人填写见证记录，见表 3-6，并将见证记录归入施工技术档案。见证人员和取样人员对试样的代表性和真实性负责。

表 3－5　见证取样送检记录

工程名称:××住宅楼　　　　　　　　　　　　　　　　　　　　　　编号:

结构类型	框架		层数	地下1层 地上18层	建筑面积	250 000 m^2	
施工单位	××建筑工程公司			取样人	×××		
见证单位	××建设监理公司			见证人	×××		
序号	取样名称	取样数量	取样部位	取样人签名	见证人签名	日期	备注
1	C30混凝土	2组	地下室底板	×××	×××	××年××月××日	

本表由施工单位填写，施工单位、监理单位各保存一份。

表 3－6　见证记录　　　　　　　　　　　　　　　　　　　　**表 B.3.3**

见证记录

工程名称:　××住宅楼　　材料品种:　混凝土试块

取样地点:　地下室底板　(规格)　数量:　150×150×150(mm),2组

取样人:×××　　取样单位:　××建筑工程公司

取样人证号:　桂A××××　　取样时间:××年××月××日××时

见证人:　×××　　见证单位:　××建设监理公司

见证人证号:　桂A××××　　见证时间:××年××月××日××时

见证情况:

取样人在地下室底板浇筑时，从××轴处取样件情况属实。取样方法及数量均符合设计和施工规范要求。

见证单位:××建设监理公司

见证人:×××

时间:××年××月××日

见证记录及见证试验汇总表(见表 3－7)由施工单位填写，一般情况下均为一式两份，并由监理单位、施工单位各保存一份。见证记录应按实际情况填写，监理单位签字认可，报送到检测部门。

表 3－7　见证试验汇总表

表 C.1.5

<table>
<tr><td rowspan="2">工程名称</td><td colspan="2" rowspan="2">××住宅楼</td><td>编号</td><td>××</td></tr>
<tr><td>填表日期</td><td>××年××月××日</td></tr>
<tr><td>建设单位</td><td colspan="2">××房地产开发公司</td><td>检测单位</td><td>××检测试验室</td></tr>
<tr><td>监理单位</td><td colspan="2">××建设监理公司</td><td>见证人</td><td>×××</td></tr>
<tr><td>施工单位</td><td colspan="2">××建筑工程公司</td><td>取样人员</td><td>×××</td></tr>
<tr><td>试验项目</td><td>应送试件总组数</td><td>有见证试验组数</td><td>不合格组数</td><td>备注</td></tr>
<tr><td>混凝土试块</td><td>47</td><td>18</td><td>0</td><td></td></tr>
</table>

制表人：

六、施工日志

施工日志是工程施工过程中每天工作的真实记录，是施工质量验收的原始记录，是追溯施工过程的重要依据，也是工程施工质量原因分析的依据。施工日志由项目的施工员填写，记录从工程开工之日起至工程竣工之日止的施工情况。要求专人逐日记载，并应保持内容的连续和完整。施工日志的记录不应是流水账，要有天气情况、施工部位、施工内容、机械使用情况、劳动力情况、施工中存在问题情况等内容。

1. 填写要求

(1) 工程名称、施工单位要与施工许可证、施工合同一致。

(2) 天气状况、风力、最高/最低温度：要与当天的报纸记载的一致。

(3) 生产情况记录：要根据当天施工部位、内容、机械作业、班组和人数、在生产过程中存在的问题情况。

① 施工部位：施工部位应将分部、分项工程名称和轴线、楼层等标注清楚。

② 出勤人数、操作负责人：出勤人数一定要分工种记录，并记录工人的总人数。

③ 当日施工内容及实际完成情况。

④ 施工现场有关会议的主要内容。

⑤ 有关领导、主管部门或各种检查组对工程施工技术、质量、安全方面的检查意见和

决定。

⑥ 建设单位、监理单位对工程施工提出的技术、质量问题和问题解决的情况。

(4) 技术质量安全工作记录:技术质量安全活动、检查评定验收、技术质量安全问题等。

① 隐蔽工程验收情况:注明隐蔽的内容、楼层、轴线、分项工程、验收人员、验收结论等。

② 试块制作情况:注明试块名称、楼层、轴线、试块组数。

③ 材料进场、送检情况:应写明批号、数量、生产厂家、进场材料的验收情况和送检后的检验结果。

④ 质量检查情况:当日混凝土浇筑及成型、钢筋安装及焊接、砖砌体、模板安拆、抹灰、屋面工程、楼地面工程、装饰工程等的质量检查和处理记录;混凝土养护记录,砂浆、混凝土外加剂掺用量;质量事故原因及处理方法,质量事故处理后的效果验证。

⑤ 安全检查情况及安全隐患处理(纠正)情况。

⑥ 其他检查情况,如文明施工及场容场貌管理情况等。

⑦ 设计变更、技术核定通知及执行情况。

⑧ 施工任务交底、技术交底、安全技术交底情况。

⑨ 停电、停水、停工情况。

⑩ 施工机械故障及处理情况。

⑪ 冬雨季施工准备及措施执行情况。

⑫ 施工中涉及的特殊措施和施工方法、新技术、新材料的推广使用情况。

2. 表格填写范例(见表3-8)

表3-8　施工日志

工程名称:××住宅楼　　表C.1.6

<table>
<tr><td colspan="4">工程名:××住宅楼</td></tr>
<tr><td colspan="4">施工单位:××建筑工程公司</td></tr>
<tr><td>天气状况</td><td>风力</td><td>最高/最低温度</td><td>备注</td></tr>
<tr><td>晴</td><td>东南风1～2级</td><td>22～25℃</td><td></td></tr>
<tr><td colspan="4">生产情况记录:(施工部位、施工内容、机械作业、班组工作、生产存在问题等)

一、基本内容
1. 施工部位。施工部位应将分部、分项工程名称和轴线、楼层等写清楚。
2. 出勤人数、操作负责人。出勤人数一定要分工种记录,并记录工人的总人数。
二、工作内容
1. 当日施工内容及实际完成情况。
2. 施工现场有关会议的主要内容。
3. 有关领导、主管部门或各种检查组对工程施工技术、质量、安全方面的检查意见和决定。
4. 建设单位、监理单位对工程施工提出的技术和质量的要求、意见及采纳实施情况。</td></tr>
<tr><td colspan="4">技术质量安全工作记录:(技术质量安全活动、检查评定验收、技术质量安全问题等)

三、检验内容
1. 隐蔽工程验收情况。应写明隐蔽的内容、楼层、轴线、分项工程、验收人员、验收结论等。
2. 试块制作情况。应写明试块名称、楼层、轴线、试块组数。
3. 材料进场、送检情况。应写明批号、数量、生产厂家以及进场材料的验收情况,以后补上送检后的检验结果。
四、检查内容
1. 质量检查情况:当日混凝土浇筑及成型、钢筋安装及焊接、砖砌体、模板安拆、抹灰、屋面工程、楼地面工程、装饰工程等的质量检查和处理记录;混凝土养护记录,砂浆、混凝土外加剂掺用量;质量事故原因及处理方法,质量事故处理后的效果验证。
2. 安全检查情况及安全隐患处理(纠正)情况。
3. 其他检查情况,如文明施工及场容场貌管理情况等。
五、其他内容
1. 设计变更、技术核定通知及执行情况。
2. 施工任务交底、技术交底、安全技术交底情况。
3. 停电、停水、停工情况。
4. 施工机械故障及处理情况。
5. 冬雨季施工准备及措施执行情况。
6. 施工中涉及的特殊措施和施工方法、新技术、新材料的推广使用情况。</td></tr>
<tr><td>记录人</td><td>×××</td><td>日期</td><td>××年××月××日　星期×</td></tr>
</table>

施工单位填写的施工日志一式二份,建设单位交备案保存一份、施工单位自行保存一份。

七、监理工程师通知回复单

施工单位根据监理工程师发的整改通知进行整改，及时填报监理工程师通知回复单，见表3-9，并由项目经理签字认可，报送监理单位。

表 3-9　监理通知回复单

工程名称：××住宅楼　　　　编号：005

××建设监理公司（监理单位）： 我方接到编号为002的监理工程师通知后，已按要求完成相关工作，特此回复，请予以复查。 详细内容： 1. 已对工人进行交底，加强砌筑工人质量意识，对观感差的部位拆除整改； 2. 构造柱加密区已整改； 3. 模板整改和要求，对出现蜂窝、麻面的部位已用比柱砼高一等级的水泥砂浆修复。 施工项目经理部（盖章）：××住宅楼项目经理部 项目负责人（签字）：××× ××年××月××日
复查意见： 合格。 项目监理机构（盖章）：××建设监理公司 总监理工程师/专业监理工程师（签字）：××× ××年××月××日

注：本表一式三份，项目监理机构、建设单位、施工单位各一份。

实训练习

任务一　掌握工程概况表、施工现场质量管理检查记录表、施工日志的填写方法。

1. 目的　给出某拟建工程项目的技术指标、相关参建单位等信息，填写工程概况表、施工现场质量管理检查记录表，同时填写开工当日的施工日志。

2. 能力目标　学会填写工程概况表、施工现场质量管理检查记录表、施工日志。

3. 实物资料　某民用建筑房屋施工图纸及设定的参建单位信息。

项目2　施工技术资料

学习目标　掌握工程技术文件报审表、图纸会审记录的填写，熟悉施工组织设计（方案）申报流程及专家论证要求。

能力目标　懂得如何填写工程技术文件报审表、图纸会审记录。

知 识 点　报审程序。

一、施工技术文件报审表

施工技术文件报审表是由施工单位报送给监理单位审批的关于施工技术文件的管理类表格。施工单位应在开工前向项目监理单位报送施工组织设计（方案），报送时填写此表，见表3-10。

施工技术文件报审表是指导拟建工程施工全过程各项活动的技术、经济和组织的综合性文件。规模较大、工艺较复杂的工程、群体工程或分期出图的工程可分阶段呈报施工组织设计（方案）。

对于特殊的工程内容，如大面积混凝土施工、深基坑边坡支护、机电工程安装、新工艺或新技术等，均应单独编制施工方案。

施工组织设计是全局性文件，指导整个工程项目实施。施工方案是局部（部分）性操作指导。

施工技术文件报审表主要内容包括：工程名称、施工编号、监理编号、日期、施工单位报审的主要内容、专业监理工程师审查意见、总监理工程师审批意见等。

施工技术文件报审表填写要求：

(1) 工程名称要与施工合同、施工许可证等一致。

(2) 施工编号、监理编号根据工程项目自行编制。

(3) 施工单位报审主要内容：监理单位名称、技术文件的名称、附技术文件概括、施工总承包单位的项目经理签字和单位盖章，如有分包单位还需分包单位的项目经理签字和单位盖章。

(4) 专业监理工程师审查意见，是专业监理工程师根据审查技术文件提出的意见并签字。

(5) 总监理工程师审批意见：根据专业监理工程师审查意见和技术文件的审核，对技术文件进行审批，审定结论内容包括同意、修改后再报、重新编制。

3. 表格填写范例

表 3-10 施工组织设计或(专项)施工方案报审表

工程名称:××住宅楼　　　　表 B.0.1

<table>
<tr><td>致××建设监理公司(项目监理机构)
我方已完成××住宅楼工程施工组织设计的编制,并按规定已完成相关审批手续,请予以审查。
附:☑施工组织设计
□专项施工方案
□施工方案

施工项目经理部(盖章)××住宅楼项目经理部
项目经理(签字)×××
××年××月××日</td></tr>
<tr><td>审查意见:
1. 编审程序符合相关规定;
2. 本施工组织设计编制内容能够满足本工程施工质量目标、进度目标、安全生产和文明施工目标均满足合同要求;
3. 施工平面布置满足工程质量进度要求;
4. 施工进度、施工方案及工程质量保证措施可行;
5. 资金、劳动力、材料、设备等资源供应计划与进度计划基本衔接;
6. 安全生产保障体系及采用的技术措施基本符合相关标准要求。

专业监理工程师(签字)×××
××年××月××日</td></tr>
<tr><td>审核意见:
同意专业监理工程师的意见,请严格按照施工组织设计组织施工。

项目监理机构(盖章)
总监理工程师(签字、加盖执业印章)×××
××年××月××日

审批意见(仅对超过一定规模的危险性较大的分部分项工程专项方案):

建设单位(盖章)
建设单位代表(签字)×××
××年××月××日</td></tr>
</table>

注:本表一式三份,项目监理机构、建设单位、施工单位各一份。

二、施工组织设计及施工方案的编制

施工组织设计和施工方案是施工单位根据设计图纸、规范要求及现场条件，在工程项目开工前编制的。一般工程项目的施工组织设计和施工方案由项目部的技术负责人编写，经项目经理校(复)核，报企业相关部门、企业总工程师审批后，呈报监理单位审批确认后实施。施工单位企业内部施工组织设计(方案)审批表(见表 3-11)与呈报的施工组织设计(方案)装订在一起，放在正式文字首页。

表 3-11　施工组织设计(方案)审批表

项目名称		××住宅楼		
编制单位		××建筑工程公司		
编制日期		××年××月××日		
编制人		×××(项目技术负责人)		
校　核		×××(项目经理)		
复　核		×××(项目经理)		
会审部门		职务	签名(手签)	审核日期
会签	安全部门	处长	×××	××年××月××日
	质量部门	处长	×××	××年××月××日
	生产部门	处长	×××	××年××月××日
	劳动人事部门	处长	×××	××年××月××日
审核	技术部门	主任工程师	×××	××年××月××日
批准	主管领导	总工程师	×××	××年××月××日
备注				

本表是施工组织设计文件(方案)的重要组成部分，资料员应该认真收集施工组织设计文件、施工单位内部及总工程师最终的审批意见文件。施工单位施工组织设计及方案内部审批程序如图 3-1 所示。

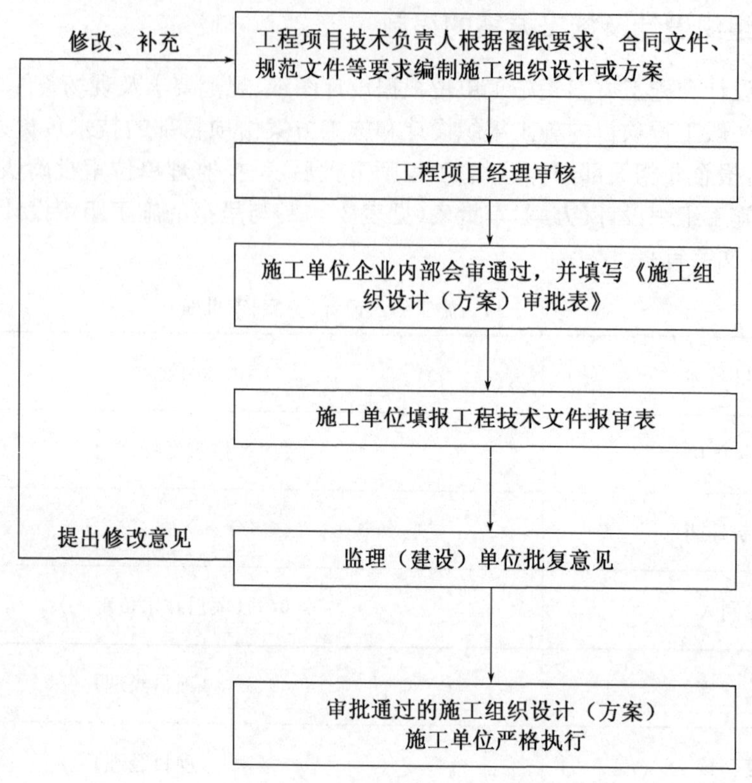

图 3-1　施工组织设计和施工方案审核工作程序

三、危险性较大分项工程施工方案及专家论证

危险性较大的分部分项工程是指建筑工程在施工过程中存在可能导致作业人员群死、群伤或造成重大不良社会影响的分部分项工程。危险性较大的分部分项工程范围详见《危险性较大的分部分项工程安全管理办法》。

危险性较大的分部分项工程范围：

1. 基坑支护、降水工程

开挖深度超过 3 m(含 3 m)或虽未超过 3 m 但地质条件和周边环境复杂的基坑(槽)支护、降水工程。

2. 土方开挖工程

开挖深度超过 3 m(含 3 m)的基坑(槽)的土方开挖工程。

3. 模板工程及支撑体系

(1) 各类工具式模板工程包括大模板、滑模、爬模、飞模等工程。

(2) 混凝土模板支撑工程：搭设高度 5 m 及以上；搭设跨度 10 m 及以上；施工总荷载 10 kN/m^2 及以上；集中线荷载 15 kN/m^2 及以上；高度大于支撑水平投影宽度且相对独立无联系构件的混凝土模板支撑工程。

(3) 承重支撑体系：用于钢结构安装等满堂支撑体系。

4. 起重吊装及安装拆卸工程

(1) 采用非常规起重设备、方法，且单件起吊重量在 10 kN 及以上的起重吊装工程。

(2) 采用起重机械进行安装的工程。

(3) 起重机械设备自身的安装、拆卸。

5. 脚手架工程

(1) 搭设高度 24 m 及以上的落地式钢管脚手架工程。

(2) 附着式整体和分片提升脚手架工程。

(3) 悬挑式脚手架工程。

(4) 吊篮脚手架工程。

(5) 自制卸料平台、移动操作平台工程。

(6) 新型及异型脚手架工程。

6. 拆除、爆破工程

(1) 建筑物、构筑物拆除工程。

(2) 采用爆破拆除的工程。

7. 其他

(1) 建筑幕墙安装工程。

(2) 钢结构、网架和索膜结构安装工程。

(3) 人工挖扩孔桩工程。

(4) 地下暗挖、顶管及水下作业工程。

(5) 预应力工程。

(6) 采用新技术、新工艺、新材料、新设备及尚无相关技术标准的危险性较大的分部分项工程。

当分项工程超过一定规模时，施工的难度、危险相应都增加了。因此对一些工程项目施工中，超过以下规模时，也属于危险性较大的分项工程范围：

1. 深基坑工程

(1) 开挖深度超过 5 m(含 5 m)的基坑(槽)的土方开挖、支护、降水工程。

(2) 开挖深度虽未超过 5 m，但地质条件、周围环境和地下管线复杂，或影响毗邻建筑(构筑)物安全的基坑(槽)的土方开挖、支护、降水工程。

2. 模板工程及支撑体系

(1) 工具式模板工程：滑模、爬模、飞模等工程。

(2) 混凝土模板支撑工程：搭设高度 8 m 及以上；搭设跨度 18 m 及以上，施工总荷载 15 kN/m^2 及以上；集中线荷载 20 kN/m^2 及以上。

(3) 承重支撑体系：用于钢结构安装等满堂支撑体系，承受单点集中荷载 700 kg 以上。

3. 起重吊装及安装拆卸工程

(1) 采用非常规起重设备、方法，且单件起吊重量在 100 kN 及以上的起重吊装工程。

(2) 起重量 300 kN 及以上的起重设备安装工程；高度 200 m 及以上内爬起重设备的拆除工程。

4. 脚手架工程

(1) 搭设高度 50 m 及以上落地式钢管脚手架工程。

(2) 提升高度 150 m 及以上附着式整体和分片提升脚手架工程。

(3) 架体高度 20 m 及以上悬挑式脚手架工程。

5. 拆除、爆破工程

(1) 采用爆破拆除的工程。

(2) 码头、桥梁、高架、烟囱、水塔或拆除中容易引起有毒有害气(液)体或粉尘扩散、易燃易爆事故发生的特殊建、构筑物的拆除工程。

(3) 可能影响行人、交通、电力设施、通讯设施或其他建/构筑物安全的拆除工程。

(4) 文物保护建筑、优秀历史建筑或历史文化风貌区控制范围的拆除工程。

6. 其他

(1) 施工高度 50 m 及以上的建筑幕墙安装工程。

(2) 跨度大于 36 m 及以上的钢结构安装工程;跨度大于 60 m 及以上的网架和索膜结构安装工程。

(3) 开挖深度超过 16 m 的人工挖孔桩工程。

(4) 地下暗挖工程、顶管工程、水下作业工程。

(5) 采用新技术、新工艺、新材料、新设备及尚无相关技术标准的危险性较大的分部分项工程。

施工单位应当在危险性较大的分部分项工程施工前编制专项方案;专项方案应当由施工单位技术部门组织本单位施工技术、安全、质量等部门的专业技术人员进行审核。经审核合格的,由施工单位技术负责人签字。实行施工总承包的,专项方案应当由总承包单位技术负责人及相关专业承包单位技术负责人签字。不需专家论证的专项方案,经施工单位审核合格后报监理单位,由项目总监理工程师审核签字。

超过一定规模的危险性较大的分部分项工程专项方案应当由施工单位组织召开专家论证会。实行施工总承包的,由施工总承包单位组织召开专家论证会。

下列人员应当参加专家论证会:

(一) 专家组成员;

(二) 建设单位项目负责人或技术负责人;

(三) 监理单位项目总监理工程师及相关人员;

(四) 施工单位分管安全的负责人、技术负责人、项目负责人、项目技术负责人、专项方案编制人员、项目专职安全生产管理人员;

(五) 勘察、设计单位项目技术负责人及相关人员。

专家组成员应当由 5 名及以上符合相关专业要求的专家组成。本项目参建各方的人员不得以专家身份参加专家论证会。

资料员要认真收集专家论证会的文字资料、图(相)片等资料,对论证不通过的危险性较大分部分项工程施工方案,修改后需重新填相关报审表等。危险性较大分项工程施工方案的一般审核工作程序如图 3-2 所示,专家论证表见表 3-12。

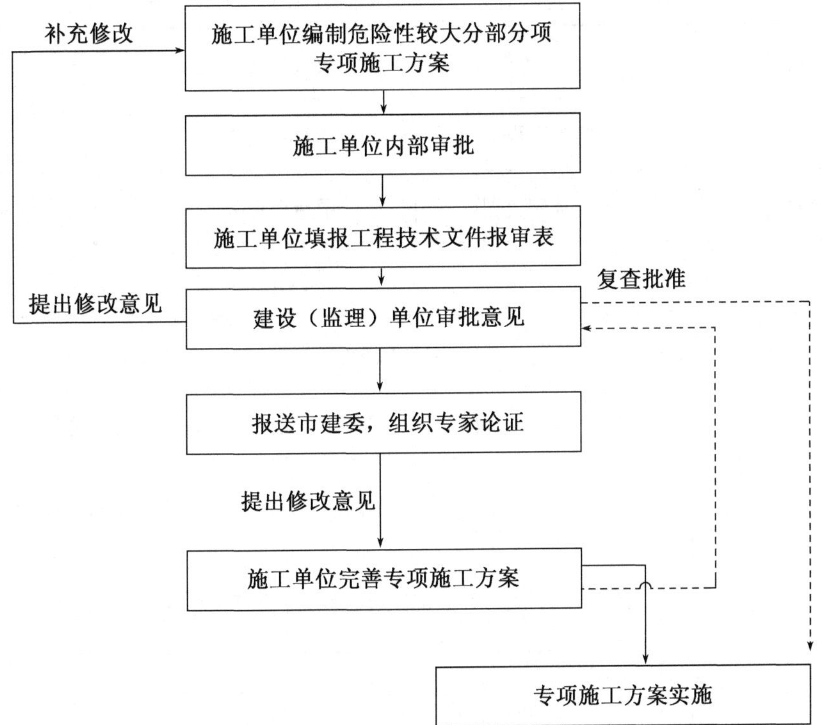

图 3-2　危险性较大分项工程施工方案审核工作程序

表 3-12　危险大分部分项工程施工方案专家论证表　C. 2. 2

<table>
<tr><td colspan="2">工程名称</td><td colspan="2">××住宅楼</td><td colspan="2">建设单位</td><td colspan="2">××房地产公司</td></tr>
<tr><td colspan="2">施工总承包单位</td><td colspan="2">××建筑工程公司</td><td colspan="2">项目负责人</td><td colspan="2">×××</td></tr>
<tr><td colspan="2">专业承包单位</td><td colspan="2">××基础公司</td><td colspan="2">项目负责人</td><td colspan="2">×××</td></tr>
<tr><td colspan="2">分项工程名称</td><td colspan="6">深基坑支护</td></tr>
<tr><td colspan="8">专家一览表</td></tr>
<tr><td>姓名</td><td>性别</td><td>年龄</td><td>工作单位</td><td>职务</td><td>职称</td><td>专业</td><td>工作年限</td></tr>
<tr><td>×××</td><td>男</td><td>46</td><td>××建筑集团公司</td><td>经理</td><td>高级工程师</td><td>建筑工程</td><td>21</td></tr>
<tr><td>×××</td><td>男</td><td>42</td><td>××建筑集团公司</td><td>技术负责人</td><td>高级工程师</td><td>工民建</td><td>19</td></tr>
<tr><td>×××</td><td>男</td><td>50</td><td>××建筑集团公司</td><td>项目经理</td><td>高级工程师</td><td>房建工程</td><td>26</td></tr>
<tr><td>×××</td><td>男</td><td>47</td><td>××基础公司</td><td>项目经理</td><td>高级工程师</td><td>基础工程</td><td>24</td></tr>
<tr><td>×××</td><td>男</td><td>39</td><td>××建筑设计集团</td><td>技术负责人</td><td>高级工程师</td><td>建筑工程</td><td>14</td></tr>
<tr><td></td><td></td><td></td><td></td><td></td><td></td><td></td><td></td></tr>
<tr><td>专家论证结论</td><td colspan="7">（略）</td></tr>
<tr><td>签名栏</td><td colspan="7">组长：×××
组员：×××、×××、×××、×××。
日期：××年××月××日</td></tr>
</table>

危险性较大分项工程施工方案专家论证表一式四份，由建设单位、监理单位、施工单位、建设主管部门各保存一份。

四、技术交底记录

技术交底是施工企业管理的重要环节，是施工前施工员根据施工方案、设计图纸、规范要求，针对工程具体的分项工程和施工部位，有针对性地向参与施工的人员讲解、演示本分项工程施工的技术过程、技术要点、施工的质量要求等的技术活动，是继施工组织设计、施工方案后的第三层次的技术文件。其目的是使施工人员对工程特点、技术质量要求、施工方法与措施等方面有一个较详细的了解，以便于科学地组织施工，避免技术质量等事故的发生。所以，技术交底是确保施工质量的一项非常重要的技术措施。

各项技术交底记录也是工程技术档案资料中不可缺少的部分。

1. 技术交底分类

技术交底一般分为设计交底、施工组织设计交底、分项工程施工技术交底。

(1) 设计交底：由设计单位设计人员向参与工程项目建设的建筑单位、施工单位、监理单位进行有关工程项目设计意图和设计文件的交底。一般以会议形式进行，文字记录由会议纪要和洽商记录两部分组成。通过设计交底，了解建筑物整体风格及使用功能，明确设计意图；明确工程的关键部分和特殊部位；明确第一次设计变更及工程洽商变更。

(2) 施工组织设计交底：由施工单位技术负责人向工程项目管理人员、技术人员、专业工长进行有关施工组织安排、施工方案、措施及质量目标等交底。包括施工组织设计文件内容交底、季节性施工方法交底、各分项施工方案交底、成品保护交底等。在施工组织设计审批通过后，在开工前组织工程管理人员召开交底会，并以会议纪要形式作文字记录。

(3) 分项工程施工技术交底：由工程项目技术负责人向专业工长、班组长及操作人员进行有关分项工程操作方法、技术要求、质量标准等交底。分项技术交底分为分项工程前期交底、施工过程中交底。应以书面形式向操作人员交底，并做好签字手续。对于采用“四新”(新材料、新产品、新工艺、新技术)的分项工程，技术交底应由项目技术负责人组织有关人员进行。

技术交底记录在各分项工程施工前进行，各项技术交底应有文字记录，并签名存档。

2. 技术交底的主要内容

(1) 工程名称；

(2) 施工单位；

(3) 分项工程名称、具体施工部位；

(4) 技术交底的人员名称、职务；

(5) 接受技术交底的施工队组人员名单；

(6) 施工前材料、机械准备；

(7) 施工工作面准备；

(8) 施工工艺流程；

(9) 施工技术注意事项；

(10) 达到的质量标准；

(11) 成品保护工艺要求；

(12) 注意质量通病等；

(13) 其他特殊要求。

土建工程主要分项工程技术交底有：土方工程、地基与基础工程、防水工程、模板工程、钢筋工程、混凝土工程、钢结构工程、砌筑工程、地面与楼面工程、门窗工程、屋面工程、外墙装饰工程、室内墙面工程等。安装工程主要分项工程技术交底有室内管道安装、给水设备安装、消防栓安装、变压器安装、灯具安装等。

施工单位填写的技术交底记录应一式二份，并由施工单位自行保存，见表 3 - 13。

表 3 - 13 施工技术交底记录

表 C. 2. 3

工程名称	×××住宅楼	交底部位	钢筋工程
施工单位	××建筑工程公司	日期	××年××月××日

交底内容：设计概况；施工准备；工艺流程；质量要求；产品防护措施；安全防护措施

一、设计概况：

1. 本工程的基础承台、地梁、框架等采用抗震钢筋（HRB400E）。

2. 工艺选择：为了节约钢材，提高钢筋加工质量，确保工程质量，积极响应国家有关推广新技术新工艺的应用的要求，本工程的竖向钢筋直径在 16～25 mm 范围内的，采用电渣压力焊连接竖向钢筋直径≥28 mm 的，采用带肋钢筋挤压连接（套筒连接）；水平钢筋直径≤14 mm 的采用绑扎连接；水平钢筋直径≥16 mm 的，采用闪光对焊连接；水平钢筋直径≥22 的，采用套筒连接。

F 区最大的钢筋直径为 25 mm，故采用电渣压力焊连接（竖向）和闪光对焊或绑扎连接（水平）。（说明：钢筋采购进场后，应先进行电渣压力焊和闪光对焊试验，若质量达不到要求，应改用套筒连接）

二、施工准备：

1. 测量准备

根据平面控制网，在基础砼垫层上弹出轴线和基础梁、承台的位置线。基础钢筋完成后，工地测量人员必须组织测放柱子插筋的位置线。基础砼浇筑完成后，支设柱子模板前，在基础上放出平面控制线。待柱子钢筋完成后，将标高控制线标记在柱子钢筋上。

2. 机具准备

a. 电渣压力焊机、焊接夹具、焊剂盒子、自动控制筒（包括焊接电压表、电流表、时间继电器、自动报警器）、石棉绳、铁丝球、秒表、无齿锯等。

焊接夹具应具有一定的刚度，使用灵巧，坚固耐用，上下口同心。

焊接电缆的断面面积应具有与焊接钢筋大小相适应，焊接电缆以及控制电缆的连接处必须保持良好接触。

焊剂盒应与所焊钢筋的直径大小相适应。

石棉绳用于填塞焊剂盒安装后的缝隙，防止焊剂盒的焊剂泄漏。

铁丝球用于引燃电弧，用 22# 铁丝烧成直径为 10 mm 的圆球，电焊一个接头用一颗。

秒表用于准确掌握焊接通电时间。

b. 闪光对焊机（UN1 - 150）。活动扳手 32 mm 以下一套，5 m 和 50 m 钢卷尺各二把，卡尺二把。

c. 超高压电动油泵、YJ - 32 型挤压机、超高压油管、悬挂平衡器（手动葫芦）、吊挂小车、YJ 型挤压连接钳、划标志用具以及检查压痕卡板。

3. 材料准备

a. 钢筋应有出厂合格证及试验报告，品种和性能应符合有关标准和规范要求。钢筋端部 200 mm内无锈蚀、油污等污染，端部平直，不得有凹凸弯曲歪扭现象。

b. 焊剂要有出厂合格证，焊接 HRB400E 钢筋一般选用 HJ431 焊剂，HRB400E 选用 HJ431 或 HJ330 型焊剂。使用前必须经 250 ℃烧焙 1～2 h；使用回收焊剂时，应除去溶渣和杂物并经过干燥处理。

c. 挤压接头所用套筒必须由定点工厂严格按设计要求进行生产，规格尺寸符合下表的要求。

（续表）

钢套筒型号	钢套筒尺寸/mm			理论重量/kg
	外径	壁厚	长度	
G28	50	8	190	1.58
G25	45	7.5	170	1.18
G22	40	6.45	140	0.75

套筒应有型式检验报告和出厂合格证，运输和存储时应防止锈蚀和污染，分批验收，按不同规格分别堆放。

4. 劳动力准备

a. 焊工和钢筋机械接头施工人员必须进行技术培训，经考核后方可持证上岗。未经培训的人员，严禁操作设备。

b. 现场的钢筋工应经过培训，对本工种熟悉，并经过三级教育。

5. 其它准备工作

a. 工作棚：要宽敞，光线充足。

b. 焊工的劳保用品：焊工鞋、手套。

c. 确认工艺参数：制作三个拉伸试件、试验合格后，方可正式施焊。

三、工艺流程：

1. 钢筋加工

调直：采用冷方法进行钢筋调直，钢筋调直时，冷拉率不宜大于4%，钢筋调直后应平直、无局部弯曲。

弯曲：钢筋弯曲前，对形状复杂的钢筋（如弯起钢筋），根据钢筋料牌上标明的尺寸，用粉笔在钢筋上标示出各弯曲点位置，同时注意以下三个方面：

根据不同弯曲角度扣除弯曲调整值，其扣法是从相邻两段长度中各扣一半。

钢筋端部带半圆弯钩时，该段长度划线应增加0.5 d。

弯曲点标注工作宜从钢筋中线开始向两边进行，两边不对称的钢筋，也可以从钢筋的一端开始划线，但要注意校核各弯曲段的定型尺寸。

箍筋：弯钩要求：135°弯钩的平直段长度为10 d，且两端弯钩成等号平行，长度误差不得超过5 mm。

2. 电渣压力焊

a. 流程图

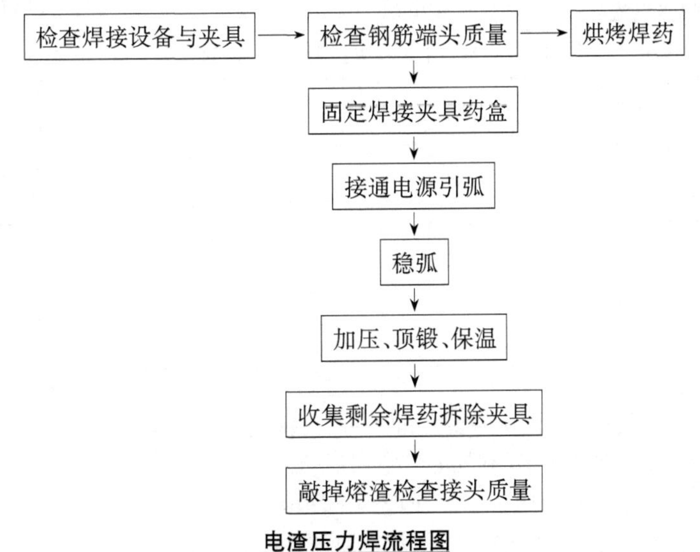

电渣压力焊流程图

（续表）

b. 操作工艺

电渣焊分为"电弧过程"和"电渣过程"，这两个过程是不间断的连续操作过程。

(1) 电弧过程——接通电源后，上下钢筋端面之间产生电弧，焊剂熔化逐渐增多，形成一定的渣池，在形成渣池的同时电弧的作用把钢筋端面逐渐烧平。

(2) 电渣过程——把上钢筋的端头浸入渣池中，利用电阻热能使端面熔化，使钢筋端面形成有利于焊接的形状和熔化层，待钢筋深化量达到规定后，立即断电顶压，排除全部熔渣和熔化的金属，即完成焊接过程。

(3) 操作程序：

安装焊接钢筋——→安铁丝圈——→绕石棉绳上焊盒——→装焊剂——→接通电源——→"电弧"形成电渣——→"电渣"钢筋端面熔化——→切断电源顶压钢筋完成焊接——→卸焊剂拆焊盒——→拆除夹具

- 焊接钢筋时，用焊接夹具分别钳固上下的待焊接的钢筋，上下钢筋安装时，中心线要一致。
- 安装引弧铁丝圈，抬起上钢筋，将预先准备好的铁丝圈放在上、下钢筋焊接端面的中间位置，放下上钢筋，轻轻压铁丝圈，使之接触良好(防止铁丝圈受压变形)。
- 装上焊剂盒：先在焊剂盒底部位置上缠上石棉绳后，再装上焊剂盒，并往焊剂盒装满焊剂，安装焊剂盒时，焊接口宜位于焊剂盒中部，石棉绳缠绕应严密，以防焊剂泄漏。
- 接通电源，按下开关，接通电流，在接通电流的同时将上钢筋微微抬起，引燃电弧，同时进行"电弧延时读数"计算电弧过程通电时间。"电弧过程"的工作电压在 35～45 V 之间，电弧过程通电时间约占整个焊接过程时间的 3/4，引弧宜采用铁丝圈或焊条头引弧法，亦可采用直接引弧法。
- "电渣过程"：随着电弧过程结束，在转入"电渣过程"的同时，进行"电渣过程延时读数"，计算电渣通电时间，并降低上钢筋，把上钢筋的端部插入渣池中，徐徐下送上钢筋，直至"电渣过程"结束。"电渣过程"工作电压控制在 22～27 V 之间，电渣通电时间约占整个焊接过程时间的 1/4。
- 顶压钢筋，完成焊接："电渣过程"延时完成，电渣过程结束，即切断电源，同时迅速顶压钢筋。
- 接头焊毕，应停歇片刻后，方可回收焊剂盒卸下焊接夹具，并敲去渣壳。
- 钢筋焊接完成后，应及时进行焊接接头外观检查，外观检查不合格的接头，应切除重焊。

(4) 焊接参数

焊接参数包括焊接电流、电压和通电时间。不同直径钢筋焊接时，应按较小直径钢筋选择参数，焊接通电时间可适当延长。

钢筋直径(mm)	焊接电流(A)	焊接电压		焊接时间		
		电弧过程	电渣过程	电弧过程	电渣过程	合计
16	200～250	35～45	22～27	14	4	18
18	250～300			15	5	20
20	200～350			17	5	22
22	350～400			18	6	24
25	400～450			21	6	27
28	500～550			24	6	30

(5) 质量检验标准

根据《钢筋焊接及验收规程》(JG 18—2012)的标准，钢筋电渣压力焊接头的质量检验，应分批进行外观质量检查和力学性能检验，并应符合下列规定：

1. 在现浇钢筋混凝土结构中，应以 300 个同牌号钢筋接头作为一批；

（续表）

2. 在房屋结构中，应在不超过连续二楼层中 300 个同牌号钢筋接头作为一批；当不足 300 个接头时，仍应作为一批；

3. 每批随机切取 3 个接头试件做拉伸试验；

4. 电渣压力焊接头外观质量检查结果，应符合下列规定；

5. 四周焊包凸出钢筋表面的高度，当钢筋直径为 25 mm 及以下时，不得小于 4 mm；当钢筋直径为 28 mm 及以上时，不得小于 6 mm；

6. 钢筋与电极接触处，应无烧伤缺陷；

7. 接头处的弯折角度不得大于 2°；

8. 接头处的轴线偏移不得大于 1 mm。接头拉伸试验结果，3 个试件的抗拉强度均不得小于该钢筋的抗拉强度，当有一个试件的抗拉强度低于规定值，应再取 6 个试件进行复检，复检结果当中仍有 1 个试件当抗拉强度小于规定值，则认定该批接头为不合格品。

3. 闪光对焊

a. 工艺流程（见下图）

b. 工艺要求

钢筋制作：钢筋级别规格符合设计要求。

一次闪光：先闭合一次电路，使两钢筋端面轻微接触，将钢筋端面闪平。

预热：采用连续闪光预热，就是使两钢筋端面交替地轻微接触与分开，发生断续闪光来实现预热。

二次闪光：接着将已经预热地钢筋徐徐移动，使钢筋两端头保持接触状态，形成连续闪光。

顶锻：当闪光达到预定的长度后，使钢筋端头加热到了熔化点时，用力迅速进行顶锻，再灭电后顶锻到一定的长度。

电热处理：把已对焊完的钢筋松开夹具，放大钳口距，再夹紧钢筋，接头降温至暗黑后，即采用低频脉冲式通电加热，当加热至钢筋表面暗红或橘红色时，通电结束，松开夹具，待钢筋冷却后取下钢筋。

检查：对已经焊好的钢筋，应检查钢筋的焊口两端是否在同一中心线上，是否有裂纹等。并按照规定取样试验。

c. 检验标准

根据《钢筋焊接及验收规程》(JG 18—2012)的规定，闪光对焊接头的质量检验，应分批进行外观质量检查和力学性能检验，并应符合下列规定：

1. 在同一台班内，由同一个焊工完成的 300 个同牌号、同直径钢筋焊接接头应作为一批。当同一台班内焊接的接头数量较少，可在一周之内累计计算；累计仍不足 300 个接头时，应按一批计算；

2. 力学性能检验时，应从每批接头中随机切取 6 个接头，其中 3 个做拉伸试验，3 个做弯曲试验；

3. 异径钢筋接头可只做拉伸试验。

闪光对焊接头外观质量检查结果，应符合下列规定：

1. 对焊接头表面应呈圆滑、带毛刺状，不得有肉眼可见的裂纹；

2. 与电极接触处的钢筋表面不得有明显烧伤；

3. 接头处的弯折角度不得大于 2°；

4. 接头处的轴线偏移不得大于钢筋直径的 1/10，且不得大于 1mm。

d. 焊接参数

闪光对焊时，应选择调伸长度、顶锻留量、变压器级数等焊接参数。详见下图、下表。

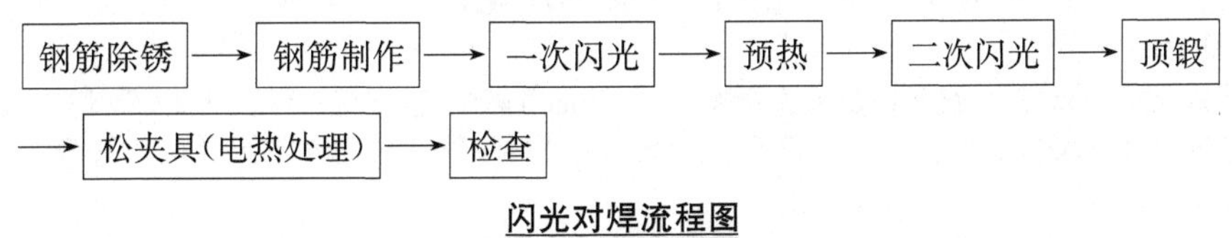

闪光对焊流程图

（续表）

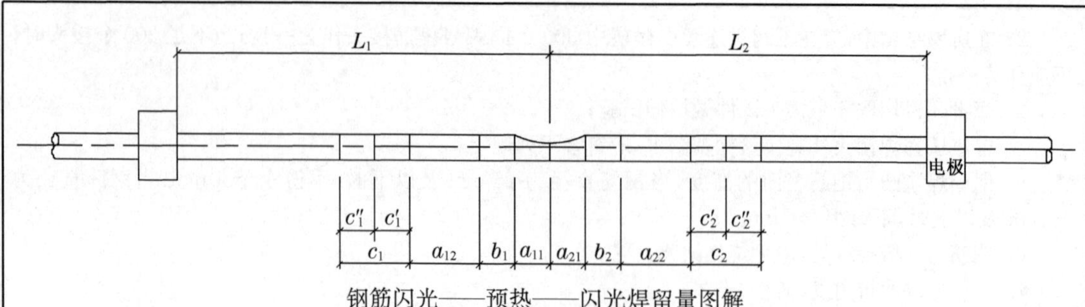

钢筋闪光——预热——闪光焊留量图解

L_1、L_2 调伸长度；$a_{11}+a_{21}$ 一次烧化留量；$a_{12}+a_{22}$ 二次烧化留量；b_1+b_2 预热留量；c_1+c_2 顶锻留量；$c_1'+c_2'$ 有电顶锻留量；$c_1''+c_2''$ 无电顶锻留量

闪光对焊主要技术参数表

钢筋直径（mm）	调伸长度（mm）	预热及闪光留量（mm）			顶锻留量（mm）		总留量（mm）	焊机次级空载电压（V）
		一次闪光留量	预热留量	二次闪光留量	有电顶锻留量	无电顶锻留量		
16	1.5 *d*	2＋*e*	2	6	1.5	3.0	14＋*e*	4.0～4.5
18	1.5 *d*	2＋*e*	2	6	1.5	3.0	14＋*e*	4.5～5.0
20	1.5 *d*	2＋*e*	2	6	1.5	3.5	15＋*e*	4.5～5.0
22	1.5 *d*	3＋*e*	2	6	1.5	3.5	16＋*e*	4.5～5.0
25	1.25 *d*	3＋*e*	4	6	2.0	4.0	19＋*e*	5.0

注：表中 *d*—钢筋直径，*e*—两钢筋端面不平整部分的纵向长度之和。

4. 套筒连接

1. 工艺流程

螺纹套筒验收→钢筋断料切头→钢筋端头压圆→检查直径→滚丝→检验螺纹→用扳手现场安装→检查是否到位

2. 操作要点

(1) 钢筋端头切平压圆：检查被加工钢筋是否符合要求，然后将钢筋放在砂轮切割机上切头约 1mm～10mm，达到端部平整。

按规格选择与钢筋直径相匹配的压模，调整压合高度及长短定位尺寸，然后将钢筋端头放入模腔中，调整压泵压力进行压圆操作。经压圆后，钢筋端头形成圆柱形的回转体。

(2) 钢筋滚丝螺纹根据钢筋规格选取相应的滚丝轮，装在专用的滚丝机上，将已压圆端头的钢筋由尾部卡座的通孔中插入至滚丝轮的引导部分并夹紧钢筋，然后开动电动机，在电动机旋转的驱动下，钢筋轴向自动进给，即可滚压出螺纹来。

(3) 螺纹保护把钢筋端部加工好的未立即使用的螺纹套上塑料保护套，然后按规格分别堆放。

(4) 现场安装取下保护套，按规格取相应的螺纹套筒，套在钢筋端头，用管钳顺时针旋转螺纹套筒到定位，然后取另一根带螺纹的钢筋对准螺纹套筒，用管钳顺时针旋转钢筋拧紧为止。

3. 质量标准

(1) 螺纹套筒进场应有合格证，表面不得有裂缝，结疤等缺陷，内螺纹不得有缺牙、错牙。

(2) 钢筋端头压圆后的直径应按钢筋直径的负偏差控制，外螺纹的基本尺寸应符合要求，牙完好率应≥95%。

（续表）

(3) 安装时钢筋端头螺纹旋入螺套后，允许外露 1～2 牙。

(4) 接头的现场检验应符合《钢筋机械连接技术规程》(JGJ 107—2010)中的规定：

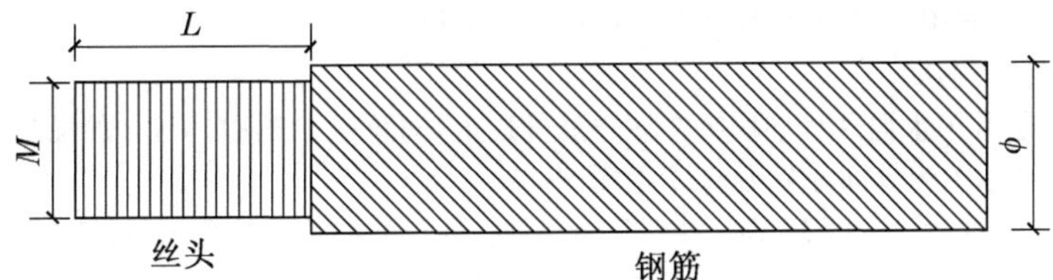

M—丝头大径；t—螺距(丝头间距)；Φ—钢筋直径；L—车丝长度

同规格钢筋连接左右两侧加工尺寸详下表(依据现场实际情况)

套筒规格(mm)	外径(mm)	长度(mm)	螺距(mm)	内径(mm)
22	32	55	2.5	20
25	38	60	3.0	23

注：车丝长度≈套筒长度/2+1 个丝

5. 钢筋绑扎和安装

除采用焊接外，也采用绑扎搭接的方式，其接头搭接长度必须符合设计图纸和有关规范规定。

a. 核对成品钢筋的钢号、直径、尺寸和数量是否与料牌相符；如有错漏，应纠正。所有钢筋保护层均采用砂浆垫块来保证。

直径 12 mm 以内的钢筋采用 22 号铁丝绑扎，12 mm 以上的钢筋采用 20 号铁丝绑扎。

b. 承台、基础梁钢筋绑扎：承台、基础梁的钢筋，以及柱基的插筋一次绑扎完成。

按设计间距在垫层上划线排放纵横向钢筋，排放时要注意下层钢筋弯钩朝上，上层弯钩朝下，不能歪向一边。

基础四周两根钢筋交叉点应每点绑扎，中间部分每隔一根呈梅花形绑牢；双向主筋的钢筋网，则需全部钢筋交叉点扎牢。绑扎时应注意相邻扎点的铁丝扣要成为“八”字形，以免网片歪斜变形。

承台、底板的钢筋多为双向弯曲，钢筋网的长向钢筋应放在短向的下面。应在上层钢筋网下面设置钢筋撑脚或砼撑脚，以保证上下层钢筋间距和位置正确。

浇筑柱基与基础连接用的插筋下端，用 90°弯钩与基础钢筋进行绑扎，箍筋比柱箍缩小一个柱筋直径，以便连接。插筋位置应木条或钢筋架成井字形固定，以免造成柱子筋移位。

构造柱插筋用箍筋固定在基础圈梁上，插筋长度必须保证露出地面一个搭接长度。圈梁面上至少要有二道箍筋绑好，以防振捣时偏位。

钢筋绑扎好后，垫好相应保护层厚度的高标号水泥砂浆垫块，以严格控制好钢筋的保护层厚度及钢筋的相对位置。

钢筋绑扎完成后，要根据程序组织验收隐蔽工作，并做好记录。

基础梁钢筋的绑扎与框架梁相同。

c. 柱子钢筋绑扎：绑扎时，按设计要求的箍筋间距和数量，先将箍筋按弯钩错开要求套在下层伸出的搭接钢筋上，再立起柱子钢筋在搭接长度内与搭接筋绑好，绑扣不少于 3 个，绑扣向里面，便于箍筋向上移动。如柱子主筋采用圆钢搭接时，角部弯钩应与模板成 45°，中间钢筋的弯钩应与模板成 90°。

柱子钢筋的搭接长度必须符合设计和规范的要求。

在立好的柱子主筋上用粉笔标出间距，然后将套好的箍筋向上移动，由上往下宜用缠扣绑扎。

柱子箍筋应与主筋垂直，箍筋转角与主筋交点均要绑扎，主筋与非转角部分的相交点成梅花形或交错绑扎，但箍筋的平直部分与纵向钢筋的交叉点可成梅花或交错绑扎，以防骨架歪斜箍筋的接头应沿柱子竖

（续表）

向交错布置，并位于箍筋与柱角的交叉点上。抗震箍筋应按要求进行加密。

下层柱的主筋露出露面部分，宜用工具或柱箍或将其收进一个柱筋直径以利上层柱钢筋的搭接。

框架梁、牛腿及柱帽中的钢筋，应放在柱的纵向钢筋内侧。

柱内的拉筋应钩住箍筋。

柱筋控制保护层可用水泥砂浆垫块绑在柱立筋外皮上，间距为 1 m，以确保柱筋保护层厚度的正确。

d. 墙钢筋绑扎：本工程有部分剪力墙，用作挡土墙。

钢筋绑扎时，一般先立 2～4 根竖筋，与下层（或插筋）伸出的搭接钢筋绑扎，划好水平筋的间距，然后在下部及中部绑两根定位筋，并在横筋上划出竖筋的间距，接着绑扎其余竖筋，最后绑扎其余横筋。

墙钢筋应逐点绑扎，于四面对称进行，避免墙钢筋向一个方向歪斜，水平的绑扎接头应错开。在钢筋外皮及时绑扎垫块，以控制保护层。

横向的钢筋在两端头、转角、十字节点、连梁等部位的锚固长度及洞口四周加固筋等，均应符合设计要求。

墙模板合模后，应对伸出的钢筋进行一次修整，宜在搭接处绑一道临时定位横筋，浇筑砼过程中应有人检查修整，以确保竖筋位置正确。

e. 梁钢筋绑扎：单跨的小截面梁可在地面绑扎后再搬运到楼面。连续梁或大截面梁的钢筋一般在楼层上在模外绑扎，然后用人力（或借助工具）抬入模内，其方法次序是：

将主梁需穿次梁的部位稍抬高⟶在次梁梁口搁两根横杆⟶将次梁的长钢筋铺在横杆上，按箍筋间距划线⟶套箍筋并按线摆开⟶抽换横杆，将下部纵向钢筋落入箍筋内⟶再按架立钢筋、弯起钢筋、受拉钢筋的顺序与箍筋绑扎⟶将主骨架稍抬起，抽出横杆⟶使梁骨架落入模内。

梁内的箍筋应与主筋垂直，箍筋的接头应交错设置，箍筋转角与纵向钢筋的交叉点均应扎牢。箍筋弯钩的叠合处，在梁内应交错绑扎。

弯起钢筋与负弯起钢筋位置要正确；梁与柱交接处，梁钢筋锚入柱内的长度应符合设计要求。

若采用绑扎接头时，其搭接长度就符合设计和规范的要求。

纵向受力钢筋为双排时，两排钢筋之间应垫以直径 25 mm的短钢筋；

主梁的纵向受力钢筋在同一高度遇到有梁垫、边梁（圈梁）时，必须支撑在垫梁或边梁受力主筋之上，主筋两端的搁置长度应保持均匀一致；次梁的纵向受力钢筋应支撑在主梁之上。

主梁与次梁的上部纵向钢筋相遇处，次梁的钢筋应放在主梁的钢筋之上。

f. 楼板的钢筋绑扎：绑扎钢筋前应修整模板，将模板上的垃圾、杂物清理干净，用粉笔在模板上划好主筋、分布筋的间距。

按划好的钢筋间距，先放受力主筋，后放分布筋。预埋件、电线管、预留空同时配合安装并固定。

钢筋搭接长度、位置和数量必须符合设计和规范要求。

板与主梁、次梁交叉处，板的钢筋在上，次梁的钢筋居中，主梁的钢筋在下。

板筋绑扎一般顺扣或八字扣，对外围两根钢筋的相交点应全部绑扎，其余各点可以隔点交错绑扎（双向配筋板相交点应全部绑扎）。

对板的负弯矩钢筋，每个扣均应绑扎，并在主筋下垫砂浆垫块，以防止被踩下。特别是对雨篷、挑檐、阳台等悬臂板，要严格控制负筋的位置，防止变形。

楼板钢筋的弯起点，应符合设计和规范要求。

g. 楼梯钢筋的绑扎：在楼梯支好的底模上，弹上主筋和分布筋的位置线。按设计图纸中主筋和分布筋的排列，先绑扎主筋，后绑扎分布筋，每个交点均应绑扎。有楼梯梁的，应先绑扎梁筋，后绑扎板筋，板筋要锚固到梁内。

主筋接头数量和位置，均应符合设计和规范要求。

h. 施工注意事项：钢筋绑扎应先熟悉图纸，核对钢筋配料表和料牌。

框架结构节点复杂，钢筋密布，应先研究逐根钢筋就位的顺序，并与有关工种研究支模、管线和绑扎钢

（续表）

筋等配合次序和施工方法，明确施工进度要求，以减少绑扎困难，避免返工和影响进度。

框架梁节点的钢筋穿插密集，应注意顶面主梁的净间距，要留有30 mm，以利浇筑砼的需要。

框架柱内钢筋在施工中，往往由于箍筋绑扎不牢固、模板刚度差、或主筋与模板间固定措施不力、或由于振动棒的振捣，使砼中的骨料挤压柱筋、或振动棒振动柱子钢筋、或采用沉梁法绑扎钢筋，使柱子钢筋被挤压，而造成柱钢筋位移从而改变了柱筋的受力状态，给工程带来隐患。施工中要针对原因采取预防措施，一旦发生错位应进行处理，才能进行上层柱钢筋绑扎。

钢筋绑扎应注意保持钢筋骨架尺寸外形正确，绑扎时宜将多根钢筋端部对齐，防止绑扎时，某号钢筋偏离规定位置及骨架扭曲变形。

保护层砂浆垫块厚度应准确，垫块间距应适宜，以防因垫块厚薄和间距不一，而导致楼板和悬臂板出现裂缝，梁底、柱侧漏筋。

柱、梁的钢筋绑扎应控制好钢筋的垂直度，绑扎竖向受力钢筋时要吊正后再绑扣，凡是搭接部位要绑3个扣，使其牢固不发生变形，再绑扣是避免绑成同一方向的顺扣。

梁钢筋绑扎要保持伸入支座必需的长度，绑扎时要注意保证弯起钢筋位置正确。再绑扎前，应先按设计图纸检查摆好的钢筋尺寸、位置正确无误，然后再进行绑扎。

板钢筋绑扎好后，应禁止上人行走。砼浇筑前应整修合格后再浇筑，以免将板的弯起筋、负筋踩到下面，而影响板的承载力。

i. 成品保护：加工成型的钢筋或骨架运至现场，应按部位、钢筋编号分别堆放整齐，保持钢筋表面清洁。储存期限不能过久，以免钢筋锈蚀。

再运输和安装钢筋时，应轻装轻卸，不得随意抛掷和碰撞，防止钢筋变形。

再钢筋绑扎过程中和钢筋绑扎后，不得在已绑好的钢筋上行人、堆放物料或搭设跳板，特别是防止踩踏压塌雨棚、挑檐、阳台等悬挑结构的钢筋，以免影响结构的安全。

绑扎钢筋时，防止碰动预埋件及洞口模板。

安装电线管、暖卫管线或其他管线埋设时，应避免任意切断和碰动钢筋。

j. 技术质量保证措施：

原材料：进场热轧圆钢必须符合《钢筋混凝土用钢第2部分：热轧带肋钢筋》（GB 1499.2—2018）、《钢筋混凝土用钢第1部分：热轧光圆钢筋》（GB 1499.1—2018）的规定。每次进厂钢筋必须具有原材料质量证明书，其质量必须符合有关标准规定。

原材料复试符合有关规定要求。

进场钢筋表面必须清洁无损伤，不得带有颗粒状或片状铁锈、裂纹、结疤、折叠、油渍和漆污等。

钢筋经现场取样复试其力学性能必须符合规范要求。

配料加工：配料时在满足设计及相关规范的前提下要有利于保证加工安装质量，要考虑附加筋。配料相关参数选择必须符合相关规范的规定。

成型钢筋的形状、尺寸准确，平面上没有翘曲不平。末端净空直径≥钢筋直径的2.5倍。弯曲处不得有裂纹和加弯现象。

钢筋加工的允许偏差：受力钢筋顺长度方向的净尺寸（±10 mm）；弯起钢筋的弯折位置（±20 mm）；弯起点的高度（±5 mm）；箍筋内净尺寸（±5 mm）。

现场钢筋绑扎安装质量要求：钢筋绑扎安装必须符合《混凝土结构工程施工质量验收规范》（GB 50204—2015）、《钢筋机械连接通用技术规程》（JGJ 107—2016）的要求。

主控项目和一般项目：钢筋品种、质量、机械性能必须符合设计、施工规范、有关标准规定；钢筋表面必须清洁带有颗粒或片状老锈，经除锈后仍留有麻点的钢筋严禁使用；钢筋规格、形状、尺寸、数量、间距、锚固长、接头位置必须符合设计及施工验收规范规定。

钢筋安装允许偏差项目：

（续表）

<table>
<tr><td>项次</td><td colspan="2">项　　目</td><td>允许偏差/mm</td></tr>
<tr><td>1</td><td colspan="2">绑扎钢筋网的长度</td><td>±10</td></tr>
<tr><td>2</td><td colspan="2">绑扎钢筋网眼尺寸</td><td>±20</td></tr>
<tr><td>3</td><td colspan="2">绑扎钢筋骨架宽度、高度</td><td>±5</td></tr>
<tr><td>4</td><td colspan="2">绑扎钢筋骨架的长度</td><td>±10</td></tr>
<tr><td>5</td><td colspan="2">受力钢筋间距</td><td>±10</td></tr>
<tr><td>6</td><td colspan="2">受力钢筋排距</td><td>±5</td></tr>
<tr><td>7</td><td colspan="2">钢筋弯起点位置</td><td>20</td></tr>
<tr><td>8</td><td colspan="2">绑扎钢筋、横向钢筋间距</td><td>±20</td></tr>
<tr><td rowspan="2">9</td><td rowspan="2">焊接预埋件</td><td>中心线位置</td><td>5</td></tr>
<tr><td>水平高差</td><td>+3,0</td></tr>
<tr><td rowspan="3">10</td><td rowspan="3">受力钢筋保护层</td><td>基础</td><td>±10</td></tr>
<tr><td>梁、柱</td><td>±5</td></tr>
<tr><td>墙、板、壳</td><td>±10</td></tr>
</table>

四、产品防护措施：绑扎钢盘成品用模板覆盖，不得随意踩踏。

<table>
<tr><td>技术负责人</td><td></td><td>交底人</td><td></td></tr>
<tr><td>接受交底人员名单及逐一签名</td><td colspan="3">（略）</td></tr>
</table>

五、图纸会审记录

监理单位、施工单位各自提出针对施工图纸的问题及合理优化意见，按图纸专业(建筑、结构、给水排水及采暖、电气、通风空调、智能系统等)提出交建设单位。相关问题和意见汇总后报建设单位，由建设单位组织勘查、设计、监理、施工等参建单位的技术负责人及技术人员召开图纸会审会议。

图纸会审会议后，将所有提出的问题和建议，以及是否采纳或解决的办法等记录下来，形成文字性的图纸会审记录，参会各单位签字、盖章后实施。见表 3 - 14。

1. 图纸会审记录的主要内容

(1) 工程名称；

(2) 日期；

(3) 会审的地点；

(4) 参加会议的单位全称、人员姓名和职务等；

(5) 问题或意见所属专业名称、图号等；

(6) 是否采纳意见或解决问题的办法等。

建设单位、设计单位、监理单位、施工等参会单位的项目负责人签字并加盖单位公章。

2. 图纸会审记录填写要求

(1) 专业名称按标准填写，如地基与基础工程、主体结构工程、给排水及采暖工程、电气工程、通风空调工程、建筑节能工程、智能系统工程等。

(2) 图号：根据设计图纸编号进行填写。

(3) 图纸问题：施工单位、监理单位针对设计图纸不明之处或存在疑问的地方提出的问题。

(4) 图纸问题交底：设计院根据施工单位、监理单位提的问题核查过设计图和规范后进行答复。

3. 表格范例

表 3－14 图纸会审记录表

表 C. 2. 4

<table>
<tr><td colspan="2">工程名称</td><td colspan="2">××住宅楼</td><td>日期</td><td>××年××月××日</td></tr>
<tr><td colspan="2">地点</td><td colspan="2">工地现场会议室</td><td>专业名称</td><td>建筑工程</td></tr>
<tr><td>序号</td><td>图号</td><td colspan="2">图纸问题</td><td colspan="2">图纸问题交底</td></tr>
<tr><td>1</td><td>建施—1</td><td colspan="2">说明第十点第 2 条，底板防水做法中 50 厚 C20 细石混凝土保护及找平层，防水层厚度在结构图中没有表示，因此槽底标高应相应降低 74 mm。</td><td colspan="2">按说明第十点第 2 条底板防水做法进行施工。</td></tr>
<tr><td></td><td></td><td colspan="2">（略）</td><td colspan="2"></td></tr>
<tr><td></td><td></td><td colspan="2"></td><td colspan="2"></td></tr>
<tr><td rowspan="2">会签栏</td><td>建设单位</td><td colspan="2">监理单位</td><td>设计单位</td><td>施工单位</td></tr>
<tr><td>项目负责人：×××
单位（盖章）</td><td colspan="2">总监理工程师：×××
单位（盖章）</td><td>项目负责人：×××
单位（盖章）</td><td>项目技术负责人：×××
单位（盖章）</td></tr>
</table>

施工单位整理汇总的图纸会审记录应一式五份，并应由建设单位、设计单位、监理单位、施工单位、城建档案馆各保存一份。

六、设计变更通知单

设计变更是由设计方提出，对原设计图纸的某个部位局部修改或全部修改的一种记录。设计变更通知单经建设单位、监理单位总监审核批准后交到施工单位。施工单位根据设计变更通知单要求对施工图相应的部位进行修改，并进行施工。设计变更通知单是重要的施工技术资料，其格式以设计单位下发格式为准。

资料员应认真核对设计变更通知单是否有设计人员、审核人员签名及设计单位盖章，经监理、建设单位确认的设计变更通知单方可实施，设计变更通知单应收集、存档。

设计变更通知单由建设单位、监理单位、施工单位、城建档案馆各保存一份。

涉及图纸修改的，必须注明应修改图纸的图号。

设计变更通知单应按不同专业分别出具。

“专业名称”栏应按专业填写，如建筑、结构、给水排水、电气、通风空调等。

七、工程洽商记录

工程洽商是建筑工程施工过程中一种协调建设单位、施工单位和设计单位的记录。见表 3-15。

工程洽商分为技术洽商（技术核定单）和经济洽商两种，一般由施工单位提供。它是工程施工、验收及改建、扩建和维修的基本而且重要的资料，也是绘制竣工图的重要依据。

工程洽商记录应分专业办理，内容详实，必要时应附图，并逐条注明应修改图纸的图号。工程洽商记录由设计专业负责人以及建设、监理和施工单位项目负责人签字认可。设计单位如委托建设（监理）单位办理签认，应办理委托手续。

提出单位填写的工程洽商记录应一式五份，并应由建设单位、设计单位、监理单位、施工单位、城建档案馆各保存一份。

表 3-15　工程变更洽商记录表

<table>
<tr><td colspan="4">工程变更洽商记录</td><td>资料编号</td><td>××</td></tr>
<tr><td colspan="2">工程名称</td><td colspan="2">××住宅楼</td><td>专业名称</td><td>结构工程</td></tr>
<tr><td colspan="2">提出单位名称</td><td colspan="2">××建筑工程公司
××住宅楼工程项目部</td><td>日　期</td><td>××年××月××日</td></tr>
<tr><td colspan="2">内容摘要</td><td colspan="4">关于核心筒墙体钢筋变更等事宜的技术洽商</td></tr>
<tr><td>序号</td><td>图　号</td><td colspan="4">洽　商　内　容</td></tr>
<tr><td>1</td><td>结施 2—36
结施 2—37</td><td colspan="4">根据现场实际情况，由于墙体中钢结构暗钢梁翼缘宽度的 1/2 加上两排钢筋直径的尺寸大于墙体厚度尺寸的 1/2，无法按图纸施工。经过建设单位、设计单位、监理单位同意，将核心筒配筋大样图中 Q3 墙体配筋三排改为两排，钢筋总数量、型号不变。</td></tr>
<tr><td rowspan="2">会签栏</td><td>建设单位</td><td>监理单位</td><td>设计单位</td><td colspan="2">施工单位</td></tr>
<tr><td>项目负责人：×××
单位（盖章）</td><td>总监理工程师：×××
单位（盖章）</td><td>项目负责人：×××
单位（盖章）</td><td colspan="2">项目技术负责人：×××
单位（盖章）</td></tr>
</table>

实训练习

任务一　掌握工程技术文件报审表、图纸会审记录填写方法。

1. 目的　给出某拟建工程项目已编制好的施工组织设计，填写工程技术报审表，同时针对危险性较大的分部分项工程提出专家论证方案。

2. 能力目标　懂得如何填写工程技术文件报审表、图纸会审记录。

3. 实物资料　某民用建筑房屋工程施工组织设计。

项目3　进度造价资料

学习目标　掌握开工令的概念，掌握工程开工报审表、施工进度计划报审表的填写，熟悉施工计划的编制方法，工程变更索赔程序。

能力目标　懂得如何填写开工令、工程开工报审表、施工进度计划报审表、工程款支付申请表。

知 识 点　施工现场开工条件。

一、开工申请、开工令

施工前，施工现场必须具备的开工条件："三通一平"、图纸会审、施工组织设计的编制与批准、大型基础施工方案的编制与审批、坐标点和水准点的测引与交接、施工单位人员到位情况、材料进场情况、施工机械进场情况、临时设施搭设情况和其他等内容。

施工单位根据现场情况填写工程开发报审表(表3－16)、开工申请(表3－17)、监理单位签发开工令(表3－18)。

(1)"三通一平"：水、电、道路已通到施工现场，施工现场的场地已平整，满足施工条件的要求。

(2) 图纸会审：建设单位、监理单位、施工单位、设计单位等已对设计图纸进行会审。

(3) 施工组织设计的编制与批准：施工单位根据设计图纸、施工规范要求，满足施工需要，编制了施工组织设计，并得到相关部门人员的批准，作为施工的技术资料。

(4) 大型基础施工方案的编制与审批：施工单位根据设计图纸编制大型基础施工专项方案并得到相关部门人员批准。

(5) 坐标点和水准点的测引与交接：施工单位根据建设单位提供的标高与轴线的桩位(点)，将其引入到施工现场，根据设计图纸的轴线和标高，放出建筑物的坐标点和水准点，并经监理(建设)验收。

(6) 施工单位人员到位情况：根据项目需求，施工单位应配置相应的人员，包括项目经理、技术负责人、施工员、材料员、质检员、安全员、资料员、测量员、取样员等。

(7) 材料进场情况：施工单位根据设计图纸要求，列出材料采购计划，并按施工进度调度材料进场。

(8) 施工机械进场情况：施工单位根据施工需要，列出施工机械计划，并按要求调度机械进场。

(9) 临时设施搭设情况：现场做好"五小设施"，即办公室、民工宿舍、厨房、卫生间、浴室等。

(10) 其他：办好相关手续，例如施工许可证等。

开工申请、开工令经项目经理签字后报送公司相关部门审批，送建设单位、监理单位审核签字。填写工程开工报审表应符合现行国家标准《建设工程监理规范》的有关规定。

表 3－16　工程开工报审表

工程名称：××住宅楼　　　　表 B. 0. 2

致：××开发有限公司　　（建设单位） ×× 建设监理公司　　（项目监理机构） 我方承担的××住宅楼　工程，已完成相关准备工作，具备开工条件，特申请与××年××月××日开工，请予以审批。 附件：施工现场质量管理检查记录表（证明文件资料） 施工单位（盖章）：××建设工程有限公司 项目经理（签字）：××× ××年××月××日
审核意见： 1. 检查施工许可证，施工现场主要管理人员和特殊工种作业人员资格证明文件符合要求； 2. 质量、技术、安全等管理体系已建立，各专业人员上岗证齐全； 3. 施工组织设计已审批，主要人员（项目经理、专业技术管理人员等）已到位，部分材料和机具已进场，符合开工条件； 4. 施工现场道路、水电、通讯等已达到开工条件，同意于×年×月×日正式开工。 项目监理机构（盖章）：××建设监理公司 总监理工程师（签字、加盖执业印章）：××× ××年××月××日
审核意见：同意。 建设单位（盖章）：××开发有限公司 建设单位代表（签字）：××× ××年 ××月×× 日

注：本表一式三份，项目监理机构、建设单位、施工单位各一份。

表 3-17　开工申请

表 C.3.1

<table>
<tr><td colspan="2">工程名称</td><td colspan="2">××住宅楼</td><td>工程地址</td><td colspan="2">××市××区××路××号</td></tr>
<tr><td colspan="2">建设单位</td><td colspan="2">××房产开发公司</td><td>预算造价</td><td colspan="2">4 800 万元</td></tr>
<tr><td colspan="2">建筑面积</td><td>25 000 m²</td><td>结构类型</td><td>框架</td><td>层数</td><td>地上18层，地下1层</td></tr>
<tr><td rowspan="11">开工申请</td><td rowspan="10">开工条件具备情况</td><td colspan="2">“三通一平”</td><td colspan="3">已完成三通一平</td></tr>
<tr><td colspan="2">图纸会审</td><td colspan="3">已图纸会审</td></tr>
<tr><td colspan="2">施工组织设计（含安全生产内容）的编制与批准</td><td colspan="3">已完成施工组织设计编制与批准</td></tr>
<tr><td colspan="2">大型基础施工方案的编制与审批</td><td colspan="3"></td></tr>
<tr><td colspan="2">坐标点和水准点的测引与交接</td><td colspan="3">已交接完坐标点和水准点的引测</td></tr>
<tr><td colspan="2">施工单位人员到位情况</td><td colspan="3">施工单位人员已到位</td></tr>
<tr><td colspan="2">材料进场情况</td><td colspan="3">材料已按计划陆续进场</td></tr>
<tr><td colspan="2">施工机械进场情况</td><td colspan="3">施工机械已进场</td></tr>
<tr><td colspan="2">临时设施搭设情况</td><td colspan="3">临时设施搭设完成</td></tr>
<tr><td colspan="2">其它</td><td colspan="3">施工许可证号：××××××</td></tr>
<tr><td colspan="5">项目经理：×××
××年××月××日</td></tr>
<tr><td>施工单位审批意见</td><td colspan="2">本工程已具备开工条件，拟于××年××月××日开工，请批准。

公司（或分公司）负责人：×××
（公章）
××年××月××日</td><td>建设单位审批意见</td><td colspan="2">同意于××年××月××日开工。
项目负责人：×××
（公章）
××年××月××日</td></tr>
<tr><td>开工令</td><td colspan="6">本工程已具备开工条件，请××年××月××日开工。
总监理工程师：×××
（公章）
××年××月××日</td></tr>
</table>

施工单位填报的工程开工报审表应一式四份，并应由建设单位、监理单位、施工单位、城建档案馆各保存一份。

表 3－18　工程开工令

工程名称：××住宅楼　　　　表 A.0.2

致：××建设工程有限公司　　（施工单位） 　　经审查，本工程已具备施工合同约定的开工条件，现同意你方开始施工，开工日期为：××年××月××日。 　　附件：工程开工报审表 项目监理机构（盖章）：××建设监理公司 总监理工程师（签字、加盖执业印章）：×××× ××年××月××日

注：本表一式三份，项目监理机构、建设单位、施工单位各一份。

二、工程复工报审表

在工程项目施工过程中，由于各种原因发生停工情况的，在工程项目恢复施工前，施工单位填写工程开工/复工报审表，见表 3－19，同时应就恢复施工详细情况进行说明。

（1）工程项目停工的原因；

（2）目前影响工程项目停工的原因已消除的情况说明以及相关证据；

（3）复工施工进度计划；

（4）避免类似停工情况发生的措施；

（5）现场机械、材料、人员准备情况。

上述文字资料与工程开工/复工报审表一起呈报监理单位审核、确认。

表 3-19 工程复工报审表

工程名称：××住宅楼　　　　　　　　　　　　　　　　　　　　　　　　表 B.0.3

致：××建设监理公司（项目监理机构） 编号为××《工程暂停令》所停工的一层楼梯间部位工序，已满足复工条件，我方申请于××年××月××日复工，请予以审批。 附件：证明文件资料 基坑监测报告 施工项目经理部（盖章）：××住宅楼项目经理部 项目负责人（签字）：××× ××年××月××日
审批意见： 依据处理方案已完成整改，质量符合设计要求及相关规范规定，工程暂停的原因已消除，相关证据齐全、有效，具备复工条件，同意复工。 项目监理机构（盖章）：××建设监理公司 总监理工程师（签字、加盖执业印章）：××× ××年××月××日
审批意见： 建设单位（盖章）：××开发有限公司 项目负责人（签字）：××× ××年××月××日

注：本表一式三份，并应由建设单位、监理单位、施工单位各保存一份。

三、施工进度计划报审表

承包单位必须按合同约定工期承诺编制本工程项目的施工进度计划，要求按分部、分项工程或按年度、季度、月进行编制，见表 3-20。

表 3－20　施工进度计划申报表

工程名称：××住宅楼　　　　　　编号：××

<table>
<tr><td>致：××建设监理公司（项目监理机构）
　　根据施工合同的约定，我方已完成主体工程施工进度的编制和批准，请予以审查。

　　附件：□施工总进度计划
　　　　　☑阶段性进度计划
施工项目经理部（盖章）：××住宅楼项目经理部
项目负责人（签字）×××
××年××月××日</td></tr>
<tr><td>审批意见：

　　施工进度计划符合要求。

专业监理工程师（签字）：×××
××年××月××日</td></tr>
<tr><td>审批意见：
　　同意按此进度计划施工。

项目监理机构（盖章）：××建设监理公司
总监理工程师（签字）×××
××年××月××日</td></tr>
</table>

本表由施工单位填报，一式三份，并应由建设单位、监理单位、施工单位各保存一份。

四、施工进度计划

以单位工程或分部分项工程为对象，按合同的要求以及各项工程施工先后顺序、持续的时间等，表示该部分工作开工、完成时间和相互关系的图表形式，称作施工进度计划。

施工进度计划是施工组织设计的中心内容，它要保证工程在合同规定期限内完成。施工进度计划的编制原则是：科学严谨，结合实际，注意施工的连续性和均衡性，做到又好又快，达到良好综合经济效果。

施工进度计划常用的方式是横道图法和网络图法。横道图法(又称甘特图法)是一种带时标的表格形式计划,具有简明、形象、易懂的优点。其缺点是不能在进度计划中表示出各项工作之间的相互关系和完成计划的关键所在,对于特别复杂的项目,更是难以适应计划管理的需要。网络图又称箭线图,是按一项工作各工序的先后次序和流程方向,自左向右以箭线画成。它弥补了横道图的缺陷,使施工管理人员能集中注意力抓住关键工序,以便及时采取对策,确保工期。

五、人、机、料动态表

施工单位按相关规定,定期向监理(建设)单位报送工程项目现场的劳动力、材料、机械的情况,一般每个月末报送一次。见表 3-21。

表 3-21　××月人、机、料动态表　　表 C. 3. 4

工程名称	××住宅楼	编号	
施工单位	××建筑工程公司	日期	××年××月××日

	工种	混凝土工	架子工	木工	钢筋工	电工	水工	杂工	合计
人工	人数	25	20	10	25	5	4	20	109
	持证人数	25	20	10	25	5	4	5	94

	名称	单位	上月库存	本月进场	本月消耗量	本月库存量
主要材料	商品混凝土	方	0	3 000	3 000	0
	钢筋	吨	120	800	650	270
	砖	块	10 000	20 000	35 000	5 000

	名称	生产厂家	规格型号	数量
主要机械	塔吊	广东××设备公司	QTE80	2
	卷扬机	浙江××机械厂	JJK-1.5	3
	振捣棒	浙江××机械厂	HG50	15

附件:

特殊工种持证情况。

承包单位(章)××建筑工程公司

项目经理　×××

日　　期××年××月××日

六、工程延期申请表(见表 3－22)

表 3－22　工程临时或最终延期报审表

工程名称:××住宅楼　　　　编号:××

<table>
<tr><td>致:××建设监理公司(项目监理机构)
根据施工合同第××条(条款),由于不可抗力的原因,我方申请工程临时/最终延期8(日历天),请予以批准。

附件:证明材料

施工项目经理部(盖章):××住宅楼项目经理部
项目负责人(签字):×××
××年××月××日</td></tr>
<tr><td>审批意见:情况属实,拟同意延期 8 天。

项目监理机构(盖章):××建设监理公司
总监理工程师(签字):×××
××年××月××日</td></tr>
<tr><td>审批意见:同意。

建设单位(盖章):××开发有限公司
项目负责人(签字):×××
××年××月××日</td></tr>
</table>

注:本表一式三份,项目监理机构、建设单位、施工单位各一份。

七、工程款支付申请表(见表3-23)

表3-23　工程款支付报审表

工程名称:××住宅楼　　　　　　　　　　编号××

<table>
<tr><td>致:××建设监理公司(项目监理机构)
根据合同约定,我方已完成了一层楼板结构模板、钢筋和混凝土工程施工工作,建设单位应在××年××月××日前支付该项工程款人民币:共计(大写)贰佰万元整,(小写¥2 000 000.00元),请予以审批。
附件:
☑已完成工程量申请表
☑工程竣工结算证明资料
□相应支持性文件
施工项目经理部(盖章)××建筑工程公司
项目负责人(签字)×××
××年××月××日</td></tr>
<tr><td>审查意见:
1. 施工单位应得款为:(大写)贰佰万元整,(小写¥2 000 000.00元);
2. 本期应扣款为:按比例扣预付工程款(大写)壹拾万元整,(小写¥100 000.00元);
3. 本期应付款为:(大写)壹佰玖拾万元整,(小写¥1 900 000.00元)。
附件:相应支持性材料
专业监理工程师(签字)×××
××年××月××日</td></tr>
<tr><td>审查意见:同意专业监理工程师的意见。
项目监理机构(盖章):××建设监理公司
总监理工程师(签字、加盖执业印章):×××
××年××月××日</td></tr>
<tr><td>审查意见:同意支付。
建设单位(盖章):××开发有限公司
项目负责人(签字):×××
××年××月××日</td></tr>
</table>

本表由施工单位填报,一式三份,并应由建设单位、监理单位、施工单位各保存一份。

八、工程变更费用报审表(见表3－24)

表3－24　工程变更费用报审表

工程名称：××住宅楼　　　　表C.3.7

<table>
<tr><td>
致××建设监理公司(监理单位)：
根据施工合同条款第　××　条的规定，由于　工程变更单(编号)的变更，致使我方造成额外施工费用的增加　的原因，经我方计算得增加金额共计(大写)×佰×拾×万×仟×佰×拾元整，请予以批准。

附件：1. 设计变更通知单
2. 费用计算依据
3. 计算过程

承包单位(章)××建筑工程公司
项目经理　×××
日　　期××年××月××日
</td></tr>
<tr><td>
审批意见：

施工单位报送的工程变更导致施工费用增加情况属实，相关资料证据齐全、有效。

审批结论：☑　同意此项费用增加，金额共计(大写)×佰×拾×万×仟×佰×拾元整。

☐　~~不同意此项费用增加，理由：~~＿＿＿＿＿＿。

项目监理机构(盖章)：××建设监理公司
总监理工程师：　×××
日　　期：　××年××月××日
</td></tr>
</table>

本表由施工单位填报，一式三份，并应由建设单位、监理单位、施工单位各保存一份。

九、费用索赔申请表(见表3-25)

表3-25 费用索赔申请表

工程名称:××住宅楼　　　　表B.013

致××建设监理公司(监理单位) 根据施工合同条款第××条的规定,由于非我方原因造成停水停电累计达××小时,致使我方造成人员、机械窝工的原因,经我方计算应增加金额共计(大写)×佰×拾×万×仟×佰×拾元×整,请予以批准。 附件:1. 相关停水停电证明 2. 费用计算依据 3. 计算过程 承包单位(章)××建筑工程公司 项目经理 ××× 日　期××年××月××日

本表由施工单位填报,一式三份,并应由建设单位、监理单位、施工单位各保存一份。

实训练习

任务一　掌握工程开工报审表、开工令填写方法。

1. 目的　给出某拟建工程项目工程概况,填写一份开工令。
2. 能力目标　懂得如何填写工程开工报审表、开工令。
3. 实物资料　某民用建筑房屋工程概况。

项目4　施工物资资料收集与编制

学习目标　掌握出厂质量证明文件及检测报告的概念,掌握工程主要材料钢筋、水泥、砂石、商品混凝土出厂质量证明文件及检测报告的收集,熟悉工程主要材料规格、型号及适用范围。

能力目标　懂得每批材料进入施工现场必须收集哪些出厂质量证明文件及检测报告,并知道如何整理保存。

知 识 点　开箱检验、进场复验。

一、出厂质量证明文件及检测报告

《中华人民共和国建筑法》规定："建筑施工企业必须按照设计要求、施工规范规定、施工技术标准和合同的约定，对建筑材料、建筑构配件和设备进行检验，不合格的不得使用。"物资资料应能证实物资、材料的合格性、证实满足规范使用要求的特性。施工物资主要包括原材料、成品与半成品、构配件、设备等。

进入施工现场的施工物资必须具有出厂质量证明文件。出厂质量证明文件是由供货商家提供，证明其提供的物资、材料达到国家规定的质量标准，达到合格的证明文件。

检测报告则是生产厂家在产品制作完成出厂前，对其生产的产品必须按规定进行检验试验，相关检验指标均必须符合国家规范规定的资料证明文件。

工程项目施工单位必需收集如下所述相关材料的出厂质量证明文件和检测报告：

(1) 砂、石、砖、水泥、钢材、隔热保温、防腐材料、轻集料等材料要有出厂质量证明文件，一般指的是材料的合格证书和生产厂家出具的检测报告。

(2) 其他物资要有出厂合格证书、质量保证书、检测报告和报关单或商检证等。

(3) 材料、设备的相关检验报告、型式检测报告、3C 强制认证合格证或 3C 标志。

(4) 主要设备、器具的安装使用证明文件。

(5) 涉及消防、安全、卫生、环保、节能的材料、设备的检测报告或法定机构出具的有效证明文件。

特殊材料的质量证明文件和材料检测报告为复印件，并注明原件存放单位，有抄件人、抄件单位的签字和盖章。

1. 钢材

按《混凝土结构工程施工质量验收规范》(GB 50204—2015)强制条款规定，对钢筋的进场使用有如下要求：

(1) 凡是结构设计施工图所配的各种受力钢筋及型钢，必须具有出厂质量证明书(图 3-3)及进场见证取样复试报告。

(2) 合格证书中必须标明钢种、牌号、炉号、规格、数量、力学性能、化学成分、厂名、生产许可证号、出厂日期等。

(3) 复试报告(钢材力学、工艺性能检验报告)：检测内容有拉伸、弯曲、钢筋的尺寸、钢筋重量偏差等。

(4) 钢筋级别、牌号和直径应按设计要求采用，需要代换时必须有设计单位签证的洽商手续。

(5) 对有抗震要求的框架结构，纵向受力筋的强度应满足设计要求。当设计无具体要求时，按一、二级抗震等级，检验所得的抗拉强度实测值和屈服强度实测值的比值不应小于1.25。钢筋屈服强度实测值与钢筋的强度标准值的比值不应大于 1.3。

(6) 进口钢筋应有商检合格证和化学成分试验报告。

施工单位相关人员应该认真收集、审查供货单位提交的产品合格证明及检测报告：

① 钢筋进场时，应作好进场验收记录。

② 工程中用的型钢应有出厂合格证书。如对材料的质量有质疑时，应做抽样试验检测。

③ 钢材出厂合格证尽可能要原件，如是复印件或抄件，要注明购买数量和使用的部位，注

QR/PG8.25

牌　CNAS L2471

江西　　实业股份有限公司

地址：　西省　　市　东区峡　口

邮编(Postcode)：
销售热线(Sales Hotline)：0799—
服务热线(Service Hotline)：0799—

产品质量证明书
PRODUCT QUALITY CERTIFICATE

企业获GB/T19001-ISO9001:2000认证

产品名称 PRODUCT	热轧光圆钢筋	标准号 STANDARD	GB1499.1-2008	交货日期 DELIVERY DATE	2010-5-18
需方 CUSTOMER	广西南宁　物资贸易有限公司	生产许可证号 PRODUCTION LICENSE NUMBER	XK05-001-××××	车站 DESTINATION	南宁
合同号 CONTRACT NO.	×××	产品质量证明书号 CERTIFICATE NO.	P4026	车号 TRAIN NO.	143368
重量 t TOTAL WEIGHT t	60.791	交货状态 COMMODITY	热轧盘条		

批号 HEAT NO.	规格 Size Φ (mm)	牌号 STEEL GRADE	用途 USE	件数 PIECE	化学成分% CHEMICAL COMPOSITION % C ×10²	Mn ×10²	Si ×10²	P ×10³	S ×10³	Cu ×10³	Ni ×10³	Cr ×10³	力学性能 MECHANICAL PERFORMANCE 屈服强度ReL Mpa	抗拉强度 Rm Mpa	伸长率 A %	断面收缩率 Z%	物理性能 PHYSICAL PERFORMANCE 冷弯 COLD BEND	1/2顶锻试验 H.T.	脱碳 DEC (mm)	低倍 L.M	晶粒度 G.S	硬度 HB
21008222	8.0	HPB235	J	1	18	34	11	40	33	/	/	/	315	455	34.0	/	合格	/	/	/	/	/
21008223	8.0	HPB235	J	3	18	33	11	44	36	/	/	/	300	445	35.5	/	合格	/	/	/	/	/
21008224	8.0	HPB235	J	20	17	28	8	42	37	/	/	/	310	450	33.5	/	合格	/	/	/	/	/
21008225	8.0	HPB235	J	7	16	29	9	40	33	/	/	/	305	450	35.0	/	合格	/	/	/	/	/
以下空白																						

备注 NOTE

1、此产品质量证明书无专用章无效，涂改无效，经营钢公司授权的一级经销商具备复印产品质量证明书权，复印件加盖经销商公章且在本经销范围内有效。The Product Quality Certificate is invalid without special seal of the testdepartment. The Product Quality Certificate is invalid if there's any alteration. First-grade dealers authorized by the company have the right to copy the Product Quality Certificate. The copy with dealer'sofficial seal is valid in its authorized territory.

2、荣获冶金产品实物质量“金杯奖”。The company's product has received the award of "Metallurgical Product in Kind Quality Gold Cup Prize".

3、用户验货后使用如有异议应及时告知炉号、牌号，并保留实物及标志。If there's any objection after delivery inspection, customer should inform the heat No., grade and certificate No. while reserving the product and its tags and marks.

填表人：Prepared by:　丽
审核人：Checked by:
印章：Signature:

图 3－3　产品质量证明书

明本批次钢材出厂合格证明文件的原件存放处，抄件人的签名加盖供货单位公章(红章)。

④ 单位工程的钢筋复试批量和实际用量应基本一致。

合格证及进场试验报告收集、整理方法：

① 进入施工现场每批次钢材均分别收集出厂质量合格证明文件及检测报告；

② 为便于查阅合格证、试验报告，应做钢材出厂质量合格证明文件及检测报告的汇总表，并且注明使用部位及数量，如是群体工程还应填写钢材使用分配汇总表；

③ 按钢材进场验货顺序整理、排列编号，并核查合格证炉号与试验报告炉号是否一致，相对应的钢材试验报告附后，既方便资料整理，也便于核查。

2. 水泥

按《混凝土结构工程施工质量验收规范》(GB 50204—2015)强制条款规定，对水泥的进场使用有如下要求：

(1) 凡是结构工程使用的水泥，必须具有出厂质量证明书及见证取样复试报告。

(2) 水泥厂质量证明书应盖有质检专用章的出厂合格证(图 3-4)，水泥试验为见证取样项目。

产品合格证

商　　标	××牌
生产许可证	XK08-001-01041
品　　种	复合硅酸盐水泥(P.C)
强度等级	32.5
执行标准	GB175-2007
生产日期	2009年　8月　16日
出厂编号	C8-34
生产厂家	南宁××水泥有限公司金龙水泥厂
经检验合格、准许出厂	

图 3-4　产品合格证

(3) 水泥进场时应对其品种、级别、包装或散装仓号、出厂日期等进行检查，出厂检验报告(图 3-5)中应标明细度、凝结时间、安定性、强度等内容，并向厂家索要(3 天和 7 天的强度报告)出厂合格证，待 28 天索要水泥强度补报报告。

(4) 水泥进场后，应对其强度、安定性及其性能指标进行复验。

施工单位相关人员应该认真收集、审查供货单位提交的产品合格证明及检测报告：

① 水泥进场时，应做好进场验收记录。

② 水泥进场使用超过三个月时，必须重新做复试报告。

③ 水泥出厂合格证尽可能要原件，如是复印件或抄件，要注明购买数量和使用的部位，注

出厂水泥质量检验报告

购货单位：

生产企业：南宁×× 水泥有限公司金龙水泥厂　　　　报告日期：2009-08-24

水泥品种	复合水泥	水泥编号	C8-33..	生产日期	2009-8-16
强度等级	32.5	生产方式	机 立 窑	检验日期	2009-8-17

检验项目和实测结果									
检验项目(计量单位)			国家标准	实测值					
细度	比表面积(m2/kg)		≥						
	筛 余(%)		≤10.0	2.7					
初 凝 时 间 (时:分)			≥0:45	3:09					
终 凝 时 间 (时:分)			≤10:00	3:58					
安定性	试 饼		合格	合格					
	雷氏夹(mm)		≤5.0	—					
水 灰 比			0.5	0.5					
胶砂流动度(mm)			--	187					
抗折强度(MPa)	3天	平均值	≥2.5	3.7					
		单块强度(*剔除)		3.50	3.80	3.70			
	28天	平均值	≥5.5	—					
		单块强度(*剔除)		—	—	—			
抗压强度(MPa)	3天	平均值	≥10.0	15.6					
		单块强度(*剔除)		15.6	15.5	15.5	15.8	15.8	15.2
	28天	平均值	≥32.5	—					
		单块强度(*剔除)		—	—	—	—	—	—
三 氧 化 硫 (%)			≤3.50	2.46					
氧 化 镁 (%)			≤5.00	0.73					
烧 失 量 (%)			---	0.00					
氯 离 子 (%)			≤0.06	0.01					
碱 含 量 (%)			--	—					

助磨剂、工业副产石膏、混合材料名称和掺加量						
混 合 材 名 称	矿 渣	粉煤灰	石灰石	炉渣		总和
国家标准要求(%)						
实际掺量(%)	—	26	8	—		34

说明：
1) 当用户需要时，水泥厂应在水泥发出之日起7天内寄发除28天强度以外的各项试验结果。28天强度数值应在水泥发出之日起32天内补报，报告还要重新填写其它各项试验结果。
2) 在生产方式这栏，填写旋窑或立窑生产。
3) 在编写报告时当不存在某项检验项目时，实测值、国家标准要求栏中，划横杠"--"表示。

化验室(盖章)：　　　　批准(签字)　　　　报告(签字)：

图 3-5　出厂水泥质量检验报告

明本批次水泥出厂合格证明文件的原件存放处，抄件人的签名加盖供货单位公章(红章)。

④ 单位工程的水泥复试批量和实际用量应基本一致。

合格证及进场试验报告收集、整理方法：

① 进入施工现场每批次水泥均分别收集出厂质量合格证明文件及检测报告；

② 为便于查阅合格证、试验报告，应做水泥出厂质量合格证明文件及检测报告的汇总表，并且注明使用部位及数量，如是群体工程还应填写水泥使用分配汇总表；

③ 按水泥进场验货顺序整理、排列编号，相对应的试验报告附后，既方便资料整理，也便于核查。

3. *砖及砌块*

砌块按空心率分成空心砌块和实心砌块。国家限制使用黏土砖(即常说的红砖多属于实心砌块)，目前工程上大多使用节能砌块，如粉煤灰砌块、混凝土空心小型砌块、陶粒夹心节能砌块等，空心砌块有 MU5.0，MU7.5，MU10，MU15.0，MU20.0，MU25.0 等六个等级。

在收集、检查砖及砌块出厂质量证明及检测报告时，应该注意以下事项：

(1) 结构用砖(如普通烧结砖、多孔砖、加气混凝土砌块)进场后，应向供货单位索要出厂检验报告及合格证，如图 3－6 所示；

(2) 合格证和试验报告尽可能用原件，如是复印件或抄件，要注明购买数量和使用的部位，注明本批次砖或砌块出厂合格证明文件的原件存放处，抄件人的签名加盖供货单位公章(红章)；

(3) 检查混凝土小型空心砌块和轻骨料混凝土小型砌块的出厂合格证，合格证上的龄期应满足 28 天，才能符合规范要求，小型空心砌块检验报告如图 3－7 所示。

出厂质量证明及检测报告整理方法：

(1) 进入施工现场每批次砖或砌块均分别收集出厂质量合格证明文件及检测报告；

(2) 为便于查阅合格证、试验报告，应做砖或砌块出厂质量合格证明文件及检测报告的汇总表，并且注明使用部位及数量，如是群体工程还应填写砖或砌块使用分配汇总表；

(3) 按砖或砌块进场验货顺序整理、排列编号，对应的试验报告附后，既方便资料整理，也便于核查。

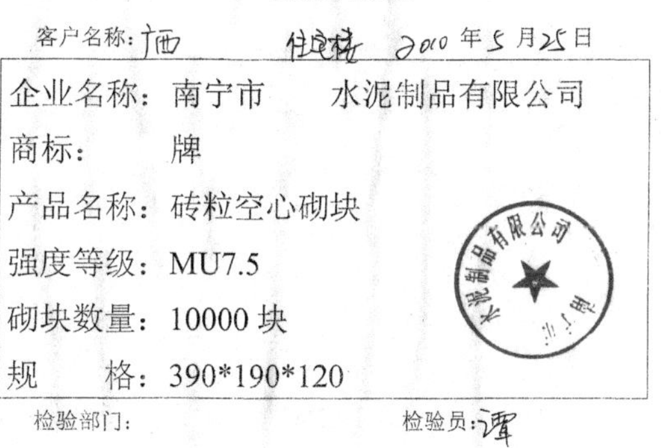
产品合格证

客户名称：广西　　　　2010 年 5 月 25 日

企业名称：南宁市　　水泥制品有限公司
商标：　牌
产品名称：砖粒空心砌块
强度等级：MU7.5
砌块数量：10000 块
规　　格：390*190*120

检验部门：　　　　检验员：谭

图 3－6　产品合格证

南宁市
小型空心砌块检验报告

代检字第 2010-0601 号

(2010)量认(桂)字(UC185)号

受检单位：南宁市　　水泥制品有限公司　　　　抽样日期：2010 年 6 月 23 日

样品名称：单排双孔砖粒小型空心砌块　　　　报告日期：2010 年 6 月 26 日

型号规格：390×120×190　　　　试验标准：GB/T4111-1997

编号	外观尺寸			承压面积	破坏荷载 KN	抗压强度 MPa			
	长(mm)	宽(mm)	高(mm)			单值	平均值	最小值	等级评定
1	391	120	190	46920	357	7.6	[illegible]	[illegible]	7.5
2	389	121	190	47069	358	7.6			
3	391	120	191	46920	366	7.8			
4	390	119	191	46410	348	7.5			
5	391	120	190	46920	352	7.5			

编号	外观尺寸			绝干质量 kg	悬浸质量 kg	湿态质量 kg	空心率%		块本密度 Kg/m³
	长(mm)	宽(mm)	高(mm)				单值	平均值	
1	391	121	190	15.42	9.35	15.55	31.0	31	1710
2	391	119	190	15.25	9.27	15.36	31.1		
3	389	121	191	15.10	9.11	15.21	32.1		

外观质量检查	合格
检验结论	该批样品按 GB8239-1997，GB/T15229-2002 标准评定：强度等级达到 MU7.5，空心率 31%，块体密度 1710kg/m³,外观质量合格。
备注	成型日期：2010.5.25

审定：　　审核：　计算：　　检验：

图 3－7　小型空心砌块检验报告

4. 预拌混凝土

预拌混凝土是在工厂或车间集中搅拌运送到建筑工地的混凝土。预拌混凝土多作为商品出售，故也称商品混凝土。预拌混凝土的出厂质量标准要达到《预拌混凝土》(GB 1314902—2012)、《商品混凝土质量管理规程》(DBJ 01－6－90)标准。

预拌混凝土生产单应向施工单位提供如下出厂质量证明文件和检测报告：

(1) 预拌混凝土的运输单；

(2) 混凝土氯化物和碱总量计算书；

(3) 预拌混凝土出厂质量合格证明书；

(4) 特殊工程的其他要求。

施工单位除要收集以上资料外，还应查阅预拌混凝土生产单位其他质量证明资料：

(1) 试配记录；

(2) 水泥出厂合格证明文件；

(3) 水泥复试报告；

(4) 砂子试验报告；

(5) 碎(卵)石试验报告；

(6) 轻集料试验报告；

(7) 外加剂出厂质量证明文件；

(8) 外加剂试验报告；

(9) 掺合料试验报告；

(10) 混凝土开盘鉴定；

(11) 混凝土抗压强度试验报告；

(12) 混凝土抗渗试验报告；

(13) 混凝土坍落度试验报告；

(14) 特殊工程的其他要求。

5. 混凝土外加剂和砌筑砂浆外加剂

为加强对建筑材料、工程质量检验检测的管理，确保建筑结构安全和人体健康，《建筑工程施工质量验收统一标准》(GB 50300—2013)详细规定了工程质量检验检测项目，并将其列为竣工验收的必备条件。

外加剂生产单应向施工单位提供如下出厂质量证明文件和检测报告：

(1) 生产外加剂产品的合法生产证明；

(2) 省级以上有关主管部门颁发的技术鉴定证书；

(3) 省级以上检测机构出具的型式检验报告(砂浆塑化剂还需提供砌体型式检验报告)；

(4) 该产品的出厂检验报告；

(5) 外加剂进场后，应见证取样，送检测机构检验，检验项目按出厂检验要求，有害物质含量必须符合规范规定，检验合格后方可使用。

在收集、检查外加剂出厂质量证明及检测报告时，应该注意以下事项：

(1) 为便于查阅，应有产品出厂合格证、试验报告使用部位汇总表；

(2) 同一批次、同一厂家、同一品种的每种型号、规格的外加剂出厂质量合格证至少收集一份，并将合格证粘贴在 A4 纸上，注明工程名称、产品的规格、数量及使用部位；

(3) 按进场验货顺序整理、排列编号，对应的试验报告附后，既方便资料整理，也便于核查。

6. 防水材料出厂质量证明文件及性能检测报告

地下防水工程、防水屋面、卫生间等使用的各种型号和品种的防水材料，无论是固体的还是液体的，都应按《地下防水工程质量验收规范》(GB 50208—2011)和《屋面工程质量验收规范》(GB 50207—2012)强制条文件规定，应有产品合格证书和性能检测报告，其品种、规格、性能等应符合现行国家产品标准和设计要求。在使用前还应提出试验报告，不合格的材料，不得在工程中使用；否则会造成屋面、地面、墙面不同程度的渗漏，影响工程结构安全。

进入施工现场的各类防水材料，生产单位应向施工单位提供如下出厂质量证明文件和检测报告：

(1) 取得的生产防水材料产品合法生产证明；

(2) 进场的防水材料生产厂家应具备的生产许可证；

(3) 省级以上检测机构出具的型式检验报告；

(4) 材料进场后，应见证取样，送检测机构检验的检验合格报告；

(5) 同一批次、同一厂家、同一品种的每种型号、规格的防水材料的出厂质量合格证(至少收集一份)。

在收集、检查外加剂出厂质量证明及检测报告时，应该注意以下事项：

(1) 为便于查阅，应附上合格证、试验报告使用部位汇总表；

(2) 同一批次、同一厂家、同一品种的每种型号、规格的防水材料出厂质量合格证至少收集一份，并将合格证粘贴在 A4 纸上，注明工程名称、产品的规格、数量及使用部位；

(3) 在整理防水材料出厂合格证和试验报告时要按防水材料汇总表顺序整理、排列编号，相应的试验报告附后，既方便资料整理，也便于核查。

7. 构(配)件

构(配)件包括预制钢筋混凝土、预应力混凝土构件、钢结构构件、构配件等。对于进入施工现场的各类构(配)件材料，生产单位应向施工单位提供如下出厂质量证明文件和检测报告：

(1) 生产构(配)件产品的合法生产证明；

(2) 进场的构(配)件生产厂家应具备的相应生产许可证；

(3) 混凝土过梁、挑梁和屋架，均应有出厂合格证或实测记录、检测报告等；

(4) 预制楼板，应按每层或一个供货批次由生产厂家提供至少一份出厂合格证及检测报告的资料原件；

(5) 同一批次、同一厂家、同一品种的每种型号、规格的构(配)件出厂质量合格证(至少收集一份)。

在收集、检查外加剂出厂质量证明及检测报告时，应该注意以下事项：

(1) 为便于查阅合格证和检验报告，应附上合格证、检验报告使用部位汇总表；

(2) 同一批次、同一厂家、同一品种的每种型号、规格的构(配)件出厂质量合格证至少收集一份，并将合格证粘贴在 A4 纸上，注明工程名称、产品的规格、数量及使用部位；

(3) 在整理构(配)件出厂合格证和试验报告时要按材料汇总表顺序整理、排列编号，相应的试验报告附后，既方便资料整理，也便于核查。

8. 内、外墙涂料

(1) 涂料的施工工艺简便、工期短，因此在工程项目中得以大量地使用。内墙与外墙涂料质量要求不同，不可混用。对于进入施工现场的各类涂料，生产单位应向施工单位提供如下出厂质量证明文件和检测报告：

① 生产涂料相关产品的合法生产证明；

② 有省级以上检测机构出具的型式检验报告，国外进口产品应具有国家级的检验机构出具的型式检验报告；

③ 同一批次、同一厂家、同一品种的每种型号、规格的构(配)件出厂质量合格证至少收集一份；

④ 涂料进场后，应见证取样，送检测机构检验，检验项目按出厂检验要求，有害物质含量必须符合规范规定，检验合格方可使用。

(2) 合格证、试验报告整理方法：

① 为便于查阅，应附合格证、检验报告使用部位汇总表；

② 同一批次、同一厂家、同一品种的每种型号、规格的构(配)件出厂质量合格证至少收集一份，并将合格证粘贴在 A4 纸上，注明工程名称、产品的规格、数量及使用部位；

③ 在整理涂料出厂合格证和试验报告时，要按材料汇总表顺序整理、排列编号，相应的试验报告附后，既方便资料整理，也便于核查。

9. 安装工程施工物资资料

安装工程施工物资一般由三个部分组成：主要设备、主要材料、附属材料。

建筑给水排水及采暖工程常用主要设备有给水泵、排水泵、热泵、锅炉等，常用主要材料有管材(如钢管、塑料管、复合管等)、水箱、阀门、水表、卫生器具、消火栓、消防箱等，常用附属材料有管件、螺栓(丝)胶水、垫圈(片)、焊接材料(如焊条、焊剂等)。所有进入施工现场的物资都必须具有产品出厂合格证明文件或质量保证书、材质检验试验结果文件、市场准入证明书(涉及饮用水卫生安全产品还须取得卫生行政许可批件)。施工单位首先按《建筑给排水及采暖工程施工质量验收规范》进行检验复试，自检合格后填写《工程材料/构配件/设备报验单》，注明材料名称、规格数量、生产厂商、使用部位等，与上述质量证明文件一同呈报监理单位审批，审批确认后方可使用。签章后的《工程材料/构配件/设备报验单》及附件作为有效资料保存。

建筑电气工程常用主要设备有发电机组、变压器、变配电柜(箱)等，常用主要材料有管材(如钢管、硬塑阻燃管、复合管等)、线材(如电缆、铜芯电线等)、开关箱、插座箱、电表、灯具、开关插座等，常用附属材料有连接件、螺栓(丝)、绝缘胶布、胶水、垫圈(片)、焊接材料(如焊条、焊剂等)。所有进入施工现场的物资都必须具有产品出厂合格证明文件或质量保证书、材质检验试验结果文件、市场准入证明书、3C 认证证书(中国强制性产品认证)等。施工单位首先按《建筑电气工程施工质量验收规范》(GB 50303—2015)进行检验复试，自检合格后填写《工程材料/构配件/设备报验单》，注明材料名称、规格数量、生产厂商、使用部位等，与上述质量证明文件一同呈报监理单位审批，审批确认后方可使用。签章后的《工程材料/构配件/设备报验单》及附件作为有效资料保存。

通风与空调工程施工物资常用主要设备有空调机组、水泵、冷却塔、风机等，常用主要材料有水管(如钢管、复合管等)、风管(如镀锌风管、玻璃钢风管、玻璃纤维风管、聚胺酯风管等)、水箱、阀门、风幕、保温材料(如 PEF 保温管、PEF 保温板、复合铝箔保温材料、橡塑保温材料等)、风口等，常用附属材料有管件、螺栓(丝)胶水、垫圈(片)焊接材料(如焊条、焊剂等)。所有进入施工现场的物资都必须具有产品出厂合格证明文件或质量保证书、材质检验试验结果文件、市场准入证明书(涉及防火安全产品还须取得国家防火建筑材料质量监督部门检验合格报告文件)。施工单位首先按《通风与空调工程质量验收规范》(GB 50243—2016)进行检验复试，如阀门、保温材料等，自检合格后填写《工程材料/构配件/设备报验单》，注明材料名称、规格数量、生产厂商、使用部位等，与上述质量证明文件一同呈报监理单位审批，审批确认后方可使用。签章后的《工程材料/构配件/设备报验单》及附件作为有效资料保存。

电梯工程施工物资主要就是所选用的电梯，必须附带产品出厂合格证、门锁装置、限速器、安全钳及缓冲器的型式试验证书，随机文件还应有土建布置图、装箱单、安装和使用维护说明书、动力电路和安全电路的电气原理图等，常用附属材料有管材(如钢管、硬塑阻燃管、复合管等)、线材(如电缆、铜芯电线等)、控制箱、绝缘胶布、胶水、垫圈(片)、焊接材料(如焊条、焊剂等)。进入施工现场的物资都必须具有产品出厂合格证明文件或质量保证书、材质检验试验结果文件、市场准入证明书、3C 认证证书(中国强制性产品认证)等。电梯设备进场，必须严格按《电梯工程施工质量验收规范》(GB 50310—2002)进行验收，同时填写《设备开箱检查记录》，经监理单位确认后方可使用。签章后的《设备开箱检查记录》及附件作为有效资料保存。

(1) 对于进入施工现场的各类待安装设备及材料，供货单位应向施工单位提供如下出厂质量证明文件和检测报告：

① 生产相关产品的合法生产证明；

② 有省级以上检测机构出具的型式检验报告，国外进口产品应具有国家级的检验机构出具的型式检验报告；

③ 同一批次、同一厂家、同一品种的每种型号、规格的构(配)件出厂质量合格证、检测报告(至少收集一份)；

④ 涉及饮用水卫生安全产品还须取得卫生行政许可批件；

⑤ 电气产品应有市场准入证明书、中国强制性产品认证 3C 认证证书；

⑥ 涉及防火安全产品还须取得国家防火建筑材料质量监督部门检验合格报告文件；

⑦ 特殊工程的其他要求。

(2) 合格证、试验报告整理方法：

① 应分专业收集、整理出厂产品的合格证书、检测报告等，一般按分部工程划分，如建筑给排水及采暖工程，建筑电气、通风与空调工程，智能建筑工程，电梯工程等；

② 为便于查阅，应附合格证、检验报告汇总表，同时注明使用部位汇总表；群体工程还应附产品使用分配表；

③ 同一批次、同一厂家、同一品种的每种型号、规格的安装工程产品出厂质量合格证(至少收集一份)，并将合格证粘贴在 A4 纸上，注明工程名称、产品的规格、数量及使用部位；

④ 在整理安装工程出厂合格证和试验报告时要按不同专业分部工程汇总表顺序整理、排列编号，对应的试验报告附后，既方便资料整理，也便于核查。

二、进场材料、构配件、设备检验通用表格

1. 材料、构配件进场检验记录

涉及结构安全、使用功能、建筑外观、环保的主要物资均应该实行施工物资进场报验制度。无论该材料是建设单位购买(即我们常说的"甲供材料"),还是施工单位按合同约定自行购买,均应执行进场报验制度。

进场验收是对进入施工现场的材料、构配件、设备等按相关标准进行检验,对产品达到合格与否作出确认。

主要材料、构配件进入施工现场当日,必须填报《材料、构配件进场检验记录》,具体报验流程如图 3-8 所示。

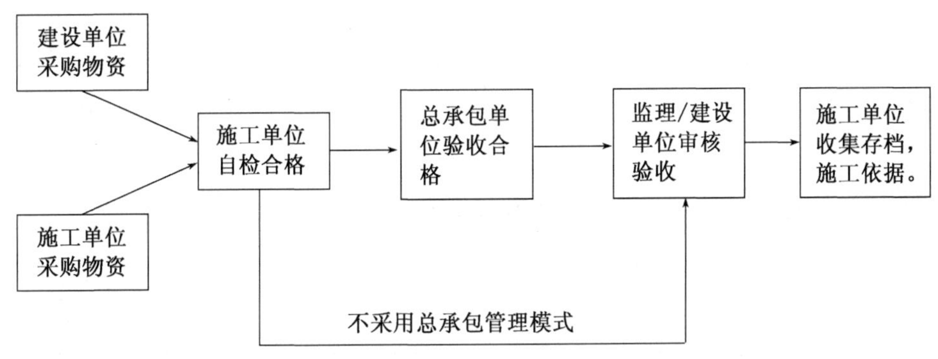

图 3-8　材料、构配件进场报验流程图

《材料、构配件进场检验记录》是材料、构配件、设备进场时由施工单位与监理单位共同对进场物资进行外观及证明文件的检验,是确保工程质量的重要工作。施工单位应作好相关记录,同时完善签章手续。

《材料、构配件进场检验记录》应符合国家现行有关标准的规定。施工单位填写的材料、构配件进场检验记录应一式三份,由建设单位、监理单位、施工单位各保存一份。如表 3-26 所示。

表 3-26　工程~~材料~~/~~构配件~~/设备报审表　　表 C. 4. 1

工程名称：××住宅楼　　流水编号：××

致××监理有限责任公司（监理单位）：

我方于××年××月××日进场的工程~~材料~~/~~构配件~~/设备数量如下（见附件）。现将质量证明文件及自检结果报上，拟用于地下室设备房，请予以审核。

附件：1. 数量清单 1 份

2. 质量证明文件 1 份

3. 自检结果 1 份

附件 1、3：　　进场材料清单及自检结果

序号	名称	型号、规格	单位	数量	生产厂家
1	给水泵	KSL100-160(I)AB	台	4	上海

自检结果：

经检查上述工程材料、结构、设备均符合设计要求和施工验收规范的要求，可以进场使用。

质检员：×××

日　期：××年××月××日

承包单位（盖章）××建筑工程公司

项目经理：×××

日　　期：××年××月××日

审查意见：

经检查上述工程~~材料~~/~~构配件~~/设备，符合设计文件和规范的要求，准许进场，同意使用于拟定部位。

项目监理机构（盖章）：××监理有限责任公司

总/专业监理工程师：（签名）×××

日　　期：××年××月××日

本表由施工单位填报，一式三份，并应由建设单位、监理单位、施工单位各保存一份。

2. 设备开箱检验记录

大多数待安装的设备运抵施工现场时，都会有固定外包装，相关设备资料或备品备件是否随车送到，设备在运输过程中是否有损坏等情况，为分清责任范围并确保工程安装质量，主要设备均要求作设备开箱检查记录，见表 3-27。

表 3-27　设备开箱检查记录　　　　表 C.4.2

工程名称	××住宅楼	分部(或单位)工程	防排烟系统工程
设备名称	消防风机	型号规格	HTF-Ⅱ-9
系统编号	1#、2#	装箱单号	01458622
设备检查	1. 包装✓ 2. 设备外观✓ 3. 设备零部件✓ 4. 其他✓		
技术文件检查	1. 装箱单每台 1 份,共 2 张 2. 合格证每台 1 份,共 2 张 3. 说明书每台 1 份,共 2 张 4. 设备图　/　份　/　张 5. 其他　/		
存在问题及处理意见	无 检查人员:		
监理单位 合　格 (公章) 代　表:××× ××年××月××日		施工单位 合　格 (公章) 代　表:××× ××年××月××日	

3. 设备及管道附件试验记录

一般设备的检验试验需要用专业的设备由专业的检测机构完成。受现场条件限制,管道附件应在工程项目之前做试验,并作好相关记录。建筑给水排水及采暖分部工程、通风与空调分部工程中常见管道附件有截止阀、闸阀、止回阀、压力表、伸缩器等。

以管道阀门安装前强度和严密性试验记录为例,说明如下:

按《建筑给水排水及采暖工程施工质量验收规范》(GB 50242—2002)相关规定,各类阀门安装前,应做强度和严密性试验。试验应在每批(同牌号、同型号、同规格)数量中抽查 10%,且不少于一个。对于安装在主干管上起切断作用的闭路阀门,应逐个做强度和严密性试验。阀门的强度和严密性试验应符合以下规定:阀门的强度试验压力为公称压力的 1.5 倍;严密性试验压力为公称压力的 1.1 倍;试验压力在试验持续时间内应保持不变,且壳体填料及阀瓣密封面无渗漏。

不同材质、不同公称直径的管道阀门，其试验持续时间标准各不相同，具体详见表 3－28。

表 3－28 阀门试压持续时间标准

<table>
<tr><th rowspan="3">公称直径/mm
DN</th><th colspan="3">最短试验持续时间/s</th></tr>
<tr><th colspan="2">严密性试验</th><th rowspan="2">强度试验</th></tr>
<tr><th>金属密封</th><th>非金属密封</th></tr>
<tr><td>≤50</td><td>15</td><td>15</td><td>15</td></tr>
<tr><td>60～200</td><td>30</td><td>15</td><td>60</td></tr>
<tr><td>250～450</td><td>60</td><td>30</td><td>180</td></tr>
</table>

试验完毕后做好记录（见表 3－29）并办理相关签章手续，作为有效资料保存。

表 3－29 阀门及附件强度及严密性试验记录

表 C.4.3

<table>
<tr><td>工程名称</td><td colspan="2">××住宅楼</td><td>建设单位</td><td>××房产开发公司</td></tr>
<tr><td>总包单位</td><td colspan="2">××建筑工程公司</td><td>监理单位</td><td>××建设监理公司</td></tr>
<tr><td>分包单位</td><td colspan="2">无</td><td>被试验阀门所属系统</td><td>生活给水系统</td></tr>
<tr><td>阀门名称</td><td>材质</td><td>规格</td><td>单位</td><td>数量</td></tr>
<tr><td>闸阀</td><td>铸铁</td><td>DN100</td><td>个</td><td>4</td></tr>
<tr><td>试验时间</td><td colspan="4">××年××月××日</td></tr>
<tr><td>试验标准名称</td><td colspan="4">GB 50242—2002《建筑给水排水及采暖工程施工质量验收规范》第 3.2 条</td></tr>
<tr><td>公称压力</td><td>试验压力
（1.5 倍公称压力）</td><td>保压时间</td><td>允许压力降</td><td>实际压力降</td></tr>
<tr><td>1.6 MPa</td><td>2.4 MPa</td><td>90 s</td><td>0.00 MPa</td><td>0.00 MPa</td></tr>
<tr><td>试验经过及问题处理</td><td colspan="4">把被试验的阀门安装在试验管段上，并向管内灌满水后，用试压水泵将管道内压力升至试验压力 1.5 MPa 稳压 90 s，压力降为 0.00 MPa，外观检查，无渗漏，符合要求。</td></tr>
<tr><td>施工单位检查评定结果</td><td colspan="2">符合要求
施工工长：×××
项目专业质量检查员：×××
××年××月××日</td><td>监理（建设）单位验收结论</td><td>合格
监理工程师：×××
（建设单位项目专业技术负责人）
××年××月××日</td></tr>
</table>

本表一式四份，并应由建设单位、监理单位、施工单位、城建档案管理部门各保存一份。

三、材料进场复试报告

对工程进场使用的原材料按规范要求进行抽样试验，以确保工程质量达到规定要求。由施工单位在监理单位见证人见证下，对进场的材料按一定的比例抽取一定数量的样品，送到检测单位进行检验试验。检测单位出具检测报告作为材料进场复试报告。

见证取样检测在监理单位或建设单位监督下，由施工单位有关人员现场取样，并送至具备相应资质的检测单位进行的检测。

1. 钢材试验报告

钢筋进场时，应按现行国家标准的规定抽取试件做力学性能检验，检验报告如图 3－9 所示。钢筋应按批进行检查和验收，每批由同一牌号、同一炉罐号、同一规格的钢筋组成。每批重量通常不大于 60 吨，超过 60 吨的部分，每增加 40 吨（或不足 40 吨的余数），增加一个拉伸试验试样和一个弯曲试验试样。允许由同一牌号、同一冶炼方法、同一浇筑方法的不同炉罐号组成混合批，但各炉罐号含碳量之差不大于 0.02%，含锰量之差不大于 0.15%。混合批的重量不大于 60 吨。

当抽样试验性能指标不合格时，应按要求双倍取样进行复试；复试仍不合格，应有该批钢材处理的证明材料（做退货处理的，应有退货说明，说明上应有监理单位的退货文字证明并加盖监理单位公章和材料供应商的退货确认证明）。

钢材试验应建立施工资料台账。台账是各个业务部门用于管理、统计本部门日常工作的各种文本、文件、资料的统称。台账就是明细记录表。这些台账不单是一些统计数字，而且包括一些文件、施工资料档案台账、工作计划、工作汇报、工作总结以及有关资料，应分门类别整理成册成本，检查或查找资料时可随时拿出来查阅。由于工程项目施工时间一般都较长，主要材料如钢筋、水泥、砂石、商品混凝土等，建议建立管理台账。

为加强建设工程所用钢筋的质量控制，对每批进场的钢筋应建立完整的进场、检验、加工及使用台账，以便检查和溯源。台账应包含的内容：进场时间、生产厂家、牌号、规格、炉批号、数量、重量偏差、使用部位、检测单位、取样人姓名及证号、见证人姓名及证号、检验结论及退货记录。钢筋原材料进场时必须挂有原厂铭牌，且实物与铭牌、产品合格证及进场报验相一致。对一、二、三级抗震等级设计的框架和斜撑构件（含梯段）中的纵向受力钢筋最大力下总伸长率不应小于 9%。

2. 水泥试验报告

工程项目常用水泥有：硅酸盐水泥（代号 P. Ⅰ，P. Ⅱ）、普通硅酸盐水泥（代号 P. O）、矿渣硅酸盐水泥（代号 P. S）、粉煤灰硅酸盐水泥（代号 P. F）、火山灰质硅酸盐水泥（代号 P. P）、复合硅酸盐水泥（代号 P. C）。

水泥进场使用前，应按《建筑工程原材料、构配件及试件检验的项目规则及取样规定》，抽取样件送有资质检测单位进行复检，各类水泥取样要求见表 3－30。

水泥进场使用超过三个月时，必须重新做复试报告。经试验，达不到原来强度的，应有该批水泥处理的证明材料（做退货处理的，应有退货说明，说明上应有监理单位的退货文字证明并加盖监理单位公章以及材料供应商的退货确认证明）。

3 天和 28 天出厂水泥质量检验报告、水泥合格证、水泥物理性能检验报告范例如图 3－10 所示。

2009 20 0824R

广西　　建设工程质量检测科技有限公司

GXKC BS-4E1-3

钢材力学、工艺性能检验报告

样品编号:2010-E1001244　　　　报告编号:2010-E100027　　共4页,第1页

委托单位	广西　　建筑工程有限责任公司					送样日期	2010年6月1日		盖章 实验检测专用章
工程名称	广西　　路住宅楼3#楼、4#楼					检验日期	2010年6月1日		
工程部位	主体					报告日期	2010年6月2日		资质证号：桂建检字第×××号 电话：0771-××××××,×××××× 邮编：530001 地址：南宁市　　路 1号
钢筋品种	热轧盘卷光圆钢筋					牌　　号	HPB235		
炉、批号	21008224					样品状态	无异常		
生产厂家	×××					代表数量(t)	3.88		
检验依据	GB1499.1-2008钢筋混凝土用钢　第1部分：热轧光圆钢筋					取 样 人	欧	取样证号	384
见证单位	广西　　工程建设监理有限责任公司					见 证 人	隋	见证证号	234
试件尺寸	力　学　性　能						工　艺　性　能		
公称直径(mm)	公称横截面积(mm²)	标距(mm)	屈服强度(MPa)	抗拉强度(MPa)	伸长率(%)	断裂特征	弯心直径(mm)	弯曲角度(°)	弯曲试验结果
8	50.27	40	355	475	27.5	延性断裂	8	180	受弯曲部位表面无裂纹
			360	480	26.0	延性断裂		180	受弯曲部位表面无裂纹
技术要求	屈服强度(MPa)		抗拉强度(MPa)		伸长率(%)		弯曲性能		
	≥235		≥370		≥25		受弯曲部位表面无裂纹		
结　　论	所检项目符合GB1499.1-2008标准中HPB235的技术要求。								
备　　注	-----								
说　　明	1、检验结果仅对来样负责；2、报告复印件无加盖检验单位的检验报告专用章无效； 3、对报告如有异议，应于收到报告15天内提出。								

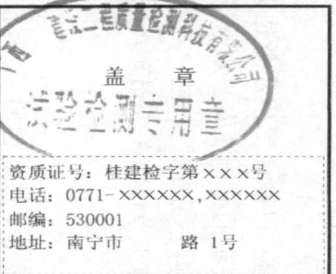

批准：　　　审核：　　　试验：　　　013

图 3-9　钢材力学、工艺性能检验报告

表 3－30　水泥试件检验的项目规则及取样规定

<table>
<tr><th>序号</th><th colspan="2">材料名称</th><th>相关标准
规范代号</th><th>试验项目</th><th>组批原则及取样规定</th></tr>
<tr><td rowspan="5">1</td><td rowspan="5">水泥</td><td>1. 硅酸盐水泥
2. 普通硅酸盐水泥
3. 矿渣硅酸盐水泥
4. 粉煤灰硅酸盐水泥
5. 火山灰硅酸盐水泥
6. 复合硅酸盐水泥</td><td>GB 175—2007</td><td>必试：安定性、凝结时间、温度

其他：细度、烧失量、SO_3、碱含量、氯化物、放射性</td><td rowspan="2">1. 散装水泥
(1) 同一水泥厂生产同期出厂的同品种、同强度等级、同一出厂编号的水泥为一验收批，但一验收批的总量不得超过 500 t；
(2) 随机从不少于 3 个车罐中各取等量水泥，经混拌均匀后，从中称取不少于 12 kg 的水泥作为试样。
2. 袋装水泥
(1) 同一水泥厂生产同期出厂的同品种、同强度等级、同一出厂编号的水泥为一验收批，但一验收批的总量不得超过 200 t；
(2) 随机从不少于 20 袋中各取等量水泥，经混拌均匀后，从中称取不少于 12 kg 的水泥作为试样。</td></tr>
<tr><td>7. 砌筑水泥</td><td>GB 3183—2017</td><td>必试：安定性、凝结时间、强度、保水率
其他：细度、SO_3、放射性</td></tr>
<tr><td>8. 中热硅酸盐水泥
9. 低热硅酸盐水泥
10. 低热矿渣硅酸盐水泥</td><td>GB/T 200—2017</td><td>必试：安定性、凝结时间、强度
其他：水化热、MgO、SO_3、碱含量、烧失量、比表面积</td><td>袋装水泥与散装水泥应分别进行编号和取样。每一编号为一取样单位。水泥出厂不超过 600 t 为一编号。取样方法按 GB 12573 进行。取样应有代表性，可连续取，也可从 20 个以上不同部位取等量样品，总量至少 14 kg。</td></tr>
<tr><td>11. 高铝水泥</td><td>GB/T 201—2015</td><td>必试：强度、凝结时间、细度

其他：化学成分</td><td>(1) 同一水泥厂、同一类型、同一编号的水泥，每 120 t 为一取样单位，不足 120 t 也按一取样单位计；
(2) 取样应有代表性，可从 20 袋中各取等量样品，总量至少 15 kg。
注：水泥取样后，超过 45 天使用时必须重新取样试验。</td></tr>
<tr><td>12. 快硬硫铝酸盐水泥
13. 快硬铁铝酸盐水泥</td><td>JC/T 2282—2014</td><td>必试：比表面积、凝结时间、强度</td><td>每一编号为一取样单位。取样方法按 GB 12573 进行。取样应有代表性，可连续取，也可从 20 个以上不同部位取等量样品，总量至少 12 kg</td></tr>
<tr><td>2</td><td>掺合料</td><td>1. 粉煤灰</td><td>GB/T 1596—2017</td><td>必试：细度、烧失量、需水量比

其他：含水量、SO_3</td><td>(1) 连续供应相同等级的不超过 200 t 为一验收批，每批取试样一组(不小于 1 kg)；
(2) 散装灰取样，从不同部位取 15 份试样，每份 1～3 kg，混合拌匀按四份法缩取出 1 kg 送试(平均样)；
(3) 袋装灰取样，从每批任抽 10 袋，每袋不少于 1 kg，按上述方法取平均样 1 kg 送试。</td></tr>
</table>

（续表）

序号	材料名称	相关标准规范代号	试验项目	组批原则及取样规定
	2. 天然沸石粉	JG/T 566—2018	必试：细度、需水量比、吸铵值 其他：水泥胶、砂28天抗压强度比	(1) 相同等级的沸石粉每120 t为一验收批，不足120 t也按一取样单位计，每批取试样一组(不小于1 kg)； (2) 袋装灰取样从每批任抽10袋，每袋不少于1 kg，按四份法缩取出1 kg送试(平均样)； (3) 散装灰取样，从不同部位取10份试样，每份不少于1 kg，然后缩取平均试样。
	3. 用于水泥和混凝土中的粒化高炉矿渣粉	GB/T 18046—2017	必试：筛分析、含泥量、泥块含量 其他：密度、有害物质含量、坚固性、碱活性检验、含水率	取样方法按GB 12573进行。取样应有代表性，可连续取，也可从20个以上不同部位取等量样品，总量至少20 kg。试验应混合均匀，按四份法缩取出比试验需要量大一倍的试样(称平均样)。

2009 20 0824R

广西　　建设工程质量检测科技有限公司　　GXKC BS-4A4-3

水泥物理性能检验报告

样品编号:2010-A4000150

报告编号:2010-A4000150　共1页,第1页

委托单位	广西　建筑工程有限责任公司			送样日期	2010年7月2日		盖　章
工程名称	广西　路住宅楼1#、2#、3#、4#、5#、6#楼			检验起始日期	2010年7月5日		
工程部位	砌体、构造柱、门过梁			报告日期	2010年8月2日		
水泥商标	良凤江牌	水泥品种	复合水泥	生产日期	2010年6月10日		资质证号：桂建检字第450125号
强度等级	32.5	出厂编号	2010-100	批　量(t)	200		地址：南宁市　路1号 电话：0771-3296115,3290616
生产厂家	南宁市　建材有限责任公司			样品状态	无异常		邮编：530001
检验依据	GB175-2007《通用硅酸盐水泥》			取样人	欧	取样证号	384
见证单位	广西益建工程建设监理有限责任公司			见证人	隋	见证证号	234

<table>
<tr><td rowspan="3">试验项目</td><td colspan="2">细　度</td><td colspan="2">凝结时间</td><td>安定性</td><td colspan="12">强　度(MPa)</td></tr>
<tr><td rowspan="2">45μm方孔筛筛余(%)</td><td rowspan="2">比表面积(m²/kg)</td><td rowspan="2">初　凝(min)</td><td rowspan="2">终　凝(min)</td><td rowspan="2">(雷氏法)</td><td colspan="6">抗　折</td><td colspan="6">抗　压</td></tr>
<tr><td colspan="3">3d</td><td colspan="3">28d</td><td colspan="3">3d</td><td colspan="3">28d</td></tr>
<tr><td>技术要求</td><td>≤30</td><td>------</td><td>≥45</td><td>≤600</td><td>合格</td><td colspan="3">≥2.5</td><td colspan="3">≥5.5</td><td colspan="3">≥10.0</td><td colspan="3">≥32.5</td></tr>
<tr><td rowspan="4">试验结果</td><td>19.9</td><td>------</td><td>149</td><td>207</td><td>合格</td><td colspan="3">$\bar{X}$=3.4</td><td colspan="3">$\bar{X}$=6.9</td><td colspan="3">$\bar{X}$=17.4</td><td colspan="3">$\bar{X}$=36.3</td></tr>
<tr><td colspan="2" rowspan="2">标准稠度用水量(%)</td><td colspan="3" rowspan="2">27.2</td><td rowspan="3">3.3</td><td rowspan="3">3.3</td><td rowspan="3">3.5</td><td rowspan="3">7.0</td><td rowspan="3">6.9</td><td rowspan="3">6.9</td><td rowspan="2">16.3</td><td rowspan="2">17.6</td><td rowspan="2">16.9</td><td rowspan="2">36.3</td><td rowspan="2">36.6</td><td rowspan="2">38.0</td></tr>
<tr></tr>
<tr><td>水灰比</td><td>0.53</td><td>流动度(mm)</td><td colspan="2">185</td><td>17.4</td><td>18.6</td><td>17.9</td><td>36.4</td><td>35.0</td><td>35.7</td></tr>
<tr><td>结　论</td><td colspan="17">按GB175-2007标准，所检项目的试验结果符合复合水泥32.5的技术要求。</td></tr>
<tr><td>备　注</td><td colspan="17">------</td></tr>
<tr><td>说　明</td><td colspan="17">1、检验结果仅对来样负责；
2、报告复印件未加盖检验报告专用章无效；
3、对报告如有异议，应于收到报告15天内提出。</td></tr>
</table>

批准：　　审核：　　主检：　　018

图3-10　水泥物理性能检验报告

3. 砂、碎(卵)石试验报告

进入施工现场的砂、碎(卵)石必须按《普通混凝土用砂、石质量及检验方法标准》(JGJ 52—2006)规定取样进行试验,检查其质量。一般大型工具(如火车、货车或汽车)运输的,应以 400 m^3 或 600 t 为一验收批;小型工具运输的(如拖拉机等)应以 200 m^3 或 300 t 为一验收批。如进货量大且质量稳定可以 1 000 t 为一验收批。

砂、碎(卵)石必检项目有:

砂:颗粒级配、含泥量、泥块含量三项。

石子:颗粒级配、含泥量、泥块含量、针片状颗粒含量。

除颗粒级配外,其他检验项目不合格时可加倍取样进行复验,当复验仍有一项不合格时应按不合格品处理。

砂、碎(卵)石从料堆上取样时,取样部位应均匀分布。取样前应先将取样部位表层铲除,然后由各部位抽取样品量大致相等的砂 8 份,石子 16 份,组成各自一组样品。取样部位应尽量挖大面积,以防大粒径石子下滚导致取样不真实,砂取样较易满足其代表性,石子取样时,如果料堆成锥形可将石子堆分成三层,下层即底部,不要太靠近地面,因石子在卸料时大粒径石子总要往外围底部滑落,取样点布置太多会造成石子样品偏大不具代表性。因此石子可在底部沿圆周均匀布 6 个取样部位,砂布 3 个点;料堆中部为中层沿圆周均匀布置 8～9 个取样部位,砂布 4 个点;料堆顶部为上层铲除顶部布置 1～2 个取样部位。取样部位布置多(石子可多于 16 布点,砂可多于 8 个点)就能真实代表样品实际状况。如果石子或砂料堆成平铺状,可均匀布置不少于 16 个或 8 个取样部位。每个部位取样量应基本相等。

砂的缩分:将取来的样品放置在平板上,在潮湿状态下拌和均匀,并堆成厚度约为 20 mm 的"圆饼"状,然后沿互相垂直的两条直径把"圆饼"分成大致相等的四份,取其对角的两份重新拌匀,再堆成"圆饼"状。重复上述过程,直至把样品数量缩分到检验项目所需量为止。

石子的缩分:将样品置于平板上,在自然状态下拌均匀,并成锥体,然后沿互相垂直的两条直径把锥体分成大致相等的四份,取其对角的两份重新拌均匀,再堆成锥体。重复上述过程,直至把样品缩分至试验所需量为止。

一般情况下取样量应是试验所需量的 4 倍以上,也就是说最少要进行两次缩分得到试验量,不要一次缩分就得到所需量,这样的样品代表性不强。

砂、碎(卵)石必检项目与试样量详见表 3 - 31。

表 3 - 31　砂取样量要求　(单位:g)

检验项目	缩分前取样量(不少于)	缩分后样品量或送样量(不少于)	每个部位取样量(不少于)
筛分析(模数与粗细程度)	4 400	1 100	550
含泥量	4 400	1 100	550
泥块含量	20 000	5 000	2 500
筛分析、含泥量、泥块含量	28 800	7 200	3 600

因砂三项必检项目所需试样只能是一次使用,不能第二次使用,所以检验项目增加的同时要增加试样量,三个必检项目根据检验要求可组合,试验量也是上表取样量的相加之和。如:

要求只检验含泥量和泥块含量，上表中的三个数据分别是 24 400 g，6 100 g，3 050 g。

石子最大公称粒径即石子规格的上限值，如 20～40 石子的最大公称粒径是 40 mm，5～31.5 石子的最大公称粒径是 31.5 mm。

第 5 项针、片状含量试验所需试样和筛分析试样可重复使用，因此当石子五项全检时，针、片状试样量可不必抽取。

缩分前试样和缩分后试样都可送检验部门，但在委托时应说明情况，缩分前试样由检验部门进行缩分，缩分后试样检验部门可直接进行检验不再进行缩分，两种方式的试样量都必须满足表 3-32 中试样数量的要求。

表 3-32　石子取样量要求

（单位：g）

序号	检验项目	缩分前取样量（不少于）A	缩分后样品量或送样量（不少于）B	每个部位取样量（不少于）C
1	筛分析（级配）	不少于石子最大公称粒径（mm）表示值的 8 倍	不少于石子最大公称粒径（mm）表示值的 2 倍	不少于 A/16
2	含泥量	最大公称粒径不大于 20 mm 取 8 kg，20～30 的取 24 kg，31～40 的取 40 kg，40 以上的取 80 kg	A/4	A/16
3	泥块含量	同上	同上	同上
4	针、片状含量	最大粒径 10 mm 为 1.2 kg，16 mm 为 4 kg，20 mm 为 8 kg，25 mm 为 12 kg，31.5 mm为 20 kg，40 mm 为 40 kg	A/4	A/16
5	筛分析，含泥量，泥块含量，针、片状含量	1+2+3	1+2+3	1+2+3

砂、石检验报告如图 3-11、图 3-12 所示。

2009 20 0824R

广西　　建设工程质量检测科技有限公司　　GXKC BS-4A6-3

砂子检验报告

样品编号:2010-A6000119　　报告编号:2010-A6000119　共1页,第1页

委托单位	广西　　建筑工程有限责任公司			送样日期	2010年7月2日	
工程名称	广西　　路住宅楼1#、2#、3#、4#、5#、6#楼			检验起始日期	2010年7月4日	
工程部位	砌体、构造柱、门过梁			报告日期	2010年7月6日	资质证号：桂建检字第450125号 地址：南宁市…… 电话：0771-3296115, 3290616 邮编：530001
规　　格	中砂	代表数量(t)	400	砂子种类	河砂	
产　　地	南宁			样品状态	无异常	
检验依据	GB/T14684-2001《建筑用砂》			取 样 人	欧	取样证号 384
见证单位	广西　　工程建设监理有限责任公司			见 证 人	隋	见证证号 234

颗粒级配									细度模数(Mx)	2.6
筛孔尺寸(mm)		9.50	4.75	2.36	1.18	0.60	0.300	0.150		
级配区	一区	0	10~0	35~5	65~35	85~71	95~80	100~90	规　　格	中砂
	二区	0	10~0	25~0	50~10	70~41	92~70	100~90		
	三区	0	10~0	15~0	25~0	40~16	85~55	100~90	级配区属	Ⅱ区
累计筛余（%）		0	3	12	34	57	75	92		

项　　目	表观密度(kg/m³)	堆积密度(kg/m³)	空隙率(%)	含泥量(%)			亚甲蓝试验	泥块含量(%)			大于9.50mm的颗粒(%)
				Ⅰ类	Ⅱ类	Ⅲ类		Ⅰ类	Ⅱ类	Ⅲ类	
技术要求	>2500	>1350	<47	<1.0	<3.0	<5.0		0	<1.0	<2.0	------
试验结果	2600	1520	42	1.8			--------	0.2			------
结　　论	所检项目符合GB/T14684-2001标准中Ⅱ类中砂技术要求。										
备　　注	------										
说　　明	1、检验结果仅对来样负责； 2、报告复印件无加盖检验单位的检验报告专用章无效； 3、对报告如有异议，应于收到报告15天内提出。										

批准：韦　　审核：陈　　主检：倪　　018

图 3-11　砂子检验报告

2009 20 0824R

广西　　建设工程质量检测科技有限公司　　GXKC BS-4A5-3

石子检验报告

样品编号:2010-A5000117　　报告编号:2010-A5000117　共1页,第1页

委托单位	广西　　建筑工程有限责任公司			送样日期	2010年8月7日	
工程名称	广西　　路住宅楼1#、2#、3#、4#、5#、6#楼			检验起始日期	2010年8月8日	
工程部位	构造柱、门过梁			报告日期	2010年8月10日	资质证号：桂建检字第450123号 地址：南宁市…… 电话：0771-3296115, 3290616 邮编：530001
规　　格	5-31.5mm	代表数量(t)	400	石子种类	卵石	
产　　地	南宁			样品状态	无异常	
检验依据	GB/T14685-2001《建筑用卵石、碎石》			取 样 人	欧	取样证号 384
见证单位	广西　　工程建设监理有限责任公司			见 证 人	隋	见证证号 234

颗粒级配											
筛孔尺寸(mm)	75	63	53	37.5	31.5	26.5	19	16	9.5	4.75	2.36
标准值(%)	——	——	——	0	0-5	——	15-45	——	70-90	90-100	95-100
实际累计筛余(%)	------	------	------	0	4	25	44	73	89	97	99

项　　目	表观密度(kg/m³)	堆积密度(kg/m³)	空隙率(%)	含泥量(%)			泥块含量(%)			针片状颗粒含量(%)			压碎指标值(%)
				Ⅰ 类	Ⅱ 类	Ⅲ 类	Ⅰ 类	Ⅱ 类	Ⅲ 类	Ⅰ 类	Ⅱ 类	Ⅲ 类	
技术要求	>2500	>1350	<47	<0.5	<1.0	<1.5	0	<0.5	<0.7	<5	<15	<25	-----
试验结果	2620	1460	44	0.3			0.1			3			----
结　　论	所检项目符合GB/T14685-2001标准中Ⅱ类5-31.5mm的技术要求。												
备　　注	------												
说　　明	1、检验结果仅对来样负责； 2、报告复印件无加盖检验单位的检验报告专用章无效； 3、对报告如有异议，应于收到报告15天内提出。												

批准：韦　　审核：陈　　主检：倪　　151

图 3-12　石子检验报告

4. 砖(砌块)试验报告

施工用砖(砌块)进场后,按不同的生产单分别按下列要求进行取样:

(1) 普通烧结砖按 3.5～15 万块为一检验批,不足 3.5 万块的按一个检验批计算。用随机抽样法抽取一组试件,做抗压强度检验。

(2) 烧结多孔砖按 5 万块为一检验批,不足 5 万块的按一个检验批计算。用随机抽样法抽取一组试件,做抗压强度检验。

(3) 烧结空心砖和空心砌块按 3 万块为一检验批,不足 3 万块的按一个检验批计算。用随机抽样法抽取一组试件,做抗压强度检验、密度试验。

普通混凝土小型空心砌块以同一原材料配成同强度等级的混凝土,同一种工艺制成的同等级的 1 万块砌块为一个检验批,不足 1 万块时按一个检验批计算。用随机抽样法抽取一组试件做抗压强度检验。

(4) 轻集料混凝土小型空心砌块按密度等级和强度等级分批验收,同一品种轻集科配制成的相同密度、相同强度等级、相同质量等级和同一生产工艺制成的 1 万块为一检验批,不足 1 万块的按一个检验批计算。用随机抽样法抽取一组试件,做抗压强度试验、密度、放射性试验,试验龄期不小于 28 天。检验报告如图 3-13 所示。

(5) 蒸压加气混凝土砌块按同品种、同规格、同等级的砌块以 1 万块为一检验批,用随机抽样法抽取一组试件,做抗压强度试验、体积密度试验。

(6) 粉煤灰砖按同品种、同规格、同等级的砌块以 10 万块为一检验批,用随机抽样法抽取一组试件,做抗压强度试验、抗折强度试验。

(7) 粉煤灰砌块按同品种、同规格、同等级的砌块以 10 万块为一检验批,用随机抽样法抽取一组试件,做抗压强度试验。

(8) 蒸压灰砂砖按同品种、同规格、同等级的砌块以 10 万块为一检验批,用随机抽样法抽取一组试件,做抗压强度试验、抗折强度试验。

(9) 蒸压灰砂空心砖按同品种、同规格、同等级的砌块以 10 万块为一检验批,用随机抽样法抽取一组试件,做抗压强度试验。

CMA CNAS 检测 CNAS L2371

2010 20 0912 R

建筑工程质量检测

轻集料混凝土小型空心砌块检验报告

GXTC-M-BG-08

样品编号:520　　　　报告编号:2010-288　　共2页,第1页

委托单位	南宁　　水泥制品有限公司			送样日期	2010年8月1日		盖　章
工程名称	——			检验起始日期	2010年8月3日		
工程部位	——			报告日期	2010年8月6日		
品　　种	轻集料砼小砌块	强度等级	7.5	成型日期	2010年7月3日		
规格(mm)	390×240×190	密度等级	----	批量(块)	----		
生产厂家	南宁　　砖厂			样品状态	无异常		
见证单位	----			取样人员	严　航	取样证号	----
检验依据	GB/T 15229-2002《轻集料混凝土小型空心砌块》			见　证　人	----	见证证号	----

试件编号	龄期 (d)	试件尺寸(mm)		承压面积 (mm2)	破坏荷载 (kN)	抗压强度(MPa)			密　度 (kg/m³)
		长	宽			单　块	平均值	最小值	
1	74	388	238	92344	1144	12.4	12.5	11.5	1280
2		388	238	92344	1208	13.1			
3		388	239	92732	1240	13.4			
4		389	238	92582	1132	12.2			
5		388	238	92344	1064	11.5			
技　术　要　求							≥7.5	≥6.0	------

结　论	所检项目符合GB/T15229-2002标准中强度等级7.5的技术要求。
备　注	------
说　明	1、检验结果仅对来样负责; 2、报告复印件无加盖检验单位的检验报告专用章无效; 3、对报告如有异议,应于收到报告15天内提出。

批准:　　　　审核:　　　　主检:　　　08

图3-13　轻集料混凝土小型空心砌块检验报告

5. 防水材料进场复验报告

对于地下防水工程、防水屋面、卫生间等所用的各种防水材料，无论是固体的还是液体的，都应按《地下防水工程质量验收规范》(GB 50208—2011)、第 3.0.7 条相关和《屋面工程质量验收规范》(GB 50207—2012)规定第 3.0.6 条、3.0.7 条相关规定，提出进场试验报告，不合格的材料不得在工程中使用。防水材料检验项目见表 3-33。

表 3-33　防水材料检验项目

序号	名称	检验项目
1	弹性体沥青防水卷材	不透水性、耐热性、拉力及延伸率、低温柔性
2	沥青复合胎柔性防水卷材	不透水性、耐热度、拉力、低温柔性
3	高分子防水材料	常温拉伸强度、常温扯断伸长率、撕裂强度、低温弯折、不透水性
4	自粘聚合物改性沥青防水卷材	拉力、延伸率、耐热性、不透水性、低温柔性
5	止水带	拉伸强度、扯断伸长率、撕裂强度
6	遇水膨胀橡胶(止水条)	体积膨胀倍率、高温流淌性、低温试验
7	膨润土橡胶止水条	规定时间吸水膨胀倍率、耐热性、低温柔性
8	聚氨酯防水涂料	拉伸强度、断裂延伸率、低温柔性、不透水性
9	聚合物乳液建筑防水涂料	拉伸强度、断裂延伸率、低温柔度、不透水性
10	聚合物水泥防水涂料	拉伸强度、断裂伸长率、不透水性、低温柔性
11	水泥基渗透结晶型防水材料	凝结时间、安定性、抗压、抗折强度、抗渗压力

防水材料取样方法及取样数量应按以下规定进行：

(1) 同一品种、牌号、规格的卷材：抽样数量为大于 1 000 卷抽取 5 卷；500～1 000 卷抽取 4 卷；100～499 卷抽取 3 卷；小于 100 卷抽取 2 卷，进行规格和外观质量检验。

(2) 弹性体沥青防水卷材：任取一卷将其切除距外层卷头 2 500 mm 后，顺纵向切取 1 m 的全幅卷材试样 1 块。以同一类型、同一规格 10 000 m^2 为一批，不足 10 000 m^2 的亦可作为一批。

(3) 沥青复合胎柔性防水卷材：以同一类型、同一规格 10 000 m^2 为一批，不足 10 000 m^2 亦可作为一批。切取 1 m 的全幅卷材试样。

(4) 高分子防水材料：以同品种、同规格的 5 000 m^2 片材为一批(如日产量超过 8 000 m^2，以 8 000 m^2 为一批)。

(5) 自粘聚合物改性沥青防水卷材：以同一类型、同一规格 10 000 m^2 为一批，不足 10 000 m^2 亦可作为一批。切取 1 m 的全幅卷材试样。

(6) 止水带：取 2 mm 厚 100 cm^2 两块。

(7) 遇水膨胀橡胶(止水条)：以每月同标记的膨胀橡胶产量为一批。取 1 m 试样。

(8) 膨润土橡胶止水条：同一型号产品每 5 000 m 为一批，在距端部 0.1 m 外任一部位各截取长度约 1 m 试样一条。

(9) 聚氨酯防水涂料：取 3 kg 样品(多组分产品按配比取)，放入不与涂料发生反应的干燥密闭容器中密封好。同一类型、同一规格 15 t 为一批，不足 15 t 也按一批计(多组分产品按组分配套组批)。

(10) 聚合物乳液建筑防水涂料:对同一原料、配方、连续生产的产品,以每 5 t 为一批,不足 5 t 亦按一批计。取样质量 4 kg。

(11) 聚合物水泥防水涂料:同一类型的产品以 10 t 为一批,不足 10 t 也可作为一批。取样质量 5 kg。

(12) 水泥基渗透结晶型防水材料:同一类型或同一型号的以 50 t 为一批量,不足 50 t 亦按一批计。取样质量 10 kg。

项目 5 施工记录

学习目标 掌握各施工记录的填写方法,如隐蔽工程验收记录、工序交接记录、建筑物垂直度、标高、全高观测记录、蓄水(淋水)试验记录等,并了解其施工试验方法。

能力目标 懂得如何填写各项施工记录表格。

知 识 点 施工记录表格对应施工标准的运用。

一、隐蔽工程验收记录

隐蔽工程项目是指被下道工序施工所隐蔽的工程项目。属于隐蔽工程项目的必须验收合格方可进入下道工序施工,未经验收合格的不得进入下道工序施工。

1. 隐蔽检查程序和依据

隐蔽工程检查是保证工程质量与安全的重要过程控制检查记录,应分专业(土建专业、给排水专业、电气专业、通风与空调专业等)、分系统(给水系统、排水系统)、分区段(划分的施工流水段)、分部位(主体结构、装饰装修、屋面等)、分工序(钢筋工程、模板工程、混凝土工程、防水工程等)、分层进行。

(1) 检查程序:隐蔽工程施工完毕后,由专业工长填写隐蔽工程检查记录表,项目技术负责人组织监理单位旁站,施工单位专业工长、质量检查员共同参加,验收符合要求后,由监理单位签署审核意见,并下审核结论。

(2) 检查依据:施工图纸、图纸会审、设计变更/洽商;有关国家现行标准、规范;建筑工程行业标准(JGJ)、相关施工方案;材料、构配件、设备出厂质量证明、试(检)验报告。

2. 结构工程主要隐蔽检查验收项目

(1) 土方工程:检查基槽、房心回填前检查基底清理、基底标高情况等。

(2) 支护工程:检查锚杆、土钉的品种、规格、数量、位置、插入长度、钻孔直径、深度和角度。检查地下连续墙的成槽宽度、深度垂直度、钢筋笼规格、位置、槽底清理、沉渣厚度等。

(3) 桩基工程:检查钢筋笼规格、尺寸、沉渣厚度、清孔情况等。

(4) 地下防水工程:检查混凝土变形缝、后浇带、穿墙套管、预埋件等设置的形式和构造。防水层基层、防水材料规格、厚度、铺设方式、阴阳角处理、搭接密封处理等。

(5) 结构工程(基础、主体):检查用于钢筋品种、规格、数量、位置、锚固和接头位置、搭接长度、保护层厚度和除锈、除污、钢筋代换变更情况等。

(6) 结构钢筋连接:检查钢筋连接形式、连接种类、接头位置、数量和连接质量。若是焊接,还要检查焊条、焊剂的产品质量,检查焊口形式、焊缝长度、厚度、表面清渣、焊工操作上岗证等情况。

3. 建筑装饰装修工程主要隐蔽检查验收项目

(1) 地面工程:检查地面基层处理;材料品种、规格、铺设厚度、铺设方式、坡度、标高、表面清理、节点密封处理等情况。

(2) 厕浴防水:检查基层表面、含水率、地漏、套管、卫生洁具根部、阴阳角等部位的处理情况。

(3) 门窗工程:检查预埋件和锚固件、螺栓等数量、位置、间距、埋设方式、与框的连接方式、防腐处理、缝隙的嵌填、密封材料的粘结等情况。

(4) 吊顶工程:检查吊顶龙骨材质、规格、间距、连接固定方式、表面防火防腐处理、吊顶材料外观质量、接缝和角缝情况等。

(5) 饰面板(砖)工程:检查预埋件(后置埋件)、连接规格、数量、位置、连接方法、防腐处理、防火处理等情况。

(6) 细部工程:检查预埋件或后置埋件的数量、规格、位置等情况。

(7) 幕墙工程:检查构件与主体结构的连接节点的安装;幕墙四周、幕墙表面与主体结构之间间隙节点的安装;幕墙伸缩缝、沉降缝及墙面转角节点的安装;幕墙防雷接地节点的安装等情况。

4. 建筑屋面工程主要隐蔽检查验收项目

(1) 屋面细部:检查屋面基层、找平层、保温层的情况,材料的品种、规格、厚度、铺贴方式、附加层、天沟、泛水和变形缝处细部做法、密封部位的处理等情况。

(2) 屋面防水:检查基层含水率、防水层的材料品种、规格、厚度、铺贴方式等情况。

5. 建筑给排水及采暖工程主要隐蔽检查验收项目

按《建筑给水排水及采暖工程施工质量验收规范》(GB 50242—2002)第 3.3.2 条规定,隐蔽工程应在隐蔽前经验收各方检验合格后,才能隐蔽,并形成记录。给水管道隐蔽前要求做管道强度试验、严密性试验,合格后方能隐蔽;排水管道隐蔽前要求做灌水试验,合格后方能隐蔽。

建筑给水排水及采暖工程主要隐蔽检查验收项目:

(1) 室内给水管道;

(2) 室内排水管道;

(3) 室内热水给水管道;

(4) 室外给水管道;

(5) 室外排水管道。

隐蔽工程验收记录必须真实反映安装管道的依据、规格、试验情况、被何种物质覆盖等,签章后的隐蔽工程验收记录作为有效资料保存。见表 3-34。

表 3-34　隐蔽工程检查验收记录

表 C.5.1　　　　　　　　　　　　　　　　　　　　　　　　　　桂建质(附)050201

工程名称	××住宅楼	被隐蔽工程所属检验批名称	室内排水管道及配件安装
		覆盖物所属检验批名称	混凝土
隐蔽部位	第一单元排水立管	施工时间	自　××年××月××日 至　××年××月××日
隐蔽内容及要求	按水施—3 号图纸施工，采用 UPVC 排水管 DN150 安装，被隐蔽的管道经灌水及通球试验合格，施工的质量符合设计及施工规范要求。 (隐蔽什么，是否符合设计及规范要求)		
隐蔽原因	被混凝土覆盖 (隐蔽内容被什么所覆盖)		
工单位检查评定结果	符合设计及规范要求。 项目专业质量检查员：(签名) ××× ××年××月×× 日	监理(建设)单位验收结论	同意隐蔽 监理工程师：(签名)××× (建设单位项目专业技术负责人) ××年×× 月××日

注：1. 检验批质量验收中未含隐蔽验收的(如电线导管有被混凝土或砂浆覆盖前的隐蔽验收)可用此表做被隐蔽工程检验批质量验收记录的附表；检验批质量验收中已含隐蔽验收的(如钢筋安装)可不用此表。

2. “桂建质(附)”后的小方格“□”内填写被隐蔽工程所属检验批的编号。

二、工序交接记录

工序交接是在完成本工序施工并检查验收合格后，交给下一道工序继续施工的活动。在各主要工序之间必须进行工序交接手续，并作好工序交接记录。工序交接记录应该注意以下事项：

(1) 不同工种之间的交接必须有记录，监理(建设)单位参加。

(2) 两个施工单位的工序交接必须有记录，监理(建设)单位必须参加。

(3) 总包单位与分包单位的交接应有记录，并应有检查验收记录，监理(建设)单位参加。

(4) 一个单位施工,同工种、同班组可作内部交接记录,监理(建设)单位可不参加。

(5) 分项工程之间的交接检,子分部工程与分部工程的交接检,监理(建设)单位必须参加。分项、分部工程名称,按实际发生的填写。

(6) 交接记录内容:交接上道工序工程量范围、质量状况等。

工序交接记录见表 3-35。该表适用于同一施工单位不同工种之间工序交接使用。

表 3-35　工序交接记录表

单位工程:××住宅楼　　　　表 C.5.3

<table>
<tr><td>分部工程名称</td><td>建筑电气工程</td></tr>
<tr><td>本工序分项名称</td><td>动力配电柜基础施工</td></tr>
<tr><td>下工序分项名称</td><td>动力配电柜安装</td></tr>
<tr><td colspan="2">本工序的工作内容是否完成:已按图纸施工完毕,满足设计或规范要求。
班组长:×××　　××年××月××日</td></tr>
<tr><td colspan="2">本工序的质量情况如何:本检验批已验收合格,同意进入下道工序。
质检员:×××　　质量评定等级:合格　　×× 年××月××日</td></tr>
<tr><td colspan="2">下道工序施工员意见:(是否同意下道工序施工)同意接收进入下道工序。
施工员:×××　　××年××月××日</td></tr>
<tr><td colspan="2">监理工程师意见:(是否同意下道工序施工)(建设单位项目专业技术负责人意见)
同意
监理工程师:(签名)×××
(建设单位项目专业技术负责人)
××年××月××日</td></tr>
</table>

三、施工测量记录

施工测量记录是施工过程中形成的,确保建筑工程定位、尺寸、标高、位置和沉降量等满足设计要求和规范规定的资料统称。

施工测量记录主要由单位工程定位测量(A,B 表)、基槽验线、楼层平面放线、楼层标高抄测、建筑物垂直度标高测量、沉降观测等几部分内容组成。

1. 单位工程定位测量记录和测量定位 A,B 表

单位工程定位测量是施工方依据测绘部门提供的放线成果、红线桩及场地控制网或建筑物控制网,测定建筑物位置、主控轴线、建筑物±0.000、绝对高程等,标明现场标准水准点、坐标点位置。见表 3-36。

表 3 - 36　工程定位测量记录

编号：TYG-ZJ-110220-CL-01

<table>
<tr><td>工程名称</td><td colspan="2">××住宅楼</td><td colspan="2">委托单位</td><td colspan="2">××集团公司测量中心</td></tr>
<tr><td>图纸编号</td><td colspan="2">ZT-001；S-110</td><td colspan="2">施测日期</td><td colspan="2">××年××月××日</td></tr>
<tr><td>平面坐标依据</td><td colspan="2">已审核的一级控制网</td><td colspan="2">复测日期</td><td colspan="2">××年××月××日</td></tr>
<tr><td>高度依据</td><td colspan="2">已审核的一级控制网</td><td colspan="2">使用仪器</td><td colspan="2">Leica TCA1800</td></tr>
<tr><td>允许偏差</td><td colspan="2">±3 mm</td><td colspan="2">仪器检定日期</td><td colspan="2">××年××月××日</td></tr>
<tr><td colspan="7">定位抄测示意图：
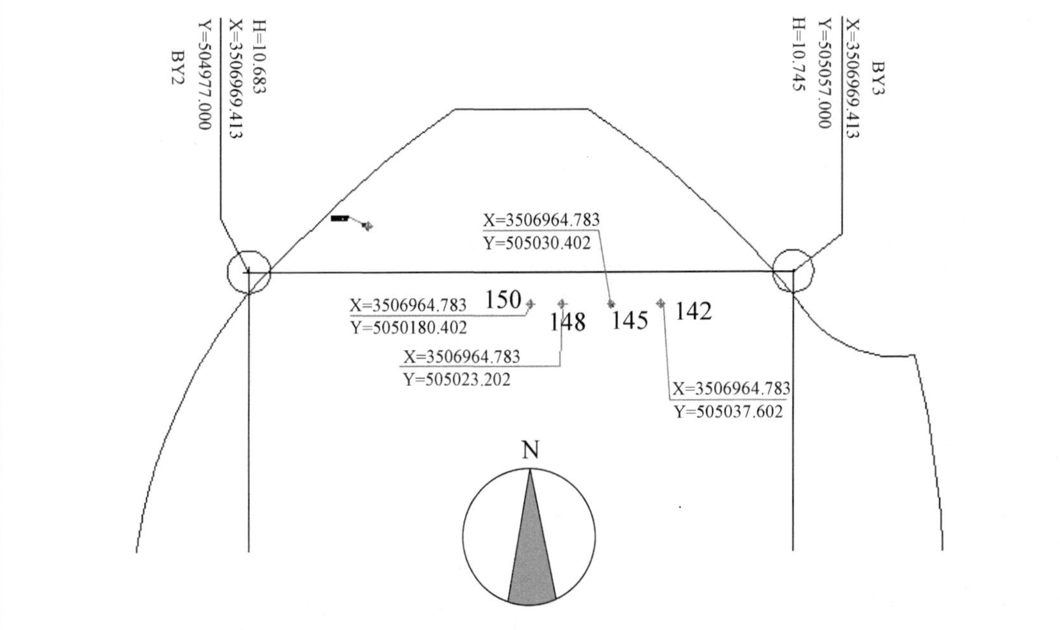
</td></tr>
<tr><td colspan="7">复测结果：
经现场复核，实测结果在允许范围以内，符合规范要求。</td></tr>
<tr><td rowspan="3">参加人员签字</td><td rowspan="2">建设(监理)单位</td><td>施工单位</td><td colspan="4">××建筑工程公司</td></tr>
<tr><td>技术负责人</td><td>测量负责人</td><td>复测人</td><td colspan="2">施测人</td></tr>
<tr><td>×××</td><td>×××</td><td>×××</td><td>×××</td><td colspan="2">×××</td></tr>
</table>

本表由测量单位提供，城建档案馆、建设单位、监理单位、施工单位各保存一份。

定位测量 A，B 表示测量坐标，施工单位在施工放线前要将测量坐标转换为施工坐标 X，Y。按 X，Y 填写。见表 3 - 37、表 3 - 38。

表 3-37　单位工程定位测量记录表——A

施工单位：××建筑工程公司　　　　测量日期：×× 年××月××日

<table>
<tr><td>单位工程名称</td><td>××住宅楼工程</td><td>建设单位</td><td>××开发有限公司</td><td>定位依据资料</td><td>红线图及勘测院定点</td></tr>
<tr><td>平面定位标准点坐标</td><td colspan="3">地形图 X=2529834.037　　Y=531945.833</td><td>引入导线角度和长度</td><td>与原有建筑平行，引入长度 19.00 米</td></tr>
<tr><td>起点为建(构)筑物的轴</td><td colspan="5">1——31
37＃：○——○
A——E</td></tr>
<tr><td colspan="4" rowspan="2">简图(附指北针示意)：
原有建筑
X=254988.566
Y=543354.252
6 547
16 426
F　A　2　6
N
测量员：××××××</td><td colspan="2">施工单位检查意见：
定位准确，偏差在允许范围内，合格。
项目专业技术负责人：×××
××年××月××日</td></tr>
<tr><td colspan="2">监理(或建设)单位检查意见：
符合要求
监理工程师：×××
(或建设单位项目专业技术负责人)
××年××月××日</td></tr>
</table>

表 3-38 单位工程定位测量记录表——B

施工单位：××××××公司　　　　测量日期:2010 年 8 月 10 日

<table>
<tr><td rowspan="2">单位工程名称</td><td rowspan="2">××商住楼工程</td><td rowspan="3">误差调整</td><td rowspan="3"></td><td rowspan="4">引入水准测量</td><td></td><td>水准基点</td><td>1</td><td>2</td><td>3</td><td>建筑物
(±0.000)</td></tr>
<tr><td>前视读数</td><td></td><td></td><td>1.280 m</td><td></td><td>1.250 m</td></tr>
<tr><td>建设单位</td><td>×××开发有限公司</td><td>绝对标高</td><td>77.300 m</td><td>77.800 m</td><td>77.200 m</td><td></td><td rowspan="2">77.200 m</td></tr>
<tr><td>定位依据资料</td><td colspan="3">建设方提供的水准基点</td><td>后视读数</td><td></td><td>0.680 m</td><td>1.250 m</td><td></td></tr>
<tr><td colspan="8">简图：
原有建筑
X=254988.566
Y=543354.252
115.689
6 547
16 426
115.660
1 125
F A 2 6
测量员：×××</td><td colspan="3">施工单位检查意见：
符合要求
项目专业技术负责人：××
××年××月××日

监理（建设）单位检查意见：
符合要求
监理工程师：×××
（建设单位项目专业技术负责人）：
××年××月××日</td></tr>
</table>

2. 基槽验线记录

基槽放线就是根据设计主控轴线、基底平面图、地基基础施工方案，检验建筑物基底外轮廓线、集水坑、电梯井坑、垫层标高（高程）、基槽断面尺寸和坡度等。

基槽验线记录表见表 3-39，填写要求如下：

（1）验线依据是建设单位或测绘院提供的坐标、高程控制点或工程测量定位控制桩、高程点等，内容要描述清楚。

（2）基槽平面、剖面简图要画出基槽平、剖面简图轮廓线，应标注主轴线尺寸，标注断面尺寸、高程。

（3）复测结果：将检查意见表达清楚，不得用“符合要求”一词代替检查意见（应有测量的具体数据误差）。

（4）签字栏中技术负责人为项目总工，测量负责人为施工单位主管，质量检查员为现场质检员。

表 3-39 基槽验线记录

<table>
<tr><td colspan="3">基槽验线记录</td><td>编　号</td><td>×××</td></tr>
<tr><td>工程名称</td><td colspan="2">××住宅楼</td><td>日　期</td><td>××年××月××日</td></tr>
<tr><td colspan="5">验线依据及内容：

根据设计主控轴线、基底平面图、地基基础施工方案，检验建筑物基底外轮廓线、集水坑、电梯井坑、垫层标高（高程）、基槽断面尺寸和坡度等。</td></tr>
<tr><td colspan="5">基槽平面、剖面简图：
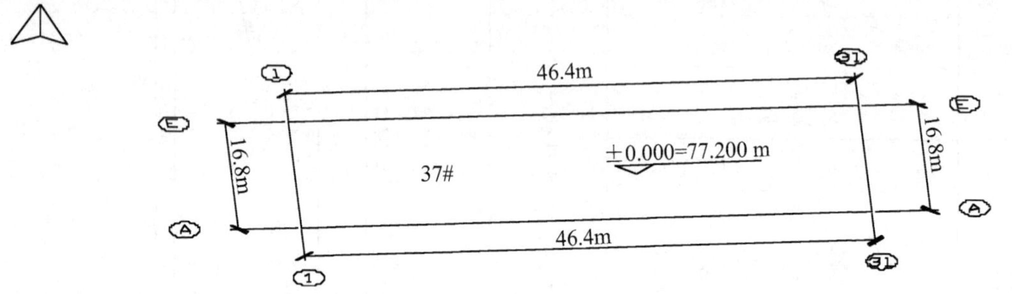</td></tr>
<tr><td colspan="5">检查意见：（略）</td></tr>
<tr><td rowspan="2">建设（监理）单位</td><td>施工（测量）单位</td><td colspan="3">×××</td></tr>
<tr><td>专业技术负责人</td><td>专业质检员</td><td colspan="2">施测人</td></tr>
<tr><td>×××</td><td>×××</td><td>×××</td><td colspan="2">×××</td></tr>
</table>

本表由建设单位、施工单位、城建档案馆各保存一份。

3. 楼层平面放线及标高测量记录

每个施工部位施工完成到一个水平面时，如底板、顶板，要在这个平面板上抽测向上一层的平面位置线，就是楼层放线。现场在完成楼层平面放线后，填写楼层平面放线及标高测量记录报监理审核、确认。

楼层平面放线及标高测量记录表见表3-40，填写要求：

(1) 放线部位一定要注明楼层。若建筑面积小，没有划分施工流水段，按轴线填写。标高根据设计标高填写。

(2) 放线依据应填写：定位控制桩、地下/地上××××层平面、测绘单位给的高程点、施工图。

(3) 施工单位、监理单位检查意见一栏由施工测量人员和监理人员根据实测具体数据填写，不得用"符合要求"一词代替检查意见。

(4) 该记录由施工单位自己保存。

表 3-40　楼层平面放线及标高测量记录表

工程名称：××建筑工程公司　　　　编号：

工程单位	××住宅楼工程	测量仪器型号	经纬仪(DJD2)、水准仪(RT-G7)
放线部位	六层梁板	楼层轴线控制点	从原有轴线控制点用经纬仪引测
放线依据：1. 定位控制桩：五层楼面控制点；2. 以±0.000 m水平控制点；(测绘院高程)3. 六层结构平面图(图号JG-19)。 楼层标高：水准仪测水平控制线，设计结构标高17.970 m			施工单位检查意见： 平面放线测量及标高实测值符合设计要求及施工规范规定。 项目专业负责人××××
简图：(楼层轴线、控制线、标高)(在图上标注出实测标高) ①　37 200　⑬ Ⓛ　22 500　Ⓑ 17.970			监理(建设)单位检查意见： 符合要求。 专业监理工程师(签名)：×××

4. 建筑物垂直度、标高、全高测量记录

主体施工中，应对建筑物每层楼面标高进行检测，主体完成后进行全高垂直度测量，房屋竣工验收前应对各大角或转角进行测量。测量时施工单位的项目专业工长、质量检查员应参加，将测量的数据作为验收依据。

全高垂直度测量主要指外墙全高实测和垂直度实测。全高测量按每 20 m 测一处；垂直度实测主要测外墙阳角，每个阳角不应少于 4 处，所有外墙阳角都要测。

建筑物垂直度、标高、全高测量时应该注意：

(1) 测量垂直度所用的仪器应经过法定检验部门检定合格并在有效期内使用。

(2) 每层楼面标高的测量记录日期应在施工阶段进行。

(3) 测量记录内容应完整，数据应真实可靠，不得涂改，测量人员签名、证号应齐全。

(4) 现场专业监理工程师应对垂直度标高、全高进行复查测量，并做好记录。

(5) 主体封顶后和竣工前必须有完整的建筑物垂直度、全高测量记录。

垂直度测量平面示意图如图 3-14 所示。

建筑物垂直度、标高、全高测量记录表见表 3-41，填写注意事项：

(1) 建筑物垂直度、标高、全高测量记录虽使用同一个表格，但这三个表格的内容和测量日期及要求都不同，建筑物垂直度是在主体封顶和竣工前测量建筑物四大角；标高是每一楼层的标高测量。

(2) 垂直度测量的允许偏差符合国家规范标准。

(3) 测量记录填写的内容完整，签名手续完善。

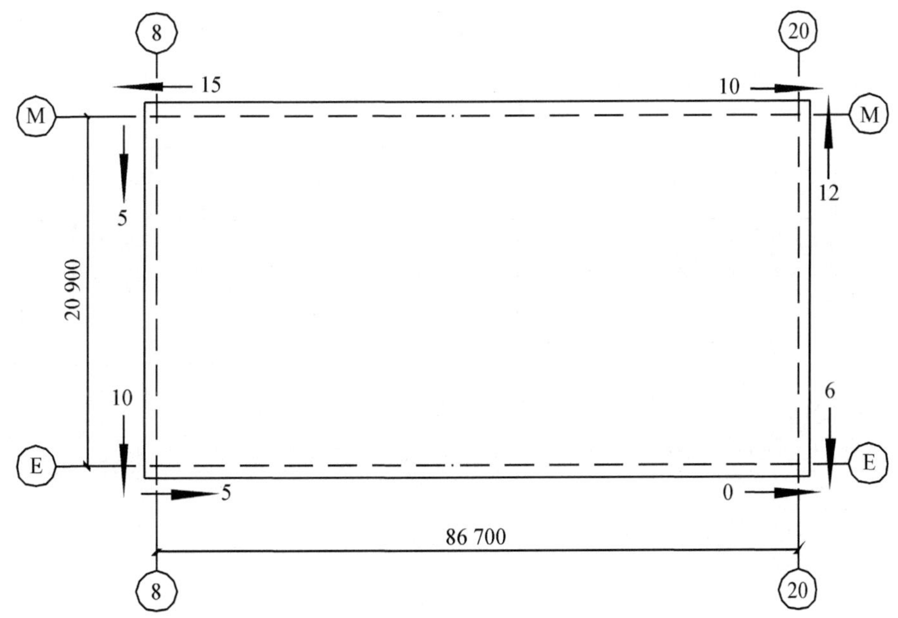

图 3-14　垂直度测量平面示意图

表 3-41　建筑物垂直度、标高、全高测量记录

工程名称	××综合楼	结构类型/层数	框剪/二十三层	形象进度	⑧-⑳/Ⓔ-Ⓜ轴主体
施工单位	××建设集团公司		监理(建设)单位	××建设监理有限公司	
测量仪器	经纬仪、吊线和钢尺		测量日期	××年××月××日	

测量项目	层数、部位	允许偏差	实测偏差(mm)										备注
标高	二层、⑧-⑳/Ⓔ-Ⓜ轴	±10	4	2	−3	2	5	−2	6	4	8	5	−50
	夹层、⑧-⑳/Ⓔ-Ⓜ轴	±10	6	3	4	−3	−2	5	3	6	4	−5	3 550
	三层、⑧-⑳/Ⓔ-Ⓜ轴	±10	−3	5	2	−4	6	7	3	5	−7	4	6 850
	四层、⑧-⑳/Ⓔ-Ⓜ轴	±10	4	2	−3	3	6	2	−5	4	7	3	11 270
	五层、⑧-⑳/Ⓔ-Ⓜ轴	±10	5	−2	6	4	3	5	4	−3	6	5	14 870
	六层、⑧-⑳/Ⓔ-Ⓜ轴	±10	3	5	7	2	−4	5	8	4	2	−6	18 470
	七层、⑧-⑳/Ⓔ-Ⓜ轴	±10	−4	6	7	3	5	8	5	−2	6	4	22 070
	八层、⑧-⑳/Ⓔ-Ⓜ轴	±10	3	6	2	−5	4	−3	−2	5	3	7	25 670
	九层、⑧-⑳/Ⓔ-Ⓜ轴	±10	7	4	−4	5	3	−6	4	2	−5	6	29 270
	十层、⑧-⑳/Ⓔ-Ⓜ轴	±10	−5	3	8	4	4	−6	5	7	3	4	32 870
	十一层、⑧-⑳/Ⓔ-Ⓜ轴	±10	5	4	7	3	−4	6	4	3	−4	7	36 470
	十二层、⑧-⑳/Ⓔ-Ⓜ轴	±10	8	6	5	−4	−7	3	5	7	−3	4	40 070
全高	一层～屋面、⑧-⑳/Ⓔ-Ⓜ轴	±30	17	22	−15	21	25	22	−20	16	19	24	83 270
垂直度	二层、⑧-⑳/Ⓔ-Ⓜ轴	±8	5	3	−2	6	4	4	6	5	3	−4	−5 000
	夹层、⑧-⑳/Ⓔ-Ⓜ轴	±8	4	6	−3	4	3	−5	7	2	4	6	3 550
	三层、⑧-⑳/Ⓔ-Ⓜ轴	±8	5	3	7	2	−6	4	2	−4	6	5	6 850
	四层、⑧-⑳/Ⓔ-Ⓜ轴	±8	2	5	6	−5	4	7	3	4	−6	2	11 270
	五层、⑧-⑳/Ⓔ-Ⓜ轴	±8	6	3	−4	4	5	−2	6	4	3	3	14 870
	六层、⑧-⑳/Ⓔ-Ⓜ轴	±8	3	4	3	5	−3	5	7	3	6	2	18 470
	七层、⑧-⑳/Ⓔ-Ⓜ轴	±8	6	3	4	7	3	2	−5	−2	3	6	22 070
	八层、⑧-⑳/Ⓔ-Ⓜ轴	±8	4	7	−2	5	4	6	6	3	−4	5	25 670
	九层、⑧-⑳/Ⓔ-Ⓜ轴	±8	2	−6	4	2	−4	6	5	6	3	−4	29 270
	十层、⑧-⑳/Ⓔ-Ⓜ轴	±8	−3	4	3	−5	7	2	5	7	3	6	32 870
	十一层、⑧-⑳/Ⓔ-Ⓜ轴	±8	6	−5	5	7	3	6	3	−5	7	2	36 470
	十二层、⑧-⑳/Ⓔ-Ⓜ轴	±8	4	3	−5	7	2	4	6	−3	4	3	40 070

实测标高 240 点，偏差超标 0 点 实测垂直度 240 点，偏差超标 0 点 结论：符合设计及规范要求	抽测人： 复核人： 年　月　日
施工单位 项目负责人：(签字)×××	监理单位项目总监 (建设单位项目负责人)：(签字)×××

注：1. 超过允许偏差的偏差值在表中用～ ～标出。

2. 在备注栏中应注明建筑物标高、全高的设计值；每层所测的具体位置或轴线未描述清楚的也可以在备注栏中标出或另外作出详细记录。

3. 主体结构验收前，应对建筑物每层楼面标高、各大角或转角垂直度进行测量；房屋竣工验收前，也应对各大角或转角垂直度进行测量，故本表每个工程均应有两张。测量由监理单位会同施工单位进行，测量数据作为验收的依据之一。

4. 砌体结构外墙垂直度全高查阳角，不应少于 4 处，每层每 20 m 查一处；内墙按有代表性的自然间抽 10%，但不少于 3 间，每间不应少于 2 处，柱不少于 5 根。混凝土结构按楼层、结构缝或施工段分检验批。在同一检验批中，对梁、柱，应抽查构件数量的 10%，且不少于 3 件；对墙和板，应按有代表性的自然间抽查 10%，且不少于 3 间；对大空间结构，墙可按相邻轴线间高度 5 m 左右划分检查面，板可按纵横轴线划分检查面，抽查 10%，且均不少于 3 面。

5. 允许偏差及检验方法见表 3-42。

表 3-42　允许偏差及检验方法

<table>
<tr><th colspan="3">项　目</th><th>允许偏差/mm</th><th>检验方法</th></tr>
<tr><td rowspan="3">现浇混凝土结构垂直度</td><td rowspan="2">屋高</td><td>≥5 m</td><td>8</td><td>经纬仪或吊线、钢尺检查</td></tr>
<tr><td>>5 m</td><td>10</td><td>经纬仪或吊线、钢尺检查</td></tr>
<tr><td colspan="2">全　高(H)</td><td>H/1 000 且≤30</td><td>经纬仪、钢尺检查</td></tr>
<tr><td rowspan="2">标　高</td><td colspan="2">层　高</td><td>±10</td><td rowspan="2">水准仪或拉线、钢尺检查</td></tr>
<tr><td colspan="2">全　高</td><td>±30</td></tr>
<tr><td rowspan="3">砌体结构垂直度</td><td colspan="2">每　层</td><td>5</td><td>用 2 m 的托线、钢尺检查</td></tr>
<tr><td rowspan="2">全　高</td><td>≤10 m</td><td>10</td><td rowspan="2">用经纬仪、吊线和尺检查，或用其他的测量仪器检查</td></tr>
<tr><td>>10 m</td><td>20</td></tr>
</table>

5. 地基验槽记录

挖好基坑、基槽后，在基础工程施工前应由建设单位(监理)组织，必须邀请勘察、设计、施工等单位进行基槽验收，邀请政府建设主管部门监督验收。验槽当天作好验槽记录，见表 3-43，参加验槽的单位应签署验收意见。签署验槽时间应按当天验收时间填写，验收单位的签章手续应完善。

基槽如是分段施工，则应分段验收，验槽记录也应分段进行。建设或监理单位应组织有关单位进行质量验收，并按规定的内容填写和签署意见，工程建设参与各方按规定承担相应质量责任。

若基槽挖出后的土质达不到设计要求，由设计单位制定地基处理方案。

表 3-43 地基验槽记录

<table>
<tr><td>工程名称</td><td>××住宅楼</td><td>基础类型</td><td>独立基础</td></tr>
<tr><td>建设单位</td><td>××房地产开发公司</td><td>施工单位</td><td>××建筑工程公司</td></tr>
<tr><td>施工起止日期</td><td>从土方开挖开始到验槽前</td><td>验收日期</td><td>××年××月××日</td></tr>
<tr><td>验收情况</td><td colspan="3">1. 按设计图纸××号开挖至设计标高
2. 基坑土质和宽度、深度、长度符合设计要求
3. 轴线、标高符合设计要求
4. 坑内松土、杂物已清理干净
5. 资料完备，符合要求</td></tr>
<tr><td colspan="2">施工单位自评意见：
资料完备，施工质量符合设计和施工规范要求
项目经理：×××
（公章）
×× 年××月×× 日</td><td colspan="2">监理或建设单位验收意见：
符合设计和施工规范要求
项目负责人
或项目总监理工程师：×××
（公章）
×× 年××月××日</td></tr>
<tr><td colspan="2">设计单位验收意见：
符合设计要求
项目设计负责人：×××
（公章）
×× 年××月××日</td><td colspan="2">勘察单位验收意见：
地质条件与勘察报告相符
项目勘察负责人：×××
（公章）
×× 年××月××日</td></tr>
</table>

6. 地基处理记录

地基处理常采用换填垫层法、强夯法、水泥粉煤灰碎石桩法、水泥土深层搅拌法等，所有地基处理必须按照《建筑地基处理技术规范》(JGJ 79—2012)要求进行沉降观测记录。

地基处理依据有：

(1) 地基处理施工图或处理方案；

(2) 设计变更或洽商记录。

地基处理措施(方案)应由施工单位项目技术负责人提出，并经监理单位总监签名确认，将处理方案呈报设计单位项目负责人同意。地基处理完成后，由建设(监理)单位组织有关单位进行验收，并签署验收意见。地基处理施工记录见表 3-44。

表 3－44　地基处理施工记录

工程名称：	××住宅楼	编号：	××
施工单位	××建筑工程公司	处理时间	开始时间～完成时间
处理方式及要求： 按设计要求用粗砂石进行土方换填，并达到设计要求的第二类土，并铺 300 mm 厚的碎石，再浇筑 100 mm 厚的 C10 混凝土			
处理部位及简图： 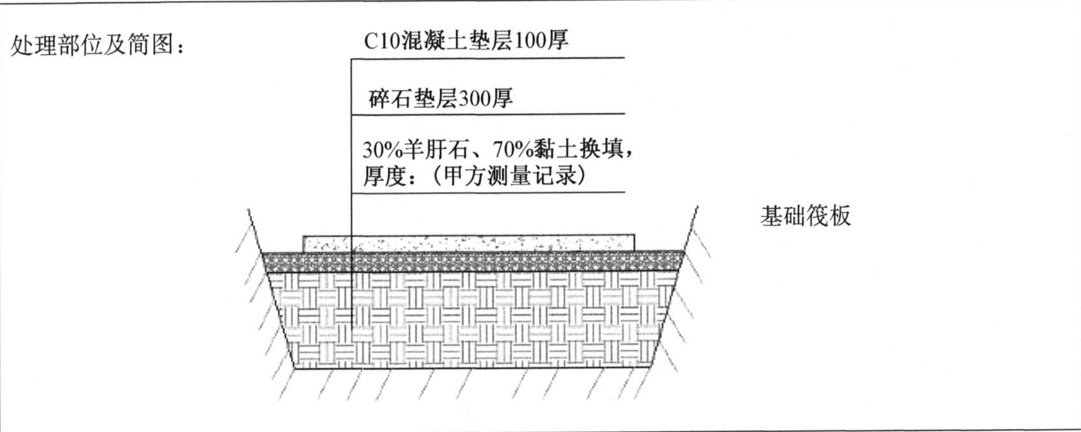 			
处理前状态：(原土标高、处理深度等) 土方换填标高，按建设方测量高度，羊肝石换填深度为 1 000 mm～1 500 mm			
处理过程简述： 使用粗砂石进行土方换填，并达到设计要求的第二类土(进行土工检测)，并铺 300 mm 厚的碎石，再浇筑 100 mm 厚的 C10 混凝土			
处理结果及试验数据： 羊肝石土方换填后，进场土工检测，检测结果符合设计要求			
施工单位自评意见： 符合设计和施工规范要求 项目经理：××× (公章) ×× 年××月××日		监理或建设单位验收意见： 合格 项目负责人 或项目总监理工程师：××× (公章)　×× 年××月××日	

7. 建筑物沉降观测测量记录

沉降观测是针对一些有特殊要求的重要工业与民用建筑，以及 20 层以上的高层、超高层建筑物，施工过程以及投入使用期内沉降情况的观测记录，可作为建筑物安全的有效证明资料。

根据设计图纸要求和规范规定，凡需进行沉降观测的工程，应由建设单位委托有资质的检测单位进行施工过程中及竣工后的沉降观测工作。

测量单位应按设计要求和规范规定，或监理单位批准的观测方案，设置沉降观测点，绘制沉降观测布置图，定期进行沉降观测记录并应附沉降观测点的沉降量与时间、荷载关系线图和沉降观测技术报告。

设计图纸和规范要求进行沉降观测的工程项目，都要按设计和规范要求设置沉降观测点，并作沉降观测记录，见表3-45。

在沉降观测中，每次应记录观测时建（构）筑物的荷载变化、气象情况与施工条件的变化。

（1）应做沉降观测的范围（属于下列情况之一者应进行沉降观测）：

① 重要的工业与民用建筑物；

② 20层以上的高层建筑物；

③ 造型复杂的14层以上的高层建筑物；

④ 对地基变形有特殊要求的建筑物；

⑤ 因施工使用或科研要求进行沉降观测的建筑物。

（2）沉降观测的次数和时间

1）荷载变化期间，沉降观测周期应符合下列要求：

① 高层建筑施工期间每增加1～2层，工业建筑应在不同荷载阶段分别进行观测，整个施工期间的观测不得少于4次。

② 混凝土浇筑、回填土及结构安装等较大荷载增加前后应进行观测。

③ 基础周围大量积水、挖方、降水及暴雨后应观测。

④ 出现不均匀沉降时，根据情况应增加观测次数。

2）结构封顶至工程竣工前，检测单位应出具沉降观测记录（报告）。

3）建筑物和构筑物全部竣工后观测次数：

① 第一年四次；

② 第二年两次；

③ 第三年以后每年一次，至下沉稳定为止。

（3）沉降观测的资料要求

① 根据水准点测量得出的每个观测点高程和逐次沉降量，水准点的位置与埋设应符合设计要求。

② 根据建筑物和构筑物的平面图绘制的观测点的位置图，记录沉降观测结果，绘制沉降量与地基荷载、连续时间三者关系曲线及沉降量分布曲线图。

③ 观测时间、次数应符合要求，记录的内容、数据应准确、齐全。

④ 计算出的建筑物和构筑物的平均沉降量、弯曲和相对值。

⑤ 水准点的平面布置图和构造图，测量沉降的全部原始资料。

表 3-45　沉降观测记录

编号：

<table>
<tr><td>工程名称</td><td>××住宅楼</td><td rowspan="6">观测点布置简图：
（略）</td></tr>
<tr><td>施工单位</td><td>××建筑工程公司</td></tr>
<tr><td>水准点编号</td><td>BM_0</td></tr>
<tr><td>水准点所在位置</td><td>永久水准点 BM_0</td></tr>
<tr><td>水准点高程</td><td>+4.150</td></tr>
<tr><td>观测起止日期</td><td>自××年××月××日起
自××年××月××日止</td></tr>
</table>

观测点编号	观测日期	实测标高(m)	本期沉降量(mm)	总沉降量(mm)	备注
1	××年××月××日	2.130	2	5	
2	××年××月××日	2.132	1	4	
3	××年××月××日	2.110	1	4	
4	××年××月××日	2.133	2	6	
5	××年××月××日	2.116	0	3	
6	××年××月××日	2.112	1	3	

复核人：×××　　　　计算人：×××　　　　测量员：×××

四、混凝土施工记录

混凝土施工记录是混凝土施工时所作的文字记录，时间从混凝土开盘时至混凝土连续浇筑停止，现场抽查的混凝土坍落度也应填写在混凝土记录中。表中各项内容应根据实际情况填写清楚、齐全，不得有缺项、漏项，签字应齐全，见表 3-46。

(1) 混凝土浇筑申请报告：混凝土正式浇筑前，应检查各项准备工作（如钢筋、模板工程检查，水电工程预埋检查），报请监理单位批准后方可浇筑混凝土。

(2) 混凝土开盘鉴定：承重结构及抗渗防水工程使用的混凝土，开盘鉴定是首次使用的配合比，第一盘搅拌时的鉴定。

(3) 采用预拌混凝土的，对首次使用的混凝土配合比，在混凝土出厂前由混凝土供应单位自行组织相关人员进行开盘鉴定。

(4) 预拌混凝土供应单位应随车向施工单位提供下列证件：

① 预拌混凝土出厂合格证或质量证明书；

② 预拌混凝土运输单，内容包括工程名称、使用单位、供应方量（与工程实际用量相符）、配合比、坍落度、出站时间、到场时间和测定的现场坍落度等。

(5) 采用现场搅拌混凝土的，应由项目部组织监理单位、搅拌机组、混凝土试配单位进行开盘鉴定工作，开始生产时应至少留置一组标准养护试件作为验证配合比的依据；检查开盘鉴定资料和试件强度试验报告。

表 3-46　商品混凝土施工记录

天气:晴　　　　气温:30 ℃　　　　桂建质(附)0201(0106)-06(Ⅱ)

工程名称	品茗科技大厦	第　层	〇—〇,〇—〇轴		
施工单位	广西××建筑公司	施工班组	×××	标高	一层梁板　m
混凝土强度等级、抗渗等级	C:　25 S:	配合比报告编号	20050488	当班浇捣量	67　m²
商品混凝土生产厂名称	广西南宁嘉泰水泥制品有限公司	质量证明文件是否齐全	齐全	实测坍落度	151　mm
当班开始时间	×年×月×日 9时0分	停歇时间	1. 不间断。 2. 从　时　分停止 至　时　分开始。	当班终止时间	×年×月×日 13时0分
模板及支撑体系是否已验收,是否牢固,是否可能漏浆	已验,牢固	钢筋及其他预埋预留是否已验收	已验收合格	原材料是否已验收,并符合要求	已验收,并符合要求
钢筋定位措施是否可靠(板负筋及底筋、柱插筋、预留筋)	定位措施可靠	是否已有控制板标高、厚度的措施	有控制标高、厚度措施	模板是否已涂隔离剂,已淋湿,已清理干净	模板已淋湿,并清理干净
振捣方式	插入式(√),平板式(√)				
中途有否停歇	/	停歇部位	/	停歇原因	/
施工缝(如果有)位置	/	施工缝处理方法	/		
标准养护试块	编号:2005-H11503 28天强度:33.6	同条件养护试块	编号: 28天强度:	拆模判别试块	编号: 拆模时强度:
初次淋水养护时间	×年×月×日 18时0分	覆盖养护措施	用麻袋覆盖、洒水养护	结束养护时间	×年×月×日 结束,共7天
拆侧模日期	预计:×年×月×日 实际:×年×月×日	拆底模日期		预计:×年×月×日 实际:×年×月×日	

五、结构吊装记录

当工程有构件需要吊装时,如预制钢筋混凝土构件、钢结构等,所有吊装构件必须作吊装施工记录。结构吊装记录包括构件类别、型号、位置、标高、搁置长度、支点锚固等内容的检查记录。预应力圆孔板安装须检查堵孔、板缝灌浆及对头缝锚固筋和联系筋的处理情况。吊装附图应与结构平面布置图一致,并要标清各构件的类别、型号、位置及构件安装的结点处理示意图。结构吊装施工记录表中各项内容都应填写清楚、齐全、准确,签字要齐全。

六、地下室防水效果检查记录

地下室工程验收时，施工项目的专业技术负责人、质量检查员、专业工长、专业监理工程师应对地下工程有无渗漏现象进行检查，并完成防水效果检查记录，见表3-47。具体有以下内容：

(1) 防水工程的细部构造必须符合设计要求。

(2) 地下防水工程应由专业防水队伍施工，主要施工人员应持有上岗证书。

(3) 检查地下室背水面和底板的渗漏现象，地下室背水面的湿渍、渗水、水珠、滴漏、线漏情况和发生的具体部位，检查最佳时间是下大雨时。

渗水的检测：检查人员用手触摸可感觉到水分浸湿，手上会沾有水分，用吸墨纸或报纸贴附，纸会浸润变颜色。检查时，用粉笔勾画出渗水范围，然后用钢卷尺测量高度和宽度，计算面积，标示在"展开图"上。

检查结果栏内填写"检查合格"或"检查不合格"。

检查不合格时应明确处理意见，不合格点经返工修补后，应重新检查验收。

七、抽气(风)道检查记录

建设单位或施工单位在选择住宅排气道产品时，其制品应符合相应产品标准的要求。排气道制品进入施工现场时，除对其产品质量进行验收外，还应对其耐火性能型式检测报告(依据《通风管道耐火试验方法》检测)、通风性能测试报告以及抗柔性冲击、垂直承载性能检测报告的原件进行核查，并对产品进行抽样检测，合格后方可进入工程使用。

因涉及使用功能及安全，应对建(构)筑物中所有的烟(风)通道进行安装、通(抽)风、漏风、串风试验，要求全数检查。检查项目及方法如下：

(1) 检查安装是否牢固，可用手推、拉；缝隙是否严密及抽气功能，可用烛、火等。

(2) 产生漏风、串风及安装质量不符合要求的，均应返工至合格。

(3) 抽气(风)道检查记录须附施工平面图，注明编号，并与记录表中编号相对应。每层每个抽气(风)道都要做好记录。

抽气(风)道检查记录填写时应该注意以下问题：

(1) 抽气(风)道工程竣工前应进行抽气(风)道检查，并应填写抽气(风)道检查记录，见表3-48。

(2) 抽气(风)道串气、串风或不通畅等必须进行处理，并做好记录(注明部位、时间、措施、操作人)至复验合格为止，签名手续应齐全。

(3) 对预制的抽气(风)道检查时对各楼层的各节接头接缝处均应检查，并做好记录。

(4) 对照施工平面图，核查抽气(风)道的位置、编号及数量。

(5) 核查抽气(风)道记录的内容应完整，检查人员签字手续应齐全。

表 3-47　地下室防水效果检查记录　　表 C.5.7

<table>
<tr><td>工程名称</td><td colspan="2">××住宅楼</td><td>试验日期</td><td>××年××月××日</td></tr>
<tr><td>设计要求与检测范围</td><td colspan="4">地下室设计防水等级为 1 级，混凝土抗渗等级为 1 级。防水做法为：✓结构自防水、✓卷材防水、□涂膜防水、☑其他防水为：
本次检验范围为：地下室外墙

背水面展开面积为：3320 m²</td></tr>
<tr><td>裂缝情况</td><td colspan="4">☑1. 未发现渗漏；
□2. 出现贯穿性裂缝条，未贯穿裂缝条，已处理裂缝条。</td></tr>
<tr><td>渗漏情况</td><td colspan="4">☑(1) 未出现漏水，结构表面无湿渍；
□(2) 未出现漏水，湿渍总面积 m²，单个湿渍面积为 m²，任意 100 m² 防水面积上出现处；
□(3) 有少量漏水点，存在线流、漏泥沙；
□(4) 有少量漏水点，但无线流、漏泥沙；单个湿渍面积为 m²，单个漏点的漏水量为 L/d，任意 100 m² 防水面积上出现；
□(5) 有漏水点，存在线流、漏泥沙；
□(6) 有漏水点，但无线流、无漏泥沙，整个工程平均漏水量为 L/m²·d，任意 100 m² 防水面积的平均漏水量为 L/m²·d。</td></tr>
<tr><td>处理意见</td><td colspan="4">无</td></tr>
<tr><td>结论</td><td colspan="4">地下室背水内表面的混凝土墙体无湿渍无渗水现象，观感质量合格，符合设计和规范要求。</td></tr>
<tr><td>施工单位</td><td>专职质检员：×××

试验员：×××
××年××月××日</td><td>监理（建设）单位</td><td colspan="2">监理工程师：×××

（建设单位项目负责人）：
××年××月××日</td></tr>
</table>

注：存在裂缝和渗漏时，应附裂缝和渗漏的详细资料。

表 3-48　抽气(烟)道、垃圾道检查记录

<table>
<tr><td>工程名称</td><td colspan="2"></td><td>检查日期</td><td></td><td>编号</td><td></td></tr>
<tr><td colspan="6">检查部位和检查结果</td><td></td></tr>
<tr><td rowspan="2">检查部位</td><td colspan="2">主抽气(风)道</td><td colspan="2">副抽气(风)道</td><td rowspan="2">垃圾道</td><td rowspan="2">检查人</td><td rowspan="2">复检人</td></tr>
<tr><td>抽气道</td><td>风道</td><td>抽气道</td><td>风道</td></tr>
<tr><td>一单元</td><td>卫生间</td><td></td><td>√</td><td></td><td></td><td>×××</td><td></td></tr>
<tr><td>二层东户</td><td>√</td><td>×√</td><td></td><td></td><td></td><td></td><td>×××</td></tr>
<tr><td></td><td></td><td></td><td></td><td></td><td></td><td></td><td></td></tr>
<tr><td colspan="2">专业技术负责人</td><td>×××</td><td>专业质检员</td><td>×××</td><td>专业工长</td><td>×××</td><td></td></tr>
</table>

注:1. 主抽气(风)道可先检查,检查部位按轴线记录;副抽气(风)道可按户门编号记录。
2. 检查合格(√),不合格(×)。
3. 第一次检查不合格记录(×),复检合格后在(×)后面记录(√)。

八、有防水要求的地面蓄水试验记录

凡是厕浴间、厨房、阳台等有防水要求的地面在施工完成后,必须有防水层及安装后蓄水检验记录(第一次蓄水),卫生洁具安装后应100%做二次蓄水试验。质检员检查合格后,应填写蓄水检查记录,见表3-49。

蓄水时间为24 h,排水畅通、无渗漏为合格。蓄水深度最浅处不应少于20 mm,地面防水工程的细部构造必须符合设计要求。

表 3-49　厕所、阳台及其他有防水要求的地面蓄水试验记录

GB 50209-2010　　　　桂建质(附)03-10

<table>
<tr><td colspan="2">工程名称</td><td colspan="2">××住宅楼</td></tr>
<tr><td colspan="2">施工单位</td><td colspan="2">××建筑工程公司</td></tr>
<tr><td colspan="2">监理单位(建设单位)</td><td colspan="2">××建设监理公司</td></tr>
<tr><td colspan="2">试验日期</td><td colspan="2">××年××月××日</td></tr>
<tr><td>试验部位及检查情况记录</td><td colspan="3">(应注明具体部位、排水坡度、蓄水时间、蓄水深度)

试验部位:地上三层厕浴间。
厕浴间一次蓄水试验:在门口处用水泥砂浆做挡水墙,地漏周围挡高5 cm,用球和棉丝地漏堵严密堵塞严密且不影响试水,然后放水,蓄水深度20～30 mm,蓄水时间24 h。</td></tr>
<tr><td>试验结论</td><td colspan="3">(应注明管道周围渗水情况,排水后积水情况,淋水、蓄水部位是否渗漏水,排水坡向是否正确,排水是否畅通,试验结果是否合格)
24 h后,经检查,蓄水部位未发现渗漏水情况,蓄水排除后无积水现象,排水畅通,符合设计及规范规定,试验结果合格。</td></tr>
<tr><td colspan="2">试验人员(签名)</td><td>专业质量检查员(签名)</td><td>监理工程师(签名)
(建设单位项目专业技术负责人)</td></tr>
<tr><td colspan="2">×××</td><td>×××</td><td>×××</td></tr>
</table>

注:1. 在地面未做面层之前进行试验。
2. 蓄水时间不少于24 h。

九、屋面蓄水、淋水试验记录

屋面工程完工后，应对细部构造(屋面天沟、檐沟、檐口、泛水、水落口、变形缝、伸出屋面管道等)、屋面高低跨、女儿墙根部、出屋面的烟(风)道、接缝处和保护层进行雨期观察或淋水、蓄水检查。有女儿墙的屋面防水工程，能做蓄水试验的宜做蓄水检验。屋面蓄水、淋水试验具体要求如下：

(1) 蓄水试验应在防水层施工完成且验收合格后进行；

(2) 将水落口用球塞堵严密，且不影响试水；

(3) 屋面淋(蓄)水试验应由项目专业质量检查员记录；

(4) 屋面淋(蓄)水试验应有监理旁站(或是建设单位)；

(5) 蓄水深度最浅处不应少于 20 mm；

(6) 蓄水时间为 24 h，排水畅通为合格；

(7) 坡屋面(斜屋面)采用 2 h 淋水试验，或有监理(建设)签认的经一场 2 h 以上的大雨记录。

屋面淋水、蓄水试验记录见表 3-50。

表 3-50 屋面淋水、蓄水试验记录

GB 50207—2012　　　　桂建质(附)05-13

工程名称	××住宅楼			
施工单位	××建筑工程公司			
监理单位(建设单位)	××建设监理公司			
试验方法	雨后□　淋水□　蓄水☑		试验日期	××年××月××日
试验部位及检查情况记录	(应注明具体部位、排水坡度、排水和蓄水时间、蓄水深度) 试验部位：十六层屋面①～⑳/Ⓐ～Ⓗ轴 层面蓄水试验在卷材防水层施工完成并验收合格后进行，排水坡度 2%，将水落口用球堵塞严密，且不影响试水，蓄水深度 50 mm，蓄水时间 24 h。			
试验结论	(应注明管道周围渗水情况，排水后积水情况，淋水、蓄水部位是否渗漏水，排水坡向是否正确，排水是否畅通，试验结果是否合格) 24 h 后，经检查，蓄水部位未发现渗漏水情况，蓄水排除后卷材防水层无积水，排水坡向正确，排水畅通，符合设计及规范规定，试验结果合格。			
试验人员(签名)	专业质量检查员(签名)	监理工程师(签名) (建设单位项目专业技术负责人)		
×××	×××	×××		

注：1. 做完防水层后进行试验。

2. 应在蓄水 24 h 后或持续淋水 2 h 后进行。有可能做蓄水检验的屋面，蓄水时间不少于 24 h。

3. “试验方法”栏的填写：在相应试验方法后的□中打“√”。

十、混凝土外观质量缺陷处理记录

对于数量较少的蜂窝、麻面、露筋的混凝土表面，可用 1∶2.5 水泥砂浆抹面处理，处理前一般用钢丝刷刷净浮灰并用水冲洗干净，润湿后直接抹水泥砂浆。当蜂窝和露筋严重时，应凿除不实的浮动石子，用水冲洗干净并充分润湿后，先刷一道素水泥浆，再用比原混凝土强度高一等级的细石混凝土堵塞捣实。当混凝土结构构件出现孔洞时，首先应剔凿掉其附近的不密实混凝土或裸露的石子，用水冲洗干净并保持湿润 72 h 以后喷涂一道素水泥浆，用比原混凝土等级高一等级的细石混凝土堵塞捣实。要控制好混凝土的水灰比，一般不大于 0.5，并掺经试验确定的一定数量的铝粉作为膨胀剂，为防孔洞顶部在填塞混凝土时形成死角，支模时在孔洞上部要形成一定的斜角，以保证混凝土的充盈，脱模后凿除多余的混凝土。虽然引发混凝土质量缺陷的原因是多方面的，但是只要高度重视认真对待，从源头上抓起，在实施中精雕细琢，做到有的放矢，严格遵守规范要求，混凝土工程质量缺陷这一通病是完全可以预防和解决的。

实训练习

任务一　掌握工程主要材料出厂质量证明文件及检测报告收集及整理方法。

1. 目的　给出某拟建工程项目某批次一定数量进场材料，如钢筋等，在较多的随货的文件资料中选出与质量直接相关的资料进行收集、保存。

2. 能力目标　懂得工程主要材料出厂质量证明文件及检测报告收集及整理方法。

3. 实物资料　某民用建筑房屋工程某批次一定数量进场材料的随车资料。

任务二　掌握工程材料、构配件进场检验记录、设备开箱记录填写方法。

1. 目的　给出某拟建工程项目某批次一定数量进场材料或设备，如钢筋、空调机组等，填写材料、构配件进场检验记录、设备开箱记录。

2. 能力目标　懂得材料、构配件进场检验记录、设备开箱记录填写方法。

3. 实物资料　某民用建筑房屋工程某批次一定数量进场材料随车资料。

任务三　掌握主要材料的复试。

1. 目的　给出某拟建工程项目某批次一定数量进场材料，如钢筋、商品混凝土等，拟定送样计划，收集检验报告保存。

2. 能力目标　懂得钢筋、水泥、商品混凝土等主要材料的抽样送检方法，检测报告保存。

3. 实物资料　某民用建筑房屋工程某批次一定数量进场材料参数指标。

任务四　掌握工程定位测量记录填写方法。

1. 目的　给出某拟建工程项目定位测量数据，填写单位工程定位测量 A,B 表。

2. 能力目标　懂得如何将测量收集的数据，填写到工程定位测量 A,B 表中。

3. 实物资料　某民用建筑房屋实际工程定位测量数据。

任务五　掌握建筑物垂直度、标高观测记录填写方法。

1. 目的　给出某拟建工程项目垂直度、标高观测数据，填写建筑物垂直度、标高、全高观测记录表。

2. 能力目标　懂得根据测量收集的数据，填写到建筑物垂直度、标高、全高观测记录表中。

3. 实物资料　某民用建筑房屋实际工程垂直度、标高、全高观测数据。

任务六　掌握地下室防水效果检查的方法。

1. 目的　给出某拟建工程项目地下室施工图，绘制墙面示意图。

2. 能力目标　懂得绘制地下室墙面示意图，明确标注防水施工后检查的效果。

3. 实物资料　某民用建筑房屋工程地下室施工图纸。

任务七　掌握有防水要求的地面蓄水试验记录及屋面蓄水、淋水试验记录填写要求。

1. 目的　有条件的学院，可找一个可上人平屋面（在确保安全的前提下），按规范要求组织学生做蓄水试验，并观察结果作屋面蓄水试验记录。

无条件的学院，可找一个坡屋面，等有连续2小时以上大雨后，组织学生观察屋面淋水试验，并做屋面淋水试验记录。

2. 能力目标　懂得屋面蓄水、淋水试验记录方法，并会填写记录。

3. 实物　学院新建设时间不久的7层及以下的平（坡）屋面建筑（确保安全的前提下），还有注水用的水源及水带。

项目6　施工试验记录及检测报告

学习目标　掌握混凝土试块留置、混凝土强度检验评定的方法；掌握饰面砖强度、抹灰砂浆检验试验方法；了解幕墙及外窗气密性、水密性、耐风性、变形性能检测方法。

能力目标　懂得初步判定各式施工试验记录的合规性，按施工进度收集各式记录和检测报告。

知 识 点　同条件养护试件。

一、土壤试验报告

对灰土、砂和三合土地基，应做干土质量密度试验。按规定以及平面点示意图，分层取样进行干密度试验，试验结果应符合规定要求，不符合规定要求时应经处理后进行复试，前后测定结果并列于试验单中，不允许存在不符合要求的试验结果。

填土压实后的干密度应有90％以上符合设计要求，试验结果不合格应尽快报告有关部门及时处理，试验报告单不得抽撤，应在其上注明如何处理，并附处理合格证明，一并存档。

试验报告样式如下表：

报告编号：01286FMB26-2100001　　第1页 共5页

CMA

16 20 01 06 0381

土工试验报告

工程名称：[illegible]主干道工程一期（B线K1296.949-K2029.58）

检测内容：标准击实

广西[illegible]质量检测有限公司

报告编号：01286FMB26-2100001　　第2页 共5页

说　明

1、报告无骑缝章及检验检测专用章无效；

2、报告复印无效；

3、报告无主检、审核、批准人签名无效；

4、报告涂改无效；

5、对检测报告若有异议，应于收到报告之日起十五日内向检测单位提出书面申诉，否则按认可检测报告处理。

6、检验结果仅对来样负责。

资质证书编号：桂建检字第450[illegible]号

检测地址：[illegible]工业新区阳和[illegible]

邮政编码：[illegible]

电　　话：[illegible]

报告编号：01286FMB26-21[illegible]　　第3页 共5页

[illegible]工程质量检测有限公司

土工试验报告表

委托单位	广西建工集团第二安装建设有限公司		
施工单位	广西建工集团第二安装建设有限公司		
工程名称	金秀瑶族自治县桐木工业集中区主干道工程一期（B 线K1296.949-K2029.58）		
工程部位	——		
取土地点	级配碎石层	样品编号	FMB26-2100001
样品名称	级配碎石	样品状态	无异常
委托日期	2021年01月26日	土的分类	级配碎石
检测日期	2021年01月26日	检验类别	见证取样
取样人	罗[illegible]	取样证号	JZQY20[illegible]
见证单位	广西[illegible]工程顾问有限公司金秀分公司		
见证人	方[illegible]	见证证号	JZQY45[illegible]
检验依据	JTG 3430-2020		
检验项目	标准击实		
检验结论	—— 报告日[illegible]01月28日		
备　注	——		

批　准：450[illegible]　　审　核：450[illegible]　　主　检：450[illegible]

报告编号：01286FMB26-21[illegible]　　第4页 共5页

[illegible]工程质量检测有限公司

土工试验报告表

序号	检测项目		技术指标	检测结果	结果判定
1	标准击实	最大干密度（g/cm^3）	——	2.24	——
		最佳含水率(%)	——	3.5	
2	界限含水率	液限w_L(%)	——	——	——
		塑限w_p(%)	——	——	
		塑性指数	——	——	
3	土的承载比（CBR）	下路堤（>150cm）承载比(%)	——	——	——
		上路堤（80～150cm）承载比(%)	——	——	
		下路床（30～80cm）承载比(%)	——	——	
		上路床（0～30cm）承载比(%)	——	——	
4	天然含水率	含水率(%)	——	——	——

批　准：450[illegible]　　审　核：450[illegible]　　主　检：450[illegible]

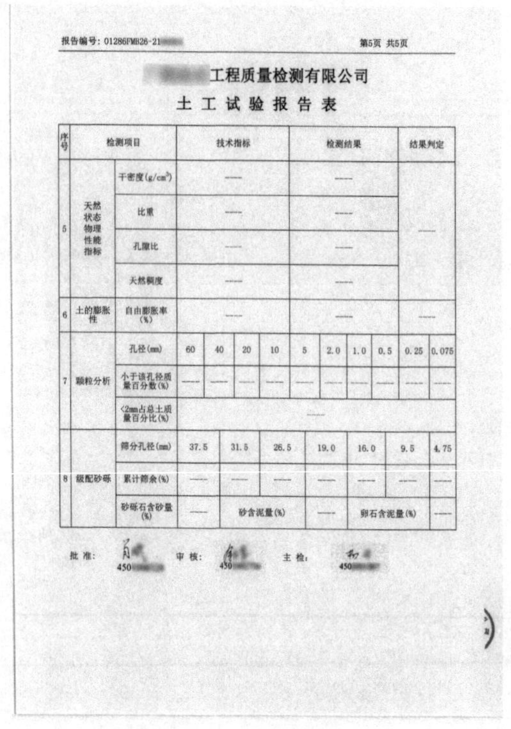

报告编号：01286FMB26-21 第5页 共5页

工程质量检测有限公司

土 工 试 验 报 告 表

<table>
<tr><th>序号</th><th colspan="2">检测项目</th><th colspan="4">技术指标</th><th colspan="4">检测结果</th><th colspan="2">结果判定</th></tr>
<tr><td rowspan="4">5</td><td rowspan="4">天然状态物理性能指标</td><td>干密度(g/cm³)</td><td colspan="4">——</td><td colspan="4">——</td><td colspan="2" rowspan="4">——</td></tr>
<tr><td>比重</td><td colspan="4">——</td><td colspan="4">——</td></tr>
<tr><td>孔隙比</td><td colspan="4">——</td><td colspan="4">——</td></tr>
<tr><td>天然稠度</td><td colspan="4">——</td><td colspan="4">——</td></tr>
<tr><td>6</td><td>土的膨胀性</td><td>自由膨胀率(%)</td><td colspan="4">——</td><td colspan="4">——</td><td colspan="2">——</td></tr>
<tr><td rowspan="3">7</td><td rowspan="3">颗粒分析</td><td>孔径(mm)</td><td>60</td><td>40</td><td>20</td><td>10</td><td>5</td><td>2.0</td><td>1.0</td><td>0.5</td><td>0.25</td><td>0.075</td></tr>
<tr><td>小于该孔径质量百分数(%)</td><td>——</td><td>——</td><td>——</td><td>——</td><td>——</td><td>——</td><td>——</td><td>——</td><td>——</td><td>——</td></tr>
<tr><td><2mm占总土质量百分比(%)</td><td colspan="10">——</td></tr>
<tr><td rowspan="3">8</td><td rowspan="3">级配砂砾</td><td>筛分孔径(mm)</td><td colspan="2">37.5</td><td colspan="2">31.5</td><td>26.5</td><td>19.0</td><td colspan="2">16.0</td><td>9.5</td><td>4.75</td></tr>
<tr><td>累计筛余(%)</td><td colspan="2">——</td><td colspan="2">——</td><td>——</td><td>——</td><td colspan="2">——</td><td>——</td><td>——</td></tr>
<tr><td>砂砾石含砂量(%)</td><td colspan="2">——</td><td colspan="2">砂含泥量(%)</td><td colspan="2">——</td><td colspan="3">卵石含泥量(%)</td><td>——</td></tr>
</table>

批 准：450　　审 核：450　　主 检：450

图 3-15　土工试验报告

二、钢筋连接

钢筋连接方式可分为焊接、机械连接（锥、直螺纹连接和冷挤压连接）等。钢筋连接必须符合以下规定：

（1）工程中凡有焊接要求的部位，必须执行《钢筋焊接及验收规程》（JGJ 18—2012）规定，必须做见证取样焊（检）验的焊（连）接试验，试件的材质必须与原材的材质相符。

（2）提供试（检）验的焊（连）接试件应从外观检查合格后切取。

（3）工厂和施工现场集中加工的焊接钢筋，应有加工单位提供的焊接（检）试验报告单，如图 3-15 所示。

（4）施焊者必须持有经过培训考核的且在有效期内的上岗证，并将证件复印件附在钢筋接头试（检）验报告单后。焊接人应与提供的焊工上岗证的姓名、证件编号一致。焊工每 2 年应复试一次，过期的焊工证不能使用。

（5）中途更换焊工时，应按照要求重新进行施焊前的第一次焊接工艺试验，试验合格后方可正式生产。

（6）焊接试验不合格时，应取双倍试样重新做试验，合格后方可进行焊接，若还达不到合格，应改变搭接方式，并有相应的处理措施。

（7）用于焊接的焊条、焊丝、焊剂都要有出厂合格证，不能用抄件代替。焊条需烘焙时，应有烘焙记录。

（8）《钢筋机械连接通用技术规程》（JGJ 107—2016）规定，工程中应用钢筋机械连接接头时，应由该技术提供单位提交有效的型式检验报告。

(9)《钢筋机械连接通用技术规程》规定，钢筋连接工程开始前及施工过程中，应对每批进场钢筋进行接头工艺检验。工艺检验应符合下列要求：每种规格钢筋的接头试件不应少于 3 根；钢筋母材抗拉强度试件不应少于 3 根，且应取自接头试件的同一根钢筋。

(10)《钢筋机械连接通用技术规程》规定，接头的现场检验按验收批进行。同一施工条件下采用同一批材料的同等级、同型式、同规格接头，以 500 个为一个验收批进行检验与验收，不足 500 个也作为一个验收批。

(11)《钢筋机械连接通用技术规程》规定，对接头的每一验收批，必须在工程结构中随机截取 3 个接头试件做抗拉强度试验，按设计要求的接头等级进行评定。当 3 个接头试件的抗拉强度均符合本规程中相应等级的要求时，该验收批评为合格。如有 1 个试件的强度不符合要求，应再取 6 个试件进行复检。复检中如仍有 1 个试件的强度不符合要求，则该验收批评为不合格。

受控编号:GXCTC/材-BG-17

CMA
16 20 01 06 0381

工程质量检测有限公司

钢筋焊接检测报告

样品编号：FMA15-2100131　　报告编号：01286FMA15-2　　第1页 共1页

委托单位	柳州市房地产开发有限公司		委托日期	2021年03月09日		盖章
施工单位	建设集团有限公司		检测日期	2021年03月10日		
工程名称	1#楼及地下室		报告日期	2021年03月10日		
工程部位	十四层至十五层剪力墙柱		焊接种类	电渣压力焊		
钢材品种	热轧带肋钢筋		样品状态	无异常		
生产厂家	广西有限公司		样品数量(个)	3		
炉、批号	04-08-16455	牌号 HRB400E	代表数量(个)	8		
检验依据	JGJ18-2012《钢筋焊接及验收规程》		焊　工	韦	上岗证号	T452
	JGJ/T27-2014《钢筋焊接接头试验方法标准》		取样人	梁	取样证号	JZQY
见证单位	广西工程建设咨询管理集团有限公司		见证人	欧	见证证号	JZQY

公称直径(mm)	公称横截面积(mm^2)	搭接长度(mm)	极限荷载(kN)	抗拉强度(MPa)	断裂特征	断口位置	弯心直径(mm)	弯曲角度(°)	弯曲试验结果
14	153.9	----	100.6	655	延性断裂	钢筋母材	----	----	----
		----	102.7	665	延性断裂	钢筋母材		----	----
		----	102.9	670	延性断裂	钢筋母材		----	----

技术要求	按JGJ18-2012规程中第5.1.7条
结　论	所检项目符合JGJ 18-2012标准中HRB400E钢筋接头的技术要求。
备　注	----
说　明	1、检测结果仅对来样负责； 2、报告复印件未加盖检验检测专用章无效。 3、对报告如有异议，应于收到报告15天内提出。

批准：450　　审核：450　　检测：450

图 3-16　钢材焊接检测报告

三、混凝土试块留置和混凝土强度检验评定

根据《混凝土结构工程施工质量验收规范》(GB 50204—2015)及《工程建设标准强制性条文》的规定，结构混凝土的强度等级必须符合设计要求。用于检查结构构件混凝土强度的试件，应在混凝土浇筑地点随机取样。

1. 取样与试件留置应符合下列规定

(1) 每拌制 100 盘且不超过 100 m^3 同配合比的混凝土，取样不得少于一次。

(2) 每工作班拌制的同一配合比的混凝土不足 100 盘时，取样不得少于一次。

(3) 一次连续浇筑超过 1 000 m^3 时，同一配合比的混凝土每 200 m^3 取样不得少于一次。

(4) 每一楼层同一配合比的混凝土取样不得少于一次。

(5) 每次取样应至少留置一组标准养护试件。

(6) 对有抗渗要求的混凝土结构，抗渗混凝土不仅需要满足混凝土强度，而且要符合设计的抗渗要求，即抗渗混凝土要留置强度试件，还要留置抗渗试件。抗渗试件的留置要求：同一混凝土强度等级、同一抗渗等级、同一配合比、同种原材料，每单位工程（或每一个结构部位，如层、段等）不得少于两组；对连续浇筑抗渗混凝土每 500 m^3 应留置一组抗渗试块，其中至少有一组在标准条件下养护。

(7) 结构构件的混凝土强度应按现行国家标准《混凝土强度检验评定标准》(GB/T 50107—2010)规定进行检验评定。

2. 混凝土强度的检验评定

(1) 统计方法评定

按《混凝土强度检验评定标准》，采用统计方法评定时，应按下列规定进行：

连续生产的混凝土，当生产条件在较长时间内保持一致，且同一品种、同一强度等级混凝土强度变异性保持稳定时，按《混凝土强度检验评定标准》规定进行评定。

当样本容量的混凝土组数≥10 组时，其强度应同时满足下列要求：

$$mf_{cu} \geq f_{cu,k} + \lambda_1 \cdot sf_{cu}$$

$$f_{cu,min} \geq \lambda_2 \cdot f_{cu,k}$$

式中，mf_{cu}——同一检验批混凝土立方体抗压强度的平均值；

$f_{cu,k}$——混凝土立方体抗压强度的标准值；

sf_{cu}——同一检验批混凝土立方体抗压强度的标准差；

λ_1，λ_2——合格评定系数，见表 3-51；

n——本检验期内样本容量；

$f_{cu,min}$——同一检验批混凝土立方体抗压强度的最小值（N/mm²，精确到 0.1 N/mm²）。

表 3-51　混凝土强度的合格评定系数

试件组数	10～14	15～19	≥20
λ_1	1.15	1.05	0.95
λ_2	0.90	0.85	

统计法评定示例：

一批 C30 混凝土，样本强度数据 (MPa)如下：35.0，36.5，31.9，33.7，33.7，35.7，35.9，36.6，35.6，35.7，36.4，42.1，37.8，37.1，42.1，34.5，42.3，44.0，38.5，36.7。

$n=20$，$f_{cu,min}=31.9$ MPa，经计算，$mf_{cu}=37.1$ MPa，$sf_{cu}=3.2$ MPa。

因为 $mf_{cu}-\lambda_1 sf_{cu}=(37.1-0.95\times3.2)$ MPa$=34.1$ MPa$>f_{cu,k}=30$ MPa，且 $f_{cu,min}=31.9$ MPa$>\lambda_2 f_{cu,k}=(0.85\times30)$ MPa$=25.5$ MPa，所以该验收批混凝土合格。

(2) 非统计方法评定

当用于评定的样本容量小于 10 组时，应采用非统计方法评定混凝土强度。

$$mf_{cu} \geq \lambda_3 \cdot f_{cu,k}$$

$$f_{cu,min} \geqslant \lambda_4 \cdot f_{cu,k}$$

式中，λ_3，λ_4 为合格评定系数，见表 3－52。

表 3－52　混凝土强度的非统计法合格评定系数

混凝土强度等级	＜C60	≥C60
λ_3	1.15	1.10
λ_4	0.95	

非统计法评定示例：

有四批 C30 混凝土，评定情况见表 3－53。

表 3－53　混凝土强度评定表　　单位：MPa

<table>
<tr><th>批次</th><th>样本强度数据</th><th>n</th><th>mf_{cu}</th><th>$f_{cu,min}$</th><th>$\lambda_3 f_{cu,k}$</th><th>$\lambda_4 f_{cu,k}$</th><th>评定</th></tr>
<tr><td>1</td><td>38.7，42.5，38.8</td><td>3</td><td>40.0</td><td>38.7</td><td rowspan="4">34.5</td><td rowspan="4">28.5</td><td>合格</td></tr>
<tr><td>2</td><td>39.1，31.1，31.0，34.0</td><td>4</td><td>33.8</td><td>31.0</td><td>不合格</td></tr>
<tr><td>3</td><td>28.0，38.9，39.5</td><td>3</td><td>35.5</td><td>28.0</td><td>不合格</td></tr>
<tr><td>4</td><td>40.6，40.9，36.0，33.9，36.5</td><td>5</td><td>37.6</td><td>33.9</td><td>合格</td></tr>
</table>

（3）混凝土强度的合格性评定

① 当检验结果满足《混凝土强度检验评定标准》(GB/T 50107—2010)第 5.12 条、5.13 条或 5.22 条的规定时，该批混凝土强度应评定为合格；当不能满足上述规定时，该批混凝土强度应评定为不合格。

② 对评定为不合格批的混凝土，可按国家现行的有关标准进行处理。

③ 混凝土强度评定未达到要求或未按规定留置试块的，混凝土强度试件标准养护龄期达不到 28d 或超过龄期作无效试件，均为质量问题，必须依据法定检测单位检测后出具的检测报告进行技术处理，结构处理应由设计单位提出加固处理方案。

混凝土配合比申请单、通知单见表 3－54、表 3－55，混凝土抗压强度试验报告、配合比报告如图 3－17、图 3－18 所示。

表 3－54　混凝土配合比申请单

<table>
<tr><td>工程名称</td><td colspan="3">××工程</td><td rowspan="2">编号</td><td rowspan="2">××</td></tr>
<tr><td>委托编号</td><td colspan="3">2020—××</td></tr>
<tr><td>委托单位</td><td colspan="3">××建设工程有限公司</td><td>试验委托人</td><td>×××</td></tr>
<tr><td>设计强度等级</td><td colspan="3">C30</td><td>要求坍落度
扩展度</td><td>160～180 mm</td></tr>
<tr><td>其他技术要求</td><td colspan="5">/</td></tr>
<tr><td>搅拌方法</td><td>机械</td><td>浇捣方法</td><td>机械</td><td>养护方法</td><td>标准养护</td></tr>
<tr><td>水泥品种及
强度等级</td><td>P·O42.5</td><td>厂别牌号</td><td>××水泥集团公司
××牌</td><td>试验编号</td><td>2020—××</td></tr>
<tr><td>砂产地及种类</td><td colspan="3">××中砂</td><td>试验编号</td><td>2020—××</td></tr>
</table>

(续表)

石子产地及种类	××碎石	最大粒径	25.0 mm	试验编号	2020—××
外加剂名称	SA—1　3.4%			试验编号	2020—××
掺合料名称	FA　26.0%			试验编号	2020—××
申请日期	2020 年 5 月 10 日	使用日期	2020 年 5 月 12 日	联系电话	××××

表 3-55　混凝土配合比通知单

配合比编号	2020—××			试配编号	××		
强度等级	C30	水胶比	0.44	水灰比	0.47	砂率	43%
材料名称 项目	水泥	水	砂	石	外加剂	掺合料	
每 m^2 用量 (kg/m^3)	301	178	783	1 039	12.8	96.0	
每盘用量(kg)							
说明：本配合比所使用材料均为干材料，使用单位应根据材料含水情况随时调整。							
负责人		审核		计算		试验	
×××		×××		×××		×××	
报告日期	2020 年 5 月 12 日						

本表由施工单位保存。

受控编号:GXCTC/材-BG-09

16 20 01 06 0381

工程质量检测有限公司

混 凝 土 抗 压 强 度 检 测 报 告

样品编号：FMA08-1800023　　报告编号：　286FMA08-180　　第1页 共1页

委托单位	有限公司	委托日期	2018年03月12日		
工程名称	6#楼及地下室	检测日期	2018年04月01日		
工程部位	Z6-1#旋挖桩	报告日期	2018年04月01日		
生产厂家	预拌混凝土有限责任公司	强度等级	C35		
检验依据	GB 50204-2015 《混凝土结构工程施工质量验收规范》	样品状态	无异常		
	GB/T50081-2002《普通混凝土力学性能试验方法》	取 样 人	欧	取样证号	JZQY450
见证单位	工程监理咨询有限公司	见 证 人	王	见证证号	JZQY450

成型日期	养护条件	龄期(d)	累计温度(℃·d)	试件尺寸(mm)			承压面积(mm^2)	破坏荷载(kN)	抗压强度(MPa)	
				长	宽	高			单块值	代表值
2018年03月04日	标准养护	28	----	100	100	100	10000	372.49	35.4	35.8
				100	100	100	10000	392.27	37.3	
				100	100	100	10000	365.65	34.7	
备　注	----									
说　明	1、检测结果仅对来样负责； 2、报告复印件未加盖检验检测专用章无效； 3、对报告如有异议，应于收到报告15天内提出。									

批准：450　　审核：450　　检测：4501

图 3-17　混凝土抗压强度试验报告

受控编号:GXCTC/材-BG-06

16 20 01 06 0381

工程质量检测有限公司

混凝土配合比报告

试验编号:FMA07-2100001　　　报告编号:01286FMA07-2100001　　　第1页 共1页

委托单位	房地产开发有限公司			委托日期	2021年03月16日		
施工单位	建筑工程有限公司			试验起始日期	2021年03月19日		
工程名称	1#-3#楼、5#-12#楼及地下室			报告日期	2021年04月16日		
工程部位	基坑支护			强度等级	C20		
委托要求	普通配合比	坍落度	160～180(mm)	抗渗等级	----		
试验依据	JGJ55-2011			取 样 人	唐	取样证号	JZQY20
见证单位	工程顾问有限公司			见 证 人	刘	见证证号	JZQY20

材料名称	规 格 及 说 明	材料样品编号	重量配合比	每m^3砼材料用量(kg)	每盘砼材料用量(kg)	备注及说明
水泥	P·042.5	FMA01-2100003	1.00	319	50	
砂1	天然砂粗砂细度模数3.2	FMA02-2100001	2.33	743	116	1、本配合比系根据送检材料设计，限于规定工程部位使用，不同部位和不同材料均不准套用。
砂2	----	----	----	----	----	
石1	建材有限公司碎石5-10mm	FMA03-2100001	3.35	1068	168	2、砂石均按干重计，施工时按实测含水率换算使用。
石2	----	----	----	----	----	
水	自来水	----	0.72	230	36	3、报告复印件未加盖检验检测专用章无效；4、对报告如有异议，应于收到报告15天内提出。
外加剂1	----	----	----	----	----	
外加剂2	----	----	----	----	----	
掺合料1	----	----	----	----	----	
掺合料2	----	----	----	----	----	

坍落度（mm）	170	实测强度			
30min坍落度保留值（mm）	----	龄期	3d	7d	28d
60min坍落度保留值（mm）	----	抗压强度(MPa)	----	18.0	27.2
实测密度（kg/m^3）	2370	抗折强度(MPa)	----	----	----
28d抗渗结果	抗渗水压----MPa，符合----要求	----			

批 准：4501　　　审 核：4501　　　主检：450

图 3－18　混凝土配合比报告

四、结构实体检验用同条件养护试件强度检验

根据《混凝土结构工程施工质量验收规范》(GB 50204—2015)规定，对混凝土结构子分部工程进行结构实体检验，其所依据的同条件养护试件必须按验收规范相关要求留置，所指定的结构构件或结构部位应在开工前由监理(建设)施工等各方以有效的书面文件形式确定，不宜少于 10 组，且不应少于 3 组，放置在靠近相应结构构件或结构部位的适当位置，与实体结构采用相同的养护方法，同时其龄期应以 600 ℃·d 的积温等效龄期计算。

同条件养护试件的等效养护龄期可取按日平均温度测试记录累计达到 600 ℃·d 时所对应的龄期，0 ℃及以下的龄期不计入；等效养护龄期不应小于 14 d，也不应大于 60 d。同条件试件养护温度记录见表 3－56。

同条件养护试件的强度代表值应根据强度试验结果按现行国家标准《混凝土强度检验评定标准》(GB/T 50107—2010)乘以折算系数取用，折算系数宜取为 1.10。

受控编号:GXCTC/材-BG-09

工程质量检测有限公司

混凝土抗压强度检测报告

样品编号：FMA08-210089　　报告编号：01286FMA08-210089　　第1页 共1页

委托单位	柳州市　房地产开发有限公司					委托日期	2021年03月22日		盖章	
施工单位	惠州市　建筑工程有限公司					检测日期	2021年03月22日			
工程名称	1#-3#楼、5#-12#楼及地下室					报告日期	2021年03月22日			
工程部位	12#楼地下室负一层顶板梁板					强度等级	C35			
生产厂家	柳州市　商品混凝土有限责任公司					样品状态	无异常			
检验依据	GB 50204-2015《混凝土结构工程施工质量验收规范》									
	GB/T50081-2019《混凝土物理力学性能试验方法标准》					取样人	唐	取样证号	JZQY2021072	
见证单位	中咨　工程顾问有限公司					见证人	刘	见证证号	JZQY2010334	
成型日期	养护条件	龄期(d)	累计温度(℃·d)	试件尺寸(mm)			承压面积	破坏荷载	抗压强度(MPa)	
				长	宽	高	(mm²)	(kN)	单块值	代表值
2021年03月13日	拆模同条件养护	9	----	99.9	99.8	100.1	9970	410.80	39.1	38.9
				100.0	100.2	99.8	10020	410.06	38.9	
				99.9	99.8	99.8	9970	407.62	38.8	
备注	----									
说明	1、检测结果仅对来样负责； 2、报告复印件未加盖检验检测专用章无效； 3、对报告如有异议，应于收到报告15天内提出。									

批准：450100032　　审核：450100275　　检测：450100454

图 3－19　混凝土抗压强度试验报告

表 3－55　结构实体同条件试件养护温度记录表

工程名称	××××工程综合楼			结构类型	框架结构
试件代表件名称	一层框架柱 KZ101(结构构件具体名称应按照设计图纸的标示)				
试件成型时间	2020 年 8 月 10 日			混凝土强度等级	C50
养护日期	等效养护天数	本地气象信息预报 ℃	日平均气温 ℃	日气温累计℃	备注
2020.8.11	1	31～36	33	33	
2020.8.12	2	31～37	34	67	
施工现场记录人：×××			现场监理见证人：×××		

注：1. 同条件养护试件的等效龄期为日平均温度累计达到 600 ℃所对应的天数。

2. 等效养护龄期不应小于 14 d，也不应大于 60 d。

3. 要求同条件养护试件从拆模放到构件旁边与构件同时养护之日起计算每天的日平均气温。

4. 如果同一天有多组同条件养护试块的，可以多组同一张记录，但必须记录好所有试块的代表构件名称。

五、结构实体检验

对涉及混凝土结构安全的重要部位应进行结构实体检验。结构实体检验应在监理工程师(建设单位项目专业技术负责人)见证下,由施工项目技术负责人组织实施。承担结构实体检验的试验室应具有相应的资质。

结构实体检验的内容应包括混凝土强度、钢筋保护层厚度以及工程合同约定的项目;必要时可检验其他项目。

1. 混凝土强度检验

对于混凝土强度的检验,应以混凝土浇筑地点制备并与结构实体同条件养护的试件强度为依据。混凝土强度检验用同条件养护试件的留置、养护和强度代表值应符合《混凝土结构工程施工质量验收规范》(GB 50204—2015)的规定。

对于混凝土强度的检验,应根据合同的约定,采用非破损或局部破损的检测方法,按国家现行有关标准的规定进行。

当同条件试件强度的检验结果符合现行国家标准《混凝土强度检验评定标准》(GB/T 50207—2010)的有关规定时,混凝土强度应判为合格。

2. 钢筋保护层厚度检验

对钢筋保护层厚度的检验,抽样数量、检验方法、允许偏差和合格条件应符合《混凝土工程施工质量验收规范》的规定。

对钢筋保护层厚度检验时,纵向受力钢筋保护层厚度的允许偏差:对梁构件为+10 mm,-7 mm;对板类构件为+8 mm,-5 mm。

对梁类、板类构件纵向受力钢筋的保护层厚度应分别进行验收。钢筋保护层厚度验收合格应符合下列规定:

(1) 当全部钢筋保护层厚度检验的合格点率为90%及以上时,钢筋保护层厚度的检验结果应判为合格。

(2) 当全部钢筋保护层厚度检验的合格点率小于90%但不少于80%,可再抽取相同数量的构件进行检验;当按两次抽样总和计算的合格点率为90%及以上时,钢筋保护层厚度的检验结果仍应判为合格。

(3) 每次抽样检验结果中不合格点的最大偏差均不应大于允许偏差的1.5倍。

3. 混凝土楼板厚度检验

混凝土楼板厚度抽检数量:根据自然间按照《建筑结构检测技术标准》(GB/T 50344—2019)最小容量A类抽取。如果楼板厚度偏差值超过《混凝土结构工程施工质量验收规范》截面允许偏差值的1.5倍时,施工单位应将检验结果报送设计单位进行复核验算;若不能满足设计要求的,须加固补强处理。

六、饰面砖样板件强度检测试验报告

按《建筑装饰装修工程质量验收规范》(GB 210—2018)及《外墙饰面砖工程施工及验收规范》(JGJ 126—2015)规定,系列验收规范《工程建设标准强制性条文》有关规定通知,凡外墙装饰工程使用饰面砖的,均应在粘贴前,对在相同基层上所做的样板件进行饰面砖粘贴强度检验。建设单位委托有检测资质的单位检测。

七、特殊部分的钢结构、网架结构工程资料

质量合格证明文件及检测报告的收集：

(1) 分包手续、施工单位资质证明；

(2) 焊接件的探伤检测报告；

(3) 高强度螺栓连接副摩擦面的抗滑移系数试验报告；

(4) 钢网架结构的挠度值检测报告；

(5) 应有现场见证取样、送样记录；

(6) 设计要求的一、二级焊缝应做缺陷检验；

(7) 螺栓球节点承载力试验；

(8) 防腐防火涂料应做涂层厚度检测，防火涂层的检测应由有资质的检测单位出具；

(9) 特殊部分的质量验收报告。

八、预应力混凝土结构检验检测资料

(1) 施工单位应具备相应资质证明。

(2) 张拉设备的检定证书 、预应力张拉施工技术方案。

(3) 应有现场见证取样、送样记录，应有钢绞线的出厂合格证及力学性能检验报告，锚夹具、连接器的外观、尺寸和硬度的检验报告以及预应力组合件检测报告。

(4) 预应力筋张拉或放张时，混凝土强度应符合设计要求；当设计无具体要求时，不应低于设计的混凝土立方体抗压强度标准值的 75%。

(5) 预应力筋的张拉力、张拉或放张顺序及张拉工艺应符合设计要求和施工技术方案的要求。

(6) 特殊部分的质量验收报告。

九、抹灰砂浆检验试验资料

为进一步加强抹灰砂浆质量控制，防止抹灰层出现酥松、开裂、空鼓甚至脱落等现象，根据住建部《抹灰砂浆技术规程》(JGJ/T 220—2010)的有关规定，各新建、扩建、改建和既有建筑的一般抹灰工程用砂浆的配合比设计、施工及质量验收均应符合《抹灰砂浆技术规程》有关规定的要求。

大面积涂抹于建筑物墙、顶棚、柱等表面的砂浆，也称抹灰砂浆，一般用于抹灰工程，包括水泥抹灰砂浆、水泥粉煤灰抹灰砂浆、水泥石灰抹灰砂浆、掺塑化剂水泥抹灰砂浆、聚合物水泥抹灰砂浆及石膏抹灰砂浆等。

水泥抹灰砂浆是以水泥为胶凝材料，加入细骨料和水，按一定比例配制而成的抹灰砂浆。

水泥石灰抹灰砂浆是以水泥为胶凝材料，加入石灰膏、细骨料和水，按一定比例配制而成的抹灰砂浆，简称混合砂浆。

界面砂浆是提高抹灰砂浆层与基层粘结强度的砂浆。

1. 抹灰砂浆使用原材料要求

(1) 抹灰砂浆所用材料应符合设计及相关规范要求。

(2) 水泥应进行凝结时间、安定性及强度检测。当对水泥质量有怀疑或水泥出厂超过三

个月时，应重新复验，复验合格的，可继续使用。

(3) 不同品种、不同等级、不同厂家的水泥不得混合使用。

(4) 抹灰用砂宜采用中砂，含泥量不应超过 5%。

(5) 不得使用脱水硬化的石灰膏。

(6) 抹灰砂浆在施工前应进行配合比设计。抹灰砂浆配合比应采取重量计量。

施工单位应在抹灰施工前根据设计文件及相关规范要求编制施工方案，并经监理(建设)单位相关负责人审核。抹灰砂浆施工配合比确定后，宜在实地制作样板，样板质量及施工工艺经监理(建设)单位确认后，再进行大面积施工。施工单位应严格按经过审核的施工方案施工，监理单位应对施工过程进行旁站监理，严格控制配合比、分层施工厚度及砂浆稠度。砂浆配合比报告如图 3-20 所示。

受控编号:GXCTC/材-BG-07

16 20 01 06 0381

工程质量检测有限公司

砂浆配合比报告

试验编号：FMA11-20　　报告编号：01286FMA11-200　　第1页 共1页

委托单位	园区开发建设投资有限公司	委托日期	2020年07月17日		
施工单位	建筑工程有限责任公司	试验起始日期	2020年07月18日		
工程名称	基础设施建设项目— 路道路工程	报告日期	2020年08月15日		
工程部位	道路工程全线	强度等级	M10		
砂浆种类	水泥砂浆	试验要求	70~90(mm)		
试验依据	JGJ/T 98-2010《砌筑砂浆配合比设计规程》	取样人	蒋	取样证号	JZQY45
见证单位	工程咨询有限公司	见证人	余	见证证号	JZQY45

材料名称	规格及说明	材料检验编号	重量配合比	每m³砂浆用量(kg)	每盘砂浆用量(kg)	备注
水泥	水泥有限公司 P·O 42.5	FMA01-2000004	1.00	275	50	1、本配合比系根据送检材料设计，限于规定工程部位使用，不同部位和不同材料均不准套用。2、砂按干重计，施工时按实测含水率换算使用。
砂(1)	机制砂　中砂细度模数2.6	FMA02-2000001	5.24	1440	262	
砂(2)	—— ——	——	——	——	——	
水	自来水	——	1.02	280	51	
石灰膏	——	——	——	——	——	
外加剂1	——	——	——	——	——	
外加剂2	——	——	——	——	——	
掺合料1	——	——	——	——	——	
掺合料2	——	——	——	——	——	
稠度(mm)	80	实测表观密度(kg/m³) 2000	实测抗压强度(MPa)	7d	9.3	
保水率(%)	14.0	拉伸粘结强度(MPa) ——		28d	13	
说明	1、报告复印件未加盖检验检测专用章无效；2、对报告如有异议，应于收到报告15天内提出。					

批准：　4501　　审核：　450　　检测：　4503

图 3-20　砂浆配合比报告

2. 抹灰工程各检验批应按下列规定划分

(1) 相同砂浆品种、强度等级、施工工艺的室外抹灰工程，每 500～1 000 m² 应划分为一个检验批；不足 500 m² 的，也应划分为一个检验批。

(2) 相同砂浆品种、强度等级、施工工艺的室内抹灰工程，每 50 个自然间(大面积房间和走廊按抹灰面积 30 m² 为一间)应划分为一个检验批，不足 50 间的也应划分为一个检验批。

3. 抹灰每个检验批的检查数量应符合下列规定

(1) 室外每 100 m² 应至少抽查一处，每处不得少于 10 m²。

(2) 室内应至少抽查 10%，并不得少于 3 间；不足 3 间时，应全数检查。

4. 抹灰砂浆试块留置及拉伸粘结强度检测应该符合以下要求

(1) 砂浆抗压强度验收时,同一验收批砂浆试块不应少于3组。

(2) 砂浆试块应在使用地点或出料口随机取样,砂浆稠度应与实验室的稠度一致。

(3) 砂浆试块的养护条件应与实验室的养护条件相同。

(4) 抹灰层拉伸粘结强度检测时,相同砂浆品种、强度等级、施工工艺的外墙、顶棚抹灰工程每5 000 m^2 应为一个检验批,每个检验批应取一组进行检测,不足5 000 m^2 的也应取一组。拉伸粘结强度要求见表3-56。

表3-56 抹灰砂浆对应的拉伸粘结强度

抹灰砂浆品种	拉伸粘结强度/MPa
水泥抹灰砂浆	0.20
水泥粉煤灰抹灰砂浆、水泥石灰抹灰砂浆、掺塑化剂水泥抹灰砂浆	0.15
聚合物水泥抹灰砂浆	0.30
预拌抹灰砂浆	0.25

(5) 当内墙抹灰砂浆试块抗压强度检验不合格时,应在现场对内墙抹灰层进行拉伸粘结强度检测,并应以其检测结果为准。当外墙或顶棚抹灰施工中试块抗压强度检验不合格时,应对外墙或顶棚抹灰砂浆加倍取样进行抹灰层拉伸粘结强度检测,并应以其检测结果为准。

十、幕墙及外窗气密性、水密性、耐风压、变形性能检测报告

幕墙工程按《建筑装饰装修工程质量验收规范》(GB 50210—2018)规定做幕墙气密性、水密性、耐风压性、变形性能检测,并应委托有检测资质的检测单位检测。门窗工程按《建筑装饰装修工程质量验收规范》规定,应对材料性能指标进行复验(建筑外墙金属、塑料窗气密性、水密性、耐风压),并应委托有检测资质的检测单位检测。

幕墙及外窗气密性、水密性、耐风压、变形性能检测报告应符合设计和规范要求;检测报告中应有明确的检测结果及结论。玻璃幕墙抗雨水渗透性能检查记录表见表3-57。

表3-57 玻璃幕墙抗雨水渗透性能检查记录

<table>
<tr><td>工程名称</td><td>综合办公楼</td><td>施工单位</td><td colspan="3">某建筑集团公司</td></tr>
<tr><td>幕墙类别</td><td>点式玻璃幕墙</td><td>幕墙系列</td><td colspan="3">140系列</td></tr>
<tr><td>试验部位</td><td>幕墙</td><td>试验日期</td><td>×××</td><td>试验人</td><td>×××</td></tr>
<tr><td colspan="6">试水经过及问题处理:
用 ϕ20 软管加装上喷嘴,将水直接垂直喷射指定的接缝处,喷射水头垂直于墙沿接缝前后缓缓移动,每处喷射时间不少于5 min(水压不低于210 kPa),淋水量4 L/m^2。</td></tr>
<tr><td>结论</td><td colspan="5">经多次喷淋,没有发现渗透现象,符合要求。</td></tr>
<tr><td colspan="2">施工单位:
经检查施工质量符合设计及验收规范要求
项目质量检查员:××× ××年×月×日</td><td colspan="4">建设或监理单位:
同意验收
代表:××× ××年×月×日</td></tr>
</table>

十一、室内环境检测报告

所有新建、扩建和改建以及其他需要环境污染控制的民用建筑物和构筑物，在工程竣工验收前均应按规定进行室内环境检测。

对于以毛坯房、初装修形式竣工验收的工程，在开工前对地基土壤氡浓度进行测定。施工期间除对相关材料有害物质进行控制以外，单位工程竣工验收前还应进行室内空气污染物检测。

建设单位应委托有资质的检测单位进行室内环境检测。室内环境污染物浓度的全部检测结果符合《民用建筑工程室内环境污染控制规范》(GB 50325—2020)规定的，可判定该工程室内环境质量合格，否则判定为不合格。室内环境质量验收不合格的民用建筑工程严禁投入使用。

1. 材料中污染物含量的检测

(1) 民用建筑工程采用的无机非金属建筑材料和装修材料必须有放射性指标检测报告，检测结果应符合设计和《民用建筑工程室内环境污染控制规范》要求。

(2) 民用建筑工程室内装修中采用的人造木板及饰面人造木板，必须有游离甲醛含量或游离甲醛释放量检测报告，检测结果应符合设计和《民用建筑工程室内环境污染控制规范》要求。

(3) 民用建筑工程室内装修中采用的水性涂料、水性胶粘剂、水性处理剂必须有总挥发性有机化合物(TVOC)和游离甲醛含量检测报告；溶剂型涂料、溶剂型胶粘剂必须有总挥发性有机化合物(TVOC)、苯、游离甲苯二异氰酸酯(TDI)(聚氨酯类)含量的检测报告，检测结果应符合设计要求和《民用建筑工程室内环境污染控制规范》规定。

(4) 民用建筑工程采用的其他建筑材料和室内装修材料的质保资料，应有污染物含量(指标)或释放量的检测结果，并应符合设计要求和《民用建筑工程室内环境污染控制规范》规定。

(5) 民用建筑工程所用的建筑材料和室内装修材料应分批进行进场检验，每个检验批应有相应的检测报告。

(6) 建筑材料和装修材料的检测项目不全或对检测结果有疑问时，必须将材料送有资格的检测机构进行检验，检验合格后方可使用。

(7) 相应材料进场时应按不同产品分别取样送有资质检测单位检测污染物含量(指标)或释放量，检验合格后方可使用。

2. 室内环境污染物浓度的检测

(1) 室内环境污染物浓度检测，应在工程完工至少 7 天以后，工程验收之前进行。

(2) 按验收时民用建筑工程的室内装修情况，必须检测的项目分别如下：

① 墙面、地面、天花仅做水泥砂浆抹灰的，检测氡；

② 墙面、天花已刮腻子的，检测氡、甲醛、TVOC；

③ 已做好室内装修，具备居住或使用条件的，检测氡、甲醛、苯和 TVOC，氨可视具体情况定。

(3) 抽检房间的数量，应不少于房间总数的 5%，且不少于 3 间。

(4) 抽检的房间必须具有代表性，应考虑楼层、朝向、迎背风、户型等因素。

(5) 室内环境污染物浓度检测点应按检测标准和规范设置。

(6) 住宅工程可按套(单元)抽检,然后在套(单元)内的各个房间设置检测点;设计图纸中有不装门(窗)扇的门、窗洞相通时,相通的分隔间按一个房间设置检测点。

(7) 检测民用建筑工程室内环境中游离甲醛、苯、氨、总挥发性有机化合物(TVOC)浓度时,应在对外门窗关闭 1 小时后进行。

(8) 检测民用建筑工程室内环境中氡浓度时,应在对外门窗关闭 24 小时后进行。

室内环境检测报告应该满足以下要求:

(1) 工程名称及地址,房屋结构、层数及装修标准。

(2) 检测人员上岗证编号、仪器设备有效期内的检定证书复印件。

(3) 检测所涵盖的栋数及栋数抽检百分率;所抽栋号的房间总数及抽检百分率;检测点设置数量及具体位置(含位置平面图)。

(4) 建筑工程中所使用的无机非金属建筑材料和装修材料必须有放射性指标检测报告,并应符合设计要求和《民用建筑工程室内环境污染控制规范》要求。

(5) 民用建筑工程室内装修中采用的人造木板及饰面人造木板,必须有游离甲醛释放量检测报告。

(6) 民用建筑工程室内饰面的天然花岗岩石材,当总面积大于 200 m^2 时,应对不同产品分别进行放射性指标的复验。

(7) 民用建筑工程室内装修中采用的水性涂料、水性胶粘剂、水性处理剂必须有总挥发性有机化合物(TVOC)和游离甲醛含量;溶剂型涂料、溶剂型胶粘剂必须有总挥发性有机化合物(TVOC)、苯、游离甲苯二异氰酸酯(TDI)(聚氨酯类)含量检测报告,并应符合设计要求和《民用建筑工程室内环境污染控制规范》要求。

(8) 室内环境机构出具的检测报告需附开展此项业务的资质证书及计量认证证书复印件。

实训练习

任务一　掌握钢筋焊接接头检验批划分及抽样方法。

1. 目的　通过展示某工程项目的《钢材焊接检验报告》,进一步理解钢筋接头试件抗拉强度试验的质量检验方法。

2. 能力目标　懂得划分钢筋接头检验批次,会抽取样件并及时收集《钢材焊接检验报告》。

3. 实物资料　某民用建筑房屋工程某批次《钢材焊接检验报告》。

任务二　掌握混凝土试块留置和混凝土强度试验报告的收集。

1. 目的　提供某 7 层及以下的民用建筑物施工图纸,抽取某一层楼板让学生计算混凝土工程量,并制定取样与试件留置计划。

2. 能力目标　懂得混凝土取样与试件留置规定,及时收集《混凝土抗压强度试验报告》。

3. 实物资料　某民用建筑房屋工程某试块《混凝土抗压强度试验报告》。

任务三　掌握混凝土强度的检验评定方法。

1. 目的　提供一组混凝土试块《混凝土抗压强度试验报告》,确定该检验批次的混凝土强度是否合格。

2. 能力目标　懂得采用统计方法和非统计方法计算并检验混凝土强度是否合格。

3. 实物资料　某民用建筑房屋工程某批次的一组试块的《混凝土抗压强度试验报告》。

任务四　掌握抹灰砂浆试块留置及拉伸粘结强度检测要求。

1. 目的　提供某7层及以下的民用建筑物施工图纸，抽取某一层墙面让学生计算抹灰砂浆工程量，确定配合比，并制定试块留置计划。

2. 能力目标　懂得抹灰砂浆试块留置及拉伸粘结强度检测要求，及时收集《砂浆配合比报告》等。

3. 实物资料　某民用建筑房屋工程施工图纸。

项目7　施工质量验收资料

学习目标　掌握建筑工程施工质量验收的概念，掌握检验批、分项工程、分部工程质量的验收条件及相关表格的填写。

能力目标　懂得划分检验批，会填写检验批、分项工程、分部工程质量的验收相关表格。

知 识 点　主控项目、一般项目、观感质量。

一、建筑工程施工质量验收概念

建筑工程质量是反映建筑工程满足相关标准规定或合同约定的要求，包括其在安全、使用功能及耐久性、环境保护等方面所有明显和隐含能力的特性总和。

验收是建筑工程在施工单位自行质量检查评定的基础上，参与建设活动的有关单位共同对检验批、分项、分部、单位工程的质量进行抽样复验，根据相关标准以书面形式对工程质量是否合格作出确认。

主控项目是建筑工程中的对安全、卫生、环境保护和公众利益起决定性作用的检验项目。

一般项目是除主控项目以外的项目。

观感质量是通过观察和必要的测量所反映的工程外在质量。

二、质量验收要求

1. 检验批的验收

各个检验批的验收依据各自的专业规范进行，如砌砖检验批的验收依据《砌体工程施工质量验收规范》进行，钢筋安装检验批的验收依据《混凝土结构工程施工质量验收规范》进行。

检验批的检验项目按其重要程度分为主控项目和一般项目。

2014年实施的《建筑工程施工质量验收统一标准》中检验批质量验收合格的条件为：

(1) 主控项目的质量经抽样检验均应合格。

(2) 一般项目的质量经抽样检验合格。当采用计数抽样时，合格点率应符合有关专业验收规范的规定，且不得存在严重缺陷。对于计数抽样的一般项目，正常检验一次、二次抽样可按标准判定。

(3) 具有完整的施工操作依据、质量检查记录。

对于计数抽样的一般项目，正常检验一次抽样按表3－59判定。

表 3-59 一般项目正常检验一次抽样判定

样本容量	合格判定数	不合格判定数	样本容量	合格判定数	不合格判定数
5	1	2	32	7	8
8	2	3	50	10	11
13	3	4	80	14	15
20	5	6	125	21	22

对于计数抽样的一般项目，正常检验二次抽样按表 3-60 判定。

表 3-60 一般项目正常检验二次抽样判定

抽样次数	样本容量	合格判定数	不合格判定数	抽样次数	样本容量	合格判定数	不合格判定数
(1)	3	0	2	(1)	20	3	6
(2)	6	1	2	(2)	40	9	10
(1)	5	0	3	(1)	32	5	9
(2)	10	3	4	(2)	34	12	13
(1)	8	1	3	(1)	50	7	11
(2)	16	4	5	(2)	100	18	19
(1)	13	2	5	(1)	80	11	16
(2)	26	6	7	(2)	160	26	27

一般项目样本容量在两个数值之间时，合格判定数和不合格判定数可通过插值并四舍五入取整确定。

2. 分项工程的验收

《建筑工程施工质量验收统一标准》(GB 50300—2013)中分项工程质量验收合格的条件为：

(1) 分项工程所含的检验批质量均应验收合格；

(2) 分项工程所含的检验批的质量验收记录应完整。

分项工程质量验收是在检验批验收的基础上进行的，是一个核查过程，没有实体验收内容，所以在验收分项工程时应注意：

(1) 所含的检验批是否全部验收合格，有无遗漏；

(2) 各检验批所覆盖的区段和所含的内容有无遗漏，所有检验批是否完全覆盖了本分项所有区段和内容，是否全部合格；

(3) 所有检验批质量验收记录的内容及签字人是否正确，签字是否有效(签名人是否具备规定资格)。

3. 分部工程的验收

《建筑工程施工质量验收统一标准》中分部质量验收合格的条件为：

(1) 核查所含分项的质量均应验收合格；

(2) 质量控制资料应完整；

(3) 有关安全、节能、环境保护和主要使用功能的抽样检验结果应符合相应规定；

(4) 观感质量应符合要求。

4. 单位工程质量验收全中应符合下列规定

《建筑工程施工质量验收统一标准》中单位工程质量验收合格的条件为：

(1) 所含分部工程的质量均应验收合格；

(2) 质量控制资料应完整；

(3) 所含分部工程中有关安全、节能、环境保护和主要使用功能的检验资料应完整；

(4) 主要使用功能的抽查结果应符合相关专业验收规范的规定。

(5) 观感质量应符合要求。

工程质量控制资料应齐全完整，当部分资料缺失时，应委托有资质的检测机构按有关标准进行相应的实体检验或抽样试验。经返修或加固处理仍不能满足安全或使用要求的分部工程及单位工程，严禁验收。

三、施工质量验收记录

1. 检验批质量验收记录内容

检验批质量应按主控项目、一般项目进行验收。检验批的质量检验，可根据检验项目的特点在下列抽样方案中选择：

(1) 计量、计数的抽样方案。

(2) 一次、二次或多次抽样方案。

(3) 对重要的检验项目，当有简易快速的检验方法时，选用全数检验方案。

(4) 根据生产连续性和生产控制稳定性情况，采用调整型抽样方案。

(5) 经实践证明有效的抽样方案。

检验批抽样样本应该随机抽取，满足分布均匀、具有代表性的要求，抽样数量不应低于有关专业验收规范规定，同时满足表 3-61 表要求。

对明显不合格的个体可不纳入检验批，但必须进行处理，使其满足有关专业验收规范的规定，对处理的情况应该予以记录并重新验收。

表 3-61　检验批最小抽样数量

检验批的容量	最小抽样数量	检验批的容量	最小抽样数量
2～15	2	151～280	13
16～25	3	281～500	20
26～50	5	501～1 200	32
51～90	6	1 201～3 200	50
91～150	8	3 201～10 000	80

2. 检验批质量验收记录表格的样式及内容填写要求

检验批质量验收记录应由施工项目专业质量检查员填写，专业监理工程师组织项目专业质量检查员、专业工长等进行验收。

现以《现浇结构模板安装检验批质量验收记录》为例，详细说明检验批的填写要求。

(1) 检验批编号

表格的左上角为检验批质量验收所执行的规范编号，如 GB 50204—2015，表示执行国家标准《混凝土结构工程施工质量验收规范》。表格的右上角有9位数的编码,“桂建质020102□□□”。

“桂建质”:广西版建筑工程施工质量验收表格。

“020102”:前六位数。前二位为分部工程代码,01～09依次为地基与基础(01),主体结构(02),建筑装饰装修(03),建筑屋面(04),建筑给水排水及采暖(05),建筑电器(06),智能建筑(07),通风与空调(08),电梯(09),建筑节能(10)。第三、四位为子分部工程代码。第五、六位为分项工程代码。“020102”可解读为该检验批属主体结构分部、混凝土结构子分部、钢筋分项。

“□□□”:第七、八、九位数,为同一分项同一验收内容不同检验批的顺序号。

(2) 项目工程概况

工程名称:本工程实际名称(要与设计图纸、建筑规划许可证、施工许可证、质量监督登记书等相符。如果这几样资料的内容都各不相同,由建设单位出报告确认工程名称的证明资料,并有附件证明材料)。

分项工程名称:本检验批的分项工程名称,如钢筋工程、模板工程。

子分部工程名称:本检验批的子分部工程名称,如混凝土子分部—钢筋—模板—混凝土等工程。

验收部位:按检验批划分的部位填写(如①～⑨轴或是一层钢筋)。

施工单位:总承包单位名称。

项目经理:总承包单位项目经理姓名。

专业工长:分项工程专业工长姓名。

质量检查员:分项工程质量检查员姓名。

分包单位:分项工程的分包方单位名称。

分包项目经理:分包单位项目经理姓名。

施工班组:具体操作施工的班组长姓名。

施工执行标准名称及编号:各企业依据操作工艺制定企业标准。若施工单位无企业标准,可执行国家、地方或行业标准。

(3) 主控项目

主控项目的条文是必须要达到要求的,是保证工程安全和使用功能的重要检验项目,是对安全、卫生、环境保护和公众利益起决定性作用的检验项目,决定着该检验批主要性能。

主控项目包括的内容主要有:

① 重要材料、构件及配件、成品及半成品、设备性能及附件的材质、技术性能等。检查出厂证明文件及试验数据,如水泥、钢材的质量,预制楼板、墙板、门窗等构配件的质量。

② 结构的强度、刚度和稳定性等检验数据,工程性能的检测,如混凝土、砂浆强度,管道的压力试验,电气的绝缘接地测试等。

(4) 一般项目

一般项目是除主控项目以外的检验项目,其条文也是应该达到的,只不过当对少数条文适当放宽一些时也不影响工程安全和使用功能。

(5) 施工单位检查评定结果

此栏由项目专业质量检查员逐项检查主控项目和一般项目的所有内容,确认符合规范要求后填写“主控项目全部符合要求,一般项目满足规范要求,本检验批符合要求”,签名和签署验收日期。

(6) 监理(建设)单位对主控项目、一般项目逐项验收

对符合合格标准的项目,填写“合格”;对有不合格项的检验批,由施工单位整改合格后再验收,然后形成记录。

(7) 监理(建设)单位验收结论

此栏由监理工程师或建设单位项目专业技术负责人逐项检查主控项目和一般项目所有内容,全部合格后,将该验收批的验收结论填写“主控项目全部合格,一般项目满足规范要求,本检验批合格”,并签名和签署验收日期。

2. 检验批质量不符合要求的处理

第一种情况,检验批验收时,其主控项目不能满足验收规范规定,或一般项目超过偏差限值的子项不符合检验规定的要求时,应及时处理检验批。其中,严重缺陷的推倒重来;一般缺陷通过翻修或更换器具、设备予以解决,应允许施工单位采取相应措施后重新验收。

第二种情况,是指个别检验批发现试块强度不满足要求等问题,难以确定是否验收时,应请具有资质的法定检测单位检测。当鉴定结果能够达到设计要求时,该检验批仍应通过验收。

第三种情况,如经检测鉴定达不到设计要求,但经原设计单位核算,仍能满足结构安全和使用功能的情况,该验收批可以予以验收。

检验批质量验收记录填写实例,如表 3 - 62 所示。

3. 分项工程质量验收记录

分项工程质量验收是在分项检验批基础上进行分项工程的评定。构成分项工程的所有检验批验收资料必须齐全完整,且各检验批均已全部验收合格。一般情况下,检验批和分项工程两者具有相同或相近的性质,只是批量的大小不同而已。检验批按部位、区段全部验收完毕后才能够成分项工程质量验收。分项工程质量验收实质上是一个检查和统计的过程。

(1) 分项工程质量验收记录表格样式及填写要求

分项工程验收记录有两种形式,即“桂建质(分项 A 类)”和“桂建质(分项 B 类)”。不涉及全高垂直度、全高标高检查、无特殊要求的分项工程,应使用分项 A 类。要求测量方法全高垂直度的分项工程,应使用分项 B 类(表中已列出专业质量验收规范的具体要求,便于验收者使用)。

分项工程质量验收记录填写要求:

① 分项工程质量验收记录由施工单位填写。

② 必须在所含的检验批检查合格后进行汇总、填写。

③ 由项目专业技术负责人填写“所含检验批无遗漏,各检验批所覆盖的区段和所含内容无遗漏,全部符合要求,本分项符合要求”的检查结论,签名后交监理单位或建设单位验收。监理单位(或建设单位项目专业技术负责人)对施工单位所列的检验批部位、区段逐项审查,并检查是否有遗漏。检查合格后,在“监理(建设)单位验收结论”栏中填写“所含检验批无遗漏,各检验批所覆盖的区段和所含内容无遗漏,全部合格,本分项合格”。

表 3-62　现浇结构模板安装检验批质量验收记录

GB 50204—2015　　　　桂建质　020101(I)[0][0][1](一)

单位(子单位)工程名称	南宁市×××商住楼	分部(子分部)工程名称	主体结构(混凝土结构)	分项工程名称	模板
施工单位	南宁市×××建筑工程有限公司	项目负责人		检验批容量	梁 122 件,板 101 间
分包单位		分包单位项目负责人		检验批部位	二层梁板
施工依据	《混凝土结构工程施工规范》GB 50666—2011	验收依据	《混凝土结构工程施工质量验收规范》GB 50204—2015		

	验收项目		设计要求及规范规定	检验方法	检查数量	样本总数	最小/实际抽样数量	检查记录	检查结果
主控项目	1	模板材料质量	模板及支架用材料的技术指标应符合国家现行有关标准的规定。进场时应抽样检验模板和支架材料的外观、规格和尺寸	检查质量证明文件;观察、尺量	按国家现行有关标准的规定确定		/	质量证明文件齐全,符合要求	/
主控项目	2	模板安装质量	现浇混凝土结构模板及支架的安装质量,应符合国家现行有关标准的规定和施工方案的要求	按国家现行有关标准的规定确定、执行	按国家现行有关标准的规定确定		/	符合国家标准规定和施工方案要求	/
主控项目	3	模板及支架设置	后浇带处的模板及支架应独立设置	观察	全效检查		/	/	/
主控项目	4	模板安装要求	土层应坚实、平整,其承载力或密实度应符合施工方案要求	观察;检查土层密实度检测报告、土层承载力验算或现场检测报告	全效检查		/	/	/
主控项目	4	模板安装要求	应有防水、排水措施:对冻胀性土,应有预防冻融措施	观察;检查土层密实度检测报告、土层承载力验算或现场检测报告	全效检查		/	/	/
主控项目	4	模板安装要求	支架竖杆下应有底座或垫板	观察;检查土层密实度检测报告、土层承载力验算或现场检测报告	全效检查	223	全/223	抽查 223 处,全部合格	合格
一般项目	1	模板安装	模板的接缝应严密	观察	全效检查	223	全/223	抽查 223 处,全部合格	合格
一般项目	1	模板安装	模板内不应有杂物、积水或冰雪等	观察	全效检查	223	全/223	抽查 223 处,全部合格	合格
一般项目	1	模板安装	模板与混凝土的接触面应平整、清洁	观察	全效检查	223	全/223	抽查 223 处,全部合格	合格
一般项目	1	模板安装	用作模板的地坪、胎膜等应平整、清洁,不应有影响构件质量的下沉、裂缝、起砂或起鼓	观察	全效检查		/	/	/
一般项目	1	模板安装	对清水混凝土及装饰混凝土构件,应使用能达到设计效果的模板	观察	全效检查		/	/	/

表 3-62(续)　现浇结构模板安装检验批质量验收记录

GB 50204—2015　　　　桂建质　020101(Ⅰ)[0][0][1](二)

	验收项目		设计要求及规范规定			样本总数	最小/实际抽样数量	检查记录	检查结果
一般项目	2	隔离剂的质量	隔离剂的品种和涂刷方法应符合施工方案的要求。隔离剂不得影响结构性能及装饰施工;不能沾污钢筋、预应力筋、预埋件和混凝土接缝处;不得对环境造成污染	检查质量证明文件;观察	全效检查	223	全/223	抽查 223 处,全部合格	合格
	3	模板起拱高度	模板的起拱应符合现行国家标准《混凝土结构工程施工规范》GB 50666 的规定,并应符合设计及施工方案的要求	按国家现行有关标准的规定确定、执行	在同一检验批内,对梁,跨度大于 18 m时应全效检查,跨度不大于 18 m时应抽查构件数量的 10%且不少于 3 件;对板,应按有代表性的自然间抽查 10%,且应不少于 3 间;对大空间结构,板可按纵横轴线划分检查面,抽查10%,且均不少于 3 面。	5	3/3	抽查 3 处,全部合格	合格
	4	支模、支架要求	现浇混凝土结构多层连续支模应符合施工方案的规定:上下层模板支架的竖杆宜对准。竖杆下垫板的设置应符合施工方案的要求	观察	全效检查		/	/	/
	5	预埋件和预留孔洞	固定在模板上的预埋件和预留孔洞不得遗漏,且应安装牢固。有抗渗要求的混凝土结构中的预埋件,应按设计及施工方案的要求采取防渗措施。预埋件和预留孔洞的位置应满足设计和施工方案的要求。当设计无具体要求时,其位置偏差应符合表 4.2.9 的规定	观察,尺量	在同一检验批内,对梁、柱和独立基础,应抽查 10%且不少于 3 件;对墙和板,应按有代表性的自然 间抽查 10%,且应不少于 3 间;对大空间结构,墙可按相邻轴线高度 5 m 左右划分检查面,板可按纵横轴线划分检查面,抽查10%,且均不少于 3 面。	5	3/3	抽查 3 处,全部合格	合格

表 3-62(续) 现浇结构模板安装检验批质量验收记录

GB 50204—2015　　　　桂建质　020101(I)0 0 1(三)

<table>
<tr><td colspan="5">验收项目</td><td colspan="3">设计要求及规范规定</td><td>样本总数</td><td>最小/实际抽样数量</td><td>检查记录</td><td>检查结果</td></tr>
<tr><td rowspan="17">一般项目</td><td rowspan="8">6</td><td rowspan="8">预埋件预留孔洞的安装允许偏差(mm)</td><td colspan="2">预埋钢板中心线位置</td><td>3</td><td rowspan="8">尺量</td><td rowspan="8">在同一检验批内，对梁、柱和独立基础，应抽查10%且不少于3件；对墙和板，应按有代表性的自然间抽查10%，且应不少于3间；对大空间结构，墙可按相邻轴线高度5 m左右划分检查面，板可按纵横轴线划分检查面，抽查10%，且均不少于3面</td><td></td><td>/</td><td>/</td><td>/</td></tr>
<tr><td colspan="2">预埋管、预留孔中心线位置</td><td>3</td><td>35</td><td>4/4</td><td>抽查4处，全部合格</td><td>合格</td></tr>
<tr><td rowspan="2">插筋</td><td>中心线位置</td><td>5</td><td>48</td><td>5/5</td><td>抽查5处，全部合格</td><td>合格</td></tr>
<tr><td>外露长度</td><td>+10,0</td><td>48</td><td>5/5</td><td>抽查5处，全部合格</td><td>合格</td></tr>
<tr><td rowspan="2">预埋螺栓</td><td>中心线位置</td><td>2</td><td></td><td>/</td><td>/</td><td>/</td></tr>
<tr><td>外露长度</td><td>+10,0</td><td></td><td>/</td><td>/</td><td>/</td></tr>
<tr><td rowspan="2">预留洞</td><td>中心线位置</td><td>10</td><td>8</td><td>3/3</td><td>抽查3处，全部合作</td><td>合格</td></tr>
<tr><td>尺寸</td><td>+10,0</td><td>8</td><td>3/3</td><td>抽查3处，全部合作</td><td>合格</td></tr>
<tr><td rowspan="9">7</td><td rowspan="9">现浇结构模板安装的允许偏差(mm)</td><td colspan="2">轴线位置</td><td>5</td><td>尺量</td><td rowspan="9">在同一检验批内，对梁、柱和独立基础，应抽查10%且不少于3件；对墙和板，应按有代表性的自然间抽查10%，且应不少于3间；对大空间结构，墙可按相邻轴线高度5 m左右划分检查面，板可按纵横轴线划分检查面，抽查10%。且均不少于3面。</td><td>223</td><td>23/23</td><td>抽查23处，全部合格</td><td>合格</td></tr>
<tr><td colspan="2">底模上表面标高</td><td>±5</td><td>水准仪或拉线、尺量</td><td>223</td><td>23/23</td><td>抽查223处，全部合格</td><td>合格</td></tr>
<tr><td rowspan="3">模板内部尺寸</td><td>基础</td><td>±10</td><td>尺量</td><td></td><td>/</td><td>/</td><td>/</td></tr>
<tr><td>柱、墙、梁</td><td>±5</td><td>尺量</td><td>122</td><td>13/13</td><td>抽查13处，全部合格</td><td>合格</td></tr>
<tr><td>楼梯相邻踏步高差</td><td>5</td><td>尺量</td><td>2</td><td>2/2</td><td>抽查2处，合格合格</td><td>合格</td></tr>
<tr><td rowspan="2">柱、墙垂直度</td><td>≤6 m</td><td>8</td><td rowspan="2">经纬仪或吊线、尺量</td><td></td><td>/</td><td>/</td><td>/</td></tr>
<tr><td>>6 m</td><td>10</td><td></td><td>/</td><td>/</td><td>/</td></tr>
<tr><td colspan="2">相邻模板表面高低差</td><td>2</td><td>尺量</td><td>223</td><td>23/23</td><td>抽查23处，全部合格</td><td>合格</td></tr>
<tr><td colspan="2">表面平整度</td><td>5</td><td>2 m靠尺和塞尺重测</td><td>223</td><td>23/23</td><td>抽查23处，全部合格</td><td>合格</td></tr>
<tr><td colspan="3">施工单位检查结果</td><td colspan="9">主控项目全部符合要求，一般项目满足规范要求，本检验批符合要求
专业工长：
项目专业质量检查员：　　年　月　日</td></tr>
<tr><td colspan="3">监理(建设)单位验收结论</td><td colspan="9">主控项目全部合格，一般项目满足规范要求，本检验批合格
专业监理工程师：
(建设单位项目专业技术负责人)：　　年　月　日</td></tr>
</table>

④ 监理单位在“验收结论”栏填写“本分项合格”的结论，并签名、签署验收日期。见表 3－63。

表 3－63　模板分项工程质量验收记录表　　桂建质(分项 A 类)

工程名称	××住宅楼	分部工程名称	主体结构	检验批数	3
施工单位	××建筑工程公司	项目经理	××	项目技术负责人	×××
分包单位	/	分包单位负责人	/	分包项目经理	/
序号	检验批部位、区段	施工单位检查评定结果		监理(建设)单位验收结论	
1	一层模板(安装、拆除)	✓		所含检验批无遗漏，各检验批所覆盖的区段和所含内容无遗漏，全部合格，本分项合格。	
2	二层模板(安装、拆除)	✓			
3	三层模板(安装、拆除)	✓			
4					
5					
6					
7					
8					
9					
10					
11					
12					
检查结论	所含检验批无遗漏，各检验批所覆盖的区段和所含内容无遗漏，全部符合要求，本分项符合要求项目专业。 技术负责人：××× ××年××月××日		验收结论	本分项合格 监理工程师：××× (建设单位项目专业技术负责人) ××年××月××日	

4. 分部(子分部)工程质量验收资料要求

分部(子分部)工程质量验收是在分项工程验收的基础上进行的。首先组成分部工程的各分项工程已验收合格且相应的质量控制资料应齐全、完整。由于各分项工程的性质不同,分部(子分部)工程分为以下两类检查项目:

(1) 涉及安全、节能、环境保护和主要功能的地基与基础、主体结构和设备安装等分部工程应进行有关的见证检验或抽样检验。

(2) 以观察、触摸或简单量测的方式进行观感质量验收,并由验收人主观判断,检查结果不是给出"合格"或"不合格"的结论,而是综合给出"好""一般""差"的质量评价结果。对于"差"的检查点应进行返修处理。检验和抽样检测结果的资料核查,以及对观感质量进行评价。

分部(子分部)工程质量验收包括四个方面,一是该分部(子分部)所包含的分项工程验收;二是质量控制资料的核查;三是安全和功能检验(检测)报告的核查;四是观感质量验收。

(1) 分项工程质量验收记录表格样式及填写要求(见表 3-63)

① 工程名称:填写工程名称全称。

② 结构类型:填写设计文件提供的结构类型。

③ 层数:应分别注明地下和地上的层数。

④ 单位技术部门负责人(签名):一般情况下填写项目的技术和质量负责人,只有地基与基础、主体结构分部验收时填写施工单位的技术负责人和质量部门负责人。

⑤ 表中已列出本分部所含子分部工程名称,"分项工程数"填写各子分部的分项工程数(可从相应的子分部工程质量验收记录中统计)。"施工单位检查评定"栏填写施工单位自行检查评定的结果,符合要求打"√",有不符合要求的不能交验收组验收,应返修至符合要求后再提交验收。

⑥ "质量控制资料检查结论""安全和功能检验(检测)报告检查结论""观感质量验收结论"栏,可对所含子分部的相应内容进行统计整理,由施工单位项目经理组织进行现场检查,验收组复核并对本分部作出观感质量评价,等级分为"好" "一般""差"三种。

(2) 资料核查要求

在核查质量控制资料、安全和功能检验(检测)报告时应注意:

① 检查各分项工程资料的划分是否正确,特别是主体分部的分项工程,不同的划分方法,其分项工程的个数不同,分部工程质量评定结果也不一致。

② 检查在开工之前确定的检测项目计划是否都进行了检测。逐一检查每个检测报告,核查每个检测项目的检测方法、程序是否符合规范要求;检测结果是否达到设计要求和规定标准;检测报告的审批程序、签字是否完整。

③ 核查进场的材料、设备的质量证明证书、复试报告及安全功能检验(检测)报告是否与工程进度同步。

④ "质量控制资料检查结论"栏,"共"检查的项数,"经查符合要求"项数、"经核定符合规范要求"项数(指的是在这些资料中如有整改后核定的资料项数,无须核定的就不用填写此项资料)。

⑤ 分部验收内容由监理单位的总监理工程师或建设单位的项目专业技术负责人组织验收组审查,符合要求后在"验收组验收意见"栏内填写"所含子分部无遗漏并全部合格,本分部合格,同意验收"的结论。

(3) 验收单位签字要求

① 参加验收的单位签章认可:参与工程建设责任单位的有关人员亲笔签名,并加盖单位公章。

② 有些分部工程验收需进行某些实测实量的,如主体结构分部工程质量验收记录表,在"检查人员签名"栏中由参与实测实量的人员亲笔签名认可。

例如基础工程分部验收及要求:

① 基础结构隐蔽验收:基础结构施工前,应按要求弹出轴线,标出标高,施工单位自检合格后,与工程同步的相关资料齐全,由监理单位组织各方(监理、建设、施工、设计、勘察)对基础结构隐蔽进行检查验收,验收合格后才能进入下一道工序施工。

② 基础分部验收程序:基础各分项工程完成,施工单位自检合格后,基础结构隐蔽检查验收后 40 天内必须由建设(监理)单位组织基础分部工程验收,质监部门监督验收。

③ 基础分部验收报告:参加验收的单位责任人在基础验收记录(报告)上亲笔签名,以明确质量责任,体现质量责任的可追溯性。这样也可避免参加验收的单位人员变动、调整岗位,难以完善签名手续。

地基与基础分部工程完成后,建设或监理单位应组织有关单位进行质量验收,按规定的内容填写和签署意见,工程建设参与各方按规定承担相应质量责任。

又如主体结构验收及要求:

1) 主体结构在本分部所有分项工程完成,施工单位自检合格后,与工程同步的相关资料齐全,由建设(监理)单位组织设计单位、施工单位、监理单位、建设单位共同对结构工程施工质量进行全面检查和验收,质监部门监督验收。

2) 结构验收记录(报告),参加单位的责任人在结构验收记录(报告)上亲笔签名,明确质量责任,体现质量责任的可追溯性。可避免参加验收的单位人员变动、调整岗位,难以完善签名手续。

3) 主体结构验收必须在装饰工程施工之前进行,未经主体结构验收的工程不得进行装饰;需要提前插入装饰的情况,可分层(段)组织主体结构验收,并作好分层(段)验收记录(报告)。

4) 结构工程质量问题或质量缺陷按下列规定进行处理,主要处理资料应有:

① 一般性的质量缺陷,应经建设(监理)单位检查认可;

② 涉及结构安全的质量缺陷必须由建设单位组织设计、监理、施工单位共同研究整修加固方案,并报建设主管机构备案,加固补强应有附图、相应的材料试验记录及要求的相关资料,各方应作好处理记录及验收记录。

分部工程质量验收记录填写实例,如表 3 - 64 所示。

表 3-64 建筑装饰装修分部工程质量验收记录

GB 50300—2013　　　　　　　　　　　　　　　　　　　　桂建质 03

单位(子单位)工程名称	南宁市×××商住楼	子分部工程数量	6	分项工程数量	11
施工单位	南宁市×××建筑工程有限公司	项目负责人	黄××	技术(质量)负责人	
分包单位		分包单位负责人		分包内容	

序号	子分部工程名称	分项工程数	施工单位检查结果	验收组验收结论
1	抹灰	1	合格	(验收意见、合格或不合格的结论、是否同意验收) 所含子分部无遗漏并全部合格,本分部合格,同意验收
2	外墙防水	/	/	
3	门窗	5	合格	
4	吊顶	1	合格	
5	轻质隔墙	/	/	
6	饰面板	/	/	
7	饰面砖	1	合格	
8	幕墙	/	/	
9	涂饰	1	合格	
10	裱糊与软包	/	/	
11	细部	/	/	
12	建筑地面	2	合格	

质量控制资料检查结论	共 20 项,经查符合要求 20 项,经核定符合规范要求 0 项。	安全和功能检验(检测)报告检查结论	共核查 7 项,符合要求 7 项,经返工处理符合要求 0 项。
观感质量验收结论	1. 共抽查 13 项,符合要求 13 项,不符合要求 0 项。 2. 观感质量评价(好、一般、差): 好		

施工单位	设计单位	监理(建设)单位	勘察单位
项目负责人: (公章) 年　月　日	项目负责人: (公章) 年　月　日	项目负责人: (公章) 年　月　日	项目负责人: (公章) 年　月　日

实训练习

任务一　掌握检验批、分项工程、分部工程质量的验收条件。

1. 目的　提供某7层及以下的民用建筑施工图纸，列出应有哪些检验批、分项、分部工程的质量验收表格，具体如何划分。

2. 能力目标　懂得建筑工程检验批、分项工程、分部工程质量的验收条件及对应的表格形式。

3. 实物资料　某7层及以下的民用建筑施工图纸。

任务二　掌握检验批、分项工程、分部工程质量相关表格填写。

1. 目的　提供某7层及以下的民用建筑施工图纸，填写所有涉及的检验批、分项、分部工程的质量验收表格。

2. 能力目标　懂得建筑工程检验批、分项工程、分部工程质量验收表格的填写。

3. 实物资料　某7层及以下的民用建筑施工图纸。

模块四　工程竣工文件及资料

模块概述　叙述了建筑工程项目竣工验收文件概念；工程竣工文件包括内容及资料表格；各竣工验收表格(报告)的收集与编制。

学习目标　通过本模块学习，掌握建筑工程项目竣工验收文件概念，掌握工程竣工文件包括内容；熟悉各竣工验收表格(报告)的填写。

知 识 点　预验收、竣工验收、竣工验收备案。

建设工程项目竣工验收活动中形成的文件及资料称为竣工验收文件。施工单位在工程竣工验收过程中应该报送的资料一般有：

(1) 单位(子单位)工程竣工预验收报验表表 C.8.1；

(2) 单位(子单位)工程质量竣工验收记录 C.8.2-1；

(3) 单位(子单位)工程质量控制资料核查记录 C.8.2-2；

(4) 单位(子单位)工程安全和功能检验资料核查及主要功能抽查记录 C.8.2-3；

(5) 单位(子单位)工程观感质量检查记录 C.8.2-4；

(6) 工程竣工报告；

(7) 施工资料移交书；

(8) 房屋建筑工程质量保修书；

(9) 消防、人防、环保等其他特殊工程验收证明文件。

一、单位(子单位)工程竣工预验收记录

1. 竣工验收的预验收

竣工验收的预验收，是施工单位按合同承包内容施工完毕后，由监理单位总监理工程师组织进行的预初步验收程序，是初步鉴定工程质量，避免缺项、漏项，确保工程质量达到预定目标，通过竣工验收，保证项目顺利使用的重要工作环节。通过工程项目的竣工预验收可及时发现遗留问题，事先予以整改、处理。

2. 竣工预验收的程序及组织

(1) 单位(子单位)工程、分部工程及特殊的单项工程质量验收合格，施工现场并达到竣工预验收条件。项目经理部组织自检，然后报请施工单位公司总部组织预检小组(一般由管理生产、技术、质量部门等组成)进行检查，并对工程质量情况进行初步判断；对不符合要求的项目，提出修补措施。施工单位对项目自查、自评达约定要求后，填写单位(子单位)工程竣工预验收报验表，并将全部竣工资料报送项目监理单位，申请竣工预验收。

(2) 监理单位收到施工单位的工程竣工预验收申请报告后，应就验收的准备情况和验收条件进行检查，对工程质量进行竣工预验收。对工程实体质量及档案资料存在缺陷提出整改意见，并与施工单位协商整改方案，确定整改要求和完成时间，整改完毕后经预验收小组验收合格。由项目总监理工程师签署工程竣工预验收报验表。

3. 竣工预验收报验表编写的内容

(1) 按合同要求完成情况；

(2) 施工总承包(含分包)单位的自检情况；

(3) 附件资料(质量控制资料核查记录、安全和功能检验资料核查及主要功能抽查记录、观感质量检查记录)；

(4) 监理机构审查意见；

(5) 总监理工程师签名及签署日期。

4. 竣工预验收报验表的格式及保存要求

单位(子单位)工程预验收报验表应符合现行国家标准《建设工程监理规范》的有关规定，见表4-1。施工单位填写的单位(子单位)工程竣工预验收报验表应一式四份，并应由建设单位、监理单位、施工单位、城建档案馆各保存一份。

表4-1　单位(子单位)工程竣工预验收报验表　C.8.1

<table>
<tr><td>工程名称</td><td>××住宅楼工程</td><td>编号</td><td>××</td></tr>
<tr><td colspan="4">致××建设监理公司(监理单位)：
我方已按合同要求完成了××住宅楼工程，经自检合格，请予以检查和验收。
附件：
1.《单位(子单位)工程质量控制资料核查记录》
2.《单位(子单位)工程安全和功能检验资料核查及主要功能抽查记录》
3.《单位(子单位)工程观感质量检查记录》
承包单位名称：××建筑工程公司(公章)
项目经理：×××(签字)
日期：××年××月××日</td></tr>
<tr><td colspan="4">审查意见：经预验收，该工程：
1. √符合　□~~不符合~~　我国现行法律、法规要求；
2. √符合　□~~不符合~~　我国现行工程建设标准；
3. √符合　□~~不符合~~　设计文件要求；
4. √符合　□~~不符合~~　施工合同要求。
综上所述，该工程预验收结论：　√ 合格　□~~不合格~~
可否组织正式验收：　√ 可以　□~~不可以~~
监理单位：××建设监理公司(公章)
总监理工程师：×××　(签字)
日期：××年××月××日</td></tr>
</table>

二、单位(子单位)工程质量竣工验收记录

1. 单位(子单位)工程质量竣工验收

工程项目经预验收合格后,施工单位可向建设单位申请单位(子单位)工程质量竣工验收。单位工程质量验收也称质量竣工验收,是建筑工程投入使用前的最后呈次验收,也是最重要的一次验收活动。

2. 单位(子单位)工程质量竣工验收的组织

施工单位向建设单位提出申请,建设单位收到申请报告及工程竣工验收报告后,应由建设单位(项目)负责人组织施工(含分包单位)、设计、勘察单位、监理等单位(项目)负责人进行单位(子单位)工程质量竣工验收。

建设单位应在工程竣工验收前 7 个工作日将验收时间、地点、验收组名单书面通知该工程的政府建设主管部门监督验收,由建设单位主持竣工验收会议。

单位(子单位)工程质量竣工验收应具备以下条件:

(1) 完成建设工程设计和合同约定的各项内容;

(2) 有总监理工程师签署的施工单位竣工报告;

(3) 有完整的施工技术资料及竣工验收资料;

(4) 有工程档案预验收认可文件(城建档案馆出具文件);

(5) 有勘察、设计、施工、建设、监理等单位分别签署的质量合格文件;

(6) 有施工单位签署的工程质量保修书。

单位(子单位)工程质量竣工验收合格必须达到以下条件:

(1) 构成单位(子单位)工程的各分部工程验收合格。

(2) 有关的质量控制资料应完整。

(3) 涉及安全、节能、环境保护和主要使用功能的分部工程检验资料应复查合格,这些检验资料与质量控制资料同等重要。

(4) 对主要使用功能应进行抽查。抽查项目是检查资料文件的基础上由参加验收的各方人员商定,并用计量、计数的方法抽样检验,检验结果应符合有关专业验收规范的规定。

(5) 观感质量通过验收。

3. 单位(子单位)工程质量竣工验收记录表格式及填写要求

单位(子单位)工程的质量综合验收结论是由分部工程质量、质量控制资料、安全和使用功能、观感质量四方面综合评定组成,如图 4-1 所示。

单位(子单位)工程质量竣工验收记录一般由四张表格组成。

以广西通用表格为例,分别是:

(1) 汇总表,表格编号:桂建质 00(一)。

(2) 工程质量主要控制资料核查记录,表格编号:桂建质 00(二)。

(3) 安全和功能检验资料核查及主要功能抽查记录,表格编号:桂建质 00(三)。

(4) 观感质量检查记录,表格编号:桂建质 00(四)。

4. 单位(子单位)工程质量竣工验收记录汇总表的内容

单位(子单位)工程质量竣工验收记录汇总表“桂建质 00(一)”是对工程竣工验收情况的简要概述,内容包括单位工程的基本概况、分部工程验收组验收意见、施工单位对质量控制资

料检查情况的统计、对安全功能检验(检测)及抽查情况统计、对观感质量验收情况的统计、竣工验收组综合验收结论、验收组成员签名、五方单位负责人签名并加盖法人公章。

(1) 单位工程的基本概况：单位(子单位)工程名称、建筑面积、结构类型、层数、施工单位、项目经理、开工及竣工日期等。

(2) 分部工程核查

施工单位先将《分部工程质量验收记录》中的“验收组验收意见”的结论“本分部合格，同意验收”抄录到“分部工程验收组验收意见”栏相应的分部栏内，再由项目经理提交验收。

经验收组成员核查无误后，由监理(建设)单位填写“监理(建设)单位验收结论”栏，并下“同意验收”的结论。

(3) 质量控制资料检查情况的统计

“施工单位对质量控制资料检查情况的统计”栏按“桂建质00(二)”所列资料目录进行统计。

(4) 安全功能检验(检测)及抽查情况统计

“施工单位对安全和功能检验(检测)及抽查情况统计”栏按“桂建质00(三)”所列资料目录进行统计。

(5) 观感质量验收情况的统计

“施工单位对观感质量验收情况的统计”栏，第1项按“桂建质00(四)”所列项目进行统计，第2项可查阅各分部工程质量验收记录后填写评定。

以上各栏目均由施工单位统计并填写后交监理(建设)单位确认或作出评价。

(6) 竣工验收组综合验收结论

由建设单位组织勘察、设计、施工、监理单位共五方组成的竣工验收组，对本单位(子单位)工程质量竣工验收进行评价，对工程质量是否符合设计和规范要求、工程质量是否达到合格等级作出综合验收结论的意见。

(7) 竣工验收组成员亲笔签名

(8) 参加验收单位签名

建设单位、监理单位、勘察单位、设计单位、施工单位都同意验收时，各单位的项目负责人要亲笔签名，以示对工程质量负责，加盖单位法人公章确认，并签署验收日期。

(9) 资料填写、表格格式及保存要求

由施工单位填写单位(子单位)工程质量控制资料核查记录一式四份，并应由建设单位、监理单位、施工单位、城建档案馆各保存一份。

表 4-1　单位(子单位)工程质量竣工验收记录实例

GB 50300—2013　　　　　　　　　　　　　　　　　　　　　　　桂建质 00(一)

单位工程名称	×××商住楼		子单位工程名称		
建筑面积 (或投资规模)	×××平方米	结构类型	框架	层　数	地上 18 层 地下 1 层
施工单位	南宁市×××建筑工程有限公司	技术负责人	黄××	开工日期	年　月　日
项目负责人	李××	项目技术负责人	刘××	完工日期	年　月　日

序号	分部工程名称	分部工程验收组验收意见	监理(建设)单位验收结论
1	地基与基础	本分部合格,同意验收	本工程共含 10 分部。经查 10 分部,符合标准及设计要求 10 分部。 结论(是否同意验收): 同意验收
2	主体结构	本分部合格,同意验收	
3	建筑装饰装修	本分部合格,同意验收	
4	建筑屋面	本分部合格,同意验收	
5	建筑给水、排水及采暖	本分部合格,同意验收	
6	建筑电气	本分部合格,同意验收	
7	智能建筑	本分部合格,同意验收	
8	通风与空调	本分部合格,同意验收	
9	建筑节能	本分部合格,同意验收	
10	电梯	本分部合格,同意验收	

质量控制资料核查情况	共 21 项。经查符合要求 21 项, 经核定符合规范要求 0 项。	(情况是否属实,是否同意验收) 情况属实,同意验收
安全和功能检验(检测)及抽查情况	共检查 6 项,符合要求 6 项; 共抽查 6 项,符合要求 6 项; 经返工处理符合要求 0 项。	(情况是否属实,是否同意验收) 情况属实,同意验收
观感质量验收	共抽查 13 项,达到“好”和“一般”的 13 项。 经返修处理符合要求的 0 项。	总体评价(好、一般、差):好 (是否同意验收):同意验收
竣工验收组综合验收结论	(是否符合设计和规范要求,合格或不合格) 本单位(或子单位)工程符合设计和规范要求,工程质量合格	
竣工验收组成员签名	年　月　日	

勘察单位	设计单位	施工单位	监理单位	建设单位
项目负责人: (签名): (公章) 年　月　日	项目负责人: (签名): (公章) 年　月　日	项目负责人: (签名): (公章) 年　月　日	项目负责人: (签名): (公章) 年　月　日	项目负责人: (签名): (公章) 年　月　日

注:1. 项目负责人由相应单位的法人代表书面授权,与签署工程质量终身责任承诺书的人员一致。

2. 完工日期指竣工预验收合格,且发现的质量问题整改完成后总监签认的日期。

广西建设工程质量安全监督总站编制

三、单位(子单位)工程质量主要控制资料核查记录

单位(子单位)工程质量控制资料检查记录是工程质量竣工验收资料组成之一。《建筑工程施工质量验收统一标准》(GB 50300—2013)中规定,划分六个专业共计53项核查内容,其中建筑与结构10项、给排水与采暖8项、通风与空调9项、建筑电气8项、建筑智能化10项、建筑节能8项。

单位(子单位)工程质量主要控制资料核查记录表格样式(如表4-2)及填写要求:

(1) 工程完工后,对工程质量控制资料核查,填写单位(子单位)工程质量控制资料核查记录。

(2) 核查由总监理工程师组织,有关专业监理工程师检查、核对,施工单位项目经理、技术负责人参加。将资料的每项内容核查后,施工单位统计份数填写到表格对应空格内,监理(建设)单位核查并签署意见、签名。

(3) 验收组核查无误,均达到各项规范及标准后,填写结论"资料完整,能反应工程质量情况,达到保证结构安全和使用功能的要求,同意验收"。

(4) 施工单位项目经理、总监理工程师(或建设单位项目负责人)在结论栏签字,并签署核查日期。

(5) 由施工单位填写单位(子单位)工程质量控制资料核查记录一式四份,并应由建设单位、监理单位、施工单位、城建档案馆各保存一份。

表 4-2 单位(子单位)工程质量竣工验收记录
工程质量主要控制资料核查记录

GB 50300—2013　　桂建质 00(二)

单位工程名称	品茗科技大厦		子单位工程名称			
序号	项目	资料名称	份数	施工单位		监理单位	
				核查意见	核查人	核查意见	核查人
1	建筑与结构	图纸会审记录、设计变更通知单、工程洽商记录	2	√		√	
2		工程定位测量、放线记录	20	√		√	
3		原材料出厂合格证及进场检验、试验报告	125	√		√	
4		结构混凝土设计配合比报告/强度统计验收记录	88	√		√	
5		防水混凝土设计配合比报告	2	√		√	
6		砌筑砂浆设计配合比报告/强度统计验收记录	25	√		√	
7		施工试验报告及见证检测报告	67	√		√	
8		隐蔽工程验收记录	35	√		√	
9		施工记录	3	√		√	
10		预制构件、预拌混凝土合格证	10	√		√	
11		地基、基础、主体结构检验及抽样检测资料	10	√		√	
12		分项、分部工程质量验收记录	54	√		√	
13		工程质量事故及事故调查处理资料	/	/		/	
14		新技术论证、备案及施工记录	/	/		/	
15							
1	给排水与供暖	图纸会审记录、设计变更通知单、工程洽商记录	2	√		√	
2		原材料出厂合格证书及进场检验、试验报告	25	√		√	
3		管道、设备强度试验、严密性试验记录	3	√		√	
4		隐蔽工程验收记录	18	√		√	
5		系统清洗、灌水、通水、通球试验记录	80	√		√	
6		施工记录	2	√		√	
7		分项、分部工程质量验收记录	23	√		√	
8		新技术论证、备案及施工记录	/	/		/	

表 4-2(续)　单位(子单位)工程质量竣工验收记录

工程质量主要控制资料核查记录

GB 50300—2013　　　　桂建质 00(二)续 1

序号	项目	资料名称	份数	施工单位		监理单位	
				核查意见	核查人	核查意见	核查人
1	通风与空调	图纸会审记录、设计变更通知单、工程洽商记录	2	✓		✓	
2		原材料出厂合格证书及进场检验、试验报告	5	✓		✓	
3		制冷、空调、水管管道强度试验、严密性试验记录	2	✓		✓	
4		隐蔽工程验收记录	/	/		/	
5		制冷设备运行调试记录	/	/		/	
6		通风、空调系统调试记录	1	✓		✓	
7		施工记录	1	✓		✓	
8		分项、分部工程质量验收记录	4	✓		✓	
9		新技术论证、备案及施工记录	/	/		/	
10							
1	建筑电气	图纸会审记录、设计变更通知单、工程洽商记录	2	✓		✓	
2		原材料出厂合格证书及进场检验、试验报告	5	✓		✓	
3		设备调试记录	/	/		/	
4		接地、绝缘电阻测试记录	17	✓		✓	
5		隐蔽工程验收记录	18	✓		✓	
6		施工记录	2	✓		✓	
7		分项、分部工程质量验收记录	33	✓		✓	
8		新技术论证、备案及施工记录	/	/		/	
9							
1	智能建筑	图纸会审记录、设计变更通知单、工程洽商记录	2	✓		✓	
2		原材料出厂合格证书及进场检验、试验报告	5	✓		✓	
3		隐蔽工程验收记录	6	✓		✓	
4		施工记录	2	✓		✓	
5		系统功能测定及设备调试记录	1	✓		✓	
6		系统技术、操作和维护手册	1	✓		✓	
7		系统管理、操作人员培训记录	1	✓		✓	
8		系统检测报告	1	✓		✓	
9		分项、分部工程质量验收记录	10	✓		✓	
10		新技术论证、备案及施工记录	/	/		/	

表 4-2(续)　单位(子单位)工程质量竣工验收记录

工程质量主要控制资料核查记录

GB 50300—2013　　　　桂建质 00(二)续 2

序号	项目	资料名称	份数	施工单位		监理单位	
				核查意见	核查人	核查意见	核查人
1	建筑节能	图纸会审记录、设计变更通知单、工程洽商记录	2	√		√	
2		原材料出厂合格证书及进场检验、试验报告	3	√		√	
3		隐蔽工程验收记录	20	√		√	
4		施工记录	/	/		/	
5		外墙、外窗节能检验报告	1	√		√	
6		设备系统节能检测报告	1	√		√	
7		分项、分部工程质量验收记录	6	√		√	
8		新技术论证、备案及施工记录	/	/		/	
9							
1	电梯	图纸会审记录、设计变更通知单、工程洽商记录	2	√		√	
2		设备出厂合格证书及开箱检验记录	3	√		√	
3		隐蔽工程验收记录	1	√		√	
4		施工记录	1	√		√	
5		接地、绝缘电阻测试记录	2	√		√	
6		负荷试验、安全装置检查记录	2	√		√	
7		分项、分部工程质量验收记录	2	√		√	
8		新技术论证、备案及施工记录	/	/		/	
9							

结论：

资料基本齐全,能反应工程质量情况,达到保证结构安全和使用功能的要求,同意验收

施工单位项目负责人：　　　　监理(建设)单位项目负责人：

年　月　日　　　　年　月　日

注:资料核查人应为竣工验收组成员,可以为同一人,也可以为多人。

四、单位(子单位)工程安全和功能检验资料核查记录

单位(子单位)工程安全和功能检验资料检查记录是工程质量竣工验收资料组成之一。《建筑工程施工质量验收统一标准》(GB 50300—2013)中规定,划分六个专业共计 33 项核查内容,其中建筑与结构 15 项、给排水与采暖 5 项、通风与空调 5 项、建筑电气 4 项、建筑智能化 2 项、建筑节能 2 项。

单位(子单位)工程安全和功能检验资料检查记录表格样式见表 4 - 3,主要填写要求如下:

(1) 涉及安全和使用功能的分部工程应有检验检测资料,并且核查其检测报告结论是否符合设计要求;安全和功能抽测项目,核查其项目是否与设计内容一致,抽测的程序、方法是否符合有关规定,抽测报告的结论是否达到设计要求和规范规定。

(2) 由施工单位检查评定达合格标准后,再提交总监理或建设单位项目负责人组织审查。监理工程师按项目逐项进行核查验收,然后填写核查意见,同时核查人签名。

(3) 验收组核查无误,均达到各项规范及标准后,在结论栏填写"安全和功能检验记录无遗漏,检测报告结论满足要求,主要功能抽查结果全部合格"。施工单位项目经理、总监理工程师(或建设单位项目负责人)在结论栏中签名,并签署核查日期。

(4) 由施工单位填写单位(子单位)工程质量控制资料核查记录一式四份,并应由建设单位、监理单位、施工单位、城建档案馆各保存一份。

表 4-3　单位(子单位)工程质量竣工验收记录
安全和功能检验资料核查及主要功能抽查记录

GB 50300—2013　　桂建质 00(三)

单位工程名称		×××商住楼	子单位工程名称		/	
序号	项目	安全和功能检查项目	份数	核查意见	抽查结果	核查(抽查)人
1	建筑与结构	地基承载力检测报告	1	√	符合要求	
2		桩基承载力检测报告	1	√	符合要求	
3		混凝土强度试验报告	49	√	符合要求	
4		砂浆强度试验报告	16	√	符合要求	
5		主体结构尺寸、位置抽查记录	18	√	符合要求	
6		建筑物垂直度、标高、全高测量记录	2	√	符合要求	
7		屋面淋水或蓄水试验记录	3	√	符合要求	
8		地下室渗漏水检测记录	1	√	符合要求	
9		有防水要求的地面蓄水试验记录	17	√	符合要求	
10		抽气(风)道检查记录	/	/	/	
11		外窗气密性、水密性、耐风压检测报告	1	√	符合要求	
12		幕墙气密性、水密性、耐风压检测报告	/	/	/	
13		建筑物沉降观测测量记录	1	√	符合要求	
14		节能、保温测试记录	1	√	符合要求	
15		室内环境检测报告	1	√	符合要求	
16		土壤氡气浓度检测报告	1	√	符合要求	
17						
1	给排水与采暖	给水管道通水试验记录	17	√	符合要求	
2		暖气管道、散热器压力试验记录	/	/	/	
3		卫生器具满水试验记录	17	√	符合要求	
4		消防管道、燃气管道压力试验记录	17	√	符合要求	
5		排水干管通球试验记录	17	√	符合要求	
6		室内(外)给水管道(网)消毒检测报告	17	√	符合要求	
7		锅炉试运行、安全阀及报警联动测试记录	/	/	/	
8						

表 4-3(续)　单位(子单位)工程质量竣工验收记录
安全和功能检验资料核查及主要功能抽查记录

GB 50300—2013　　　　桂建质 00(三)

序号	项目	安全和功能检查项目	份数	核查意见	抽查结果	核查(抽查)人
1	通风与空调	通风、空调系统试运行记录	2	√	符合要求	
2		风量、温度测试记录	2	√	符合要求	
3		空气能量回收装置测试记录	/	/	/	
4		洁净室洁净度测试记录	/	/	/	
5		制冷机组试运行调试记录	/	/	/	
6						
1	建筑电气	建筑照明通电试运行记录	1	√	符合要求	
2		灯具固定装置及悬吊装置的载荷强度试验记录	1	√	符合要求	
3		绝缘电阻测试记录	17	√	符合要求	
4		剩余电流动作保护器测试记录	/	/	/	
5		应急电源装置应急持续供电记录	1	√	符合要求	
6		接地电阻测试记录	17	√	符合要求	
7		接地故障回路阻抗测试记录	/	/	/	
8						
1	智能建筑	系统试运行记录	2	√	符合要求	
2		系统电源及接地检测报告	3	√	符合要求	
3		系统接地检测报告	3	√	符合要求	
4						
1	建筑节能	外墙节能构造检查记录或热工性能检验报告	1	√	符合要求	
2		设备系统节能性能检查记录	1	√	符合要求	
3						
1	电梯	电梯运行记录	2	√	符合要求	
2		电梯安全装置检测报告	2	√	符合要求	
3						
结论： 施工单位项目负责人： 年　月　日				监理(建设)单位项目负责人： 年　月　日		

注：1. 抽查项目由验收组协商确定。

2. “份数”栏目由施工单位统计并填写，“核查意见”“抽查结果”两栏由监理(建设)单位填写。

广西建设工程质量安全监督总站编制

五、单位(子单位)工程质量竣工观感质量检查记录

单位(子单位)工程质量竣工观感质量检查记录是工程质量竣工验收资料组成之一。《建筑工程施工质量验收统一标准》(GB 50300—2013)中规定,划分五个专业共计 27 项核查内容,其中建筑与结构 12 项、给排水与采暖 4 项、通风与空调 6 项、建筑电气 3 项、建筑智能化 2 项。

单位(子单位)工程质量竣工观感质量检查记录表格样式(表 4-4)及填写要求:

(1) 由总监理工程师或建设单位项目专业负责人组织相关单位参加,全面检查工程质量,在听取有关人员的意见后,共同确定对质量的评价为“好”“一般”或“差”,将结果填写在“观感质量综合评价”栏中。

(2) 验收完成后由竣工验收组作出检查结论“同意验收”或“让步验收”。施工单位项目经理和监理单位总监理工程师签字认可,并签署验收日期。

(3) 通过返修或加固处理仍然不能满足安全使用要求的分部工程、单位(子单位)工程,严禁验收。

(4) 由施工单位填写单位(子单位)工程质量控制资料核查记录一式四份,并应由建设单位、监理单位、施工单位、城建档案馆各保存一份。

表 4-4　单位(子单位)工程质量竣工验收记录
观感质量检查记录

GB 50300—2013　　　　　　　　　　　　　　　　　　　　　　　　　　桂建质 00(四)

单位工程名称		品茗科技大厦	子单位工程名称			
序号	项目		抽查质量状况	质量评价		
				好	一般	差
1	建筑与结构	主体结构外观	共检查 25 点,好 20 点,一般 5 点,差 0 点	√		
2		室外墙面	共检查 4 点,好 4 点,一般 0 点,差 0 点	√		
3		变形缝、雨水管	共检查 15 点,好 13 点,一般 2 点,差 0 点	√		
4		屋面	共检查 20 点,好 20 点,一般 0 点,差 0 点	√		
5		室内墙面	共检查 5 点,好 5 点,一般 0 点,差 0 点	√		
6		室内顶棚	共检查 5 点,好 5 点,一般 0 点,差 0 点	√		
7		室内地面	共检查 17 点,好 15 点,一般 2 点,差 0 点	√		
8		楼梯、踏步、护栏	共检查 27 点,好 25 点,一般 2 点,差 0 点	√		
9		门窗	共检查 45 点,好 40 点,一般 5 点,差 0 点	√		
10		雨罩、台阶、坡道、散水	共检查 3 点,好 3 点,一般 0 点,差 0 点	√		
1	给水排水与供暖	管道接口、坡度、支架	共检查 17 点,好 17 点,一般 0 点,差 0 点	√		
2		卫生器具、支架、阀门	共检查 17 点,好 17 点,一般 0 点,差 0 点	√		
3		检查口、扫除口、地漏	共检查 17 点,好 17 点,一般 0 点,差 0 点	√		
4		散热器、支架	共检查/点,好/点,一般/点,差/点	√		
1	建筑电气	配电箱、盘、板、接线盒	共检查 17 点,好 17 点,一般 0 点,差 0 点	√		
2		设备器具、开关、插座	共检查 17 点,好 17 点,一般 0 点,差 0 点	√		
3		防雷、接地、防火	共检查 17 点,好 17 点,一般 0 点,差 0 点	√		
1	风与空调	风管、支架	共检查 2 点,好 2 点,一般 0 点,差 0 点	√		
2		风口、风阀	共检查 2 点,好 2 点,一般 0 点,差 0 点	√		
3		风机、空调设备	共检查 2 点,好 2 点,一般 0 点,差 0 点	√		
4		管道、阀门、支架	共检查 2 点,好 2 点,一般 0 点,差 0 点	√		
5		水泵、冷却塔	共检查/点,好/点,一般/点,差/点	√		
6		绝热	共检查 2 点,好 2 点,一般 0 点,差 0 点	√		
1	电梯	运行、平层、开关门	共检查 2 点,好 2 点,一般 0 点,差 0 点	√		
2		层门、信号系统	共检查 2 点,好 2 点,一般 0 点,差 0 点	√		
3		机房	共检查 1 点,好 1 点,一般 0 点,差 0 点	√		
1	智能建筑	机房设备安装及布局	共检查 1 点,好 1 点,一般 0 点,差 0 点	√		
2		现场设备安装	共检查 1 点,好 1 点,一般 0 点,差 0 点	√		
观感质量综合评价			好			

结论：

施工单位名称：

施工单位项目负责人：

同意验收　　　　　　　　　　　　　　　　　　　　　　年　　月　　日

总监理工程师：

（建设单位项目负责人）　　　　　　　　　　　　　　　年　　月　　日

六、工程竣工报告

工程竣工报告是参与建设的各家单位分别对工程的实施情况进行质量评价的文件。工程竣工包括以下内容：

(1) 施工单位工程竣工报告。

(2) 监理单位工程竣工质量评价报告。

(3) 勘察单位勘察文件及实施情况检查报告。

(4) 设计单位设计文件及实施情况检查报告。

(5) 建设工程质量竣工验收意见书。

(6) 建设工程竣工验收报告。

1. 施工单位工程竣工报告

施工单位应按各工程项目所在地建设主管部门指定的格式填写，施工单位工程竣工报告一般应包括的内容如下：

(1) 单位工程的基本概况（建筑面积一栏按竣工的实际面积填写，如果有些项目在施工过程中已进行变更，附上变更资料即可）；

(2) 完成工程设计和合同约定各项内容的情况；

(3) 安全、功能检验（检测）报告检查情况；

(4) 质量控制资料和文件检查情况；

(5) 施工单位组织（生产、质量、技术等部门组成的预验收小组）对工程实体的观感质量进行自检评定；

(6) 评定结论（施工单位依据资料完整性、分部工程核查无遗漏、观感质量抽查评定，施工单位对本工程自检评定的质量等级作出评定结论）；

(7) 施工单位技术负责人、项目经理签字，并加盖单位法人公章；

(8) 配合分包单位资质等级（本工程有分包单位的，应填写分包单位的资质等级）；

(9) 项目总监理工程师或建设单位项目负责人签字，加盖单位法人公章，并签署是否同意竣工的意见。

本报告由施工单位填写，一式五份，并应由建设单位、监理单位、施工单位、备案机关、城建档案馆各保存一份。

表 4 - 5 为“广西配套用表”（桂质监档表 13 表）施工单位工程竣工报告表格样式。

桂质监档表 13 表

表 4-5　施工单位工程竣工报告

<table>
<tr><td>工程名称</td><td>××住宅楼</td><td>建设单位</td><td>××房地产开发公司</td></tr>
<tr><td>工程地址</td><td colspan="3">××市××路××号</td></tr>
<tr><td>建筑面积</td><td>×××××m²
（按竣工的实际面积填写）</td><td>结构类型</td><td>框架结构</td></tr>
<tr><td>层　数</td><td colspan="3">地下　1　层，地上 18　　层</td></tr>
<tr><td>开工日期</td><td>××年××月××日
（填写总监签署开工令的时间）</td><td>竣工日期</td><td>××年××月××日
（填写总监签署同意竣工的日期）</td></tr>
<tr><td colspan="4">完成工程设计和合同约定各项内容的情况：
1. 本工程已按建设主管部门审查的设计施工图纸完成。
2. 已完成了合同中约定的各项内容。
3. 本工程无重大变更。其他的局部一般变更已按设计要求完成。</td></tr>
<tr><td colspan="4">安全、功能检验（检测）报告检查情况：
1. 混凝土及砂浆试块强度经检验均满足设计强度要求。
2. 主体及竣工检测的建筑物、垂直度、标高、全高的检测符合设计及规范要求。
3. 焊缝超声波（射线）探伤记录、钢网架节点承载力试验报告符合设计及规范要求。
4. 铝合金窗气密性、水密性、抗风压检测报告，幕墙防雷装置测试记录、硅酮结构胶相容性检测报告、幕墙抗风压性能、空气渗透性能、雨水渗漏性能报告符合设计及规范要求。
5. 卫生间及屋面蓄水试验、阀门水压试验记录、给水系统及制冷管道系统水压、冲洗及消毒、通水试验，排水系统灌水、通水、通球试验结果合格，卫生器具通水、满水试验记录、地漏及地面清扫口排水试验记录符合设计及规范要求。
6. 绝缘、防雷接地的电阻测试，照明全负荷试验记录符合设计及规范要求。
7. 风管严密性试验记录、漏风量测试记录、制冷机组试运行调试记录符合设计及规范要求。
8. 室内环境检测报告符合设计及规范要求。
9. 空调试运转调试报告全部合格。</td></tr>
<tr><td colspan="4">质量控制资料和文件检查情况：
1. 工程使用的砂、石、水泥、钢材、防水、构件等主要材料，项目部在材料采购前先对供货方进行资级考核，供货的同时提供厂家的检验报告、合格证，材料到施工现场后，会同监理单位见证取样，按规定进行现场随机抽样检查，见证检测报告全部合格。
2. 其他施工技术资料，如图纸会审，设计变更，工程定位放线记录，隐蔽工程记录，技术交底，分部、分项、检验批质量验收记录等，所有质量主要的控制资料、安全和功能检测资料完整，符合要求。</td></tr>
<tr><td colspan="4">观感质量评定：
经公司预检小组检查，评分结果如下：共检查 19 项，符合要求 19 项，观感质量综合评价为“好”，同意验收。</td></tr>
</table>

(续表)

<table>
<tr><td colspan="4">评定结论：
1. 各项质量主要控制资料、安全和功能检验资料完整。
2. 本工程共为八个分部：地基与基础工程、主体结构工程、建筑屋面、建筑装饰装修工程、建筑给水、排水及采暖工程、建筑电气工程、通风与空调工程、建筑节能工程。所有分部、分项、检验批质量验收记录无遗漏，全部符合要求。
3. 观感质量符合要求，质量评价为“好”，同意验收。
4. 综上所述，本工程质量等级评价为合格。</td></tr>
<tr><td rowspan="4">配合分包单位</td><td>有分包单位直接填写分包单位全称</td><td>资质等级</td><td>分包单位的资质等级</td></tr>
<tr><td>无</td><td>资质等级</td><td></td></tr>
<tr><td>无</td><td>资质等级</td><td></td></tr>
<tr><td>无</td><td>资质等级</td><td></td></tr>
<tr><td colspan="3">项目经理：×××(签名)　××年××月××日</td><td rowspan="2">施工单位
(公章)</td></tr>
<tr><td colspan="3">单位技术负责人：×××(签名)　×× 年××月××日</td></tr>
<tr><td colspan="4">项目总监理工程师或建设单位项目负责人意见(是否同意竣工)：
同意竣工
签名：×××(签名)　×× 年××月××日</td></tr>
</table>

2. 监理单位工程竣工质量评价报告

监理单位工程竣工质量评价报告应由工程项目监理单按各工程项目所在地建设主管部门指定的格式填写，施工单位负责收集、整理。监理单位工程竣工质量评价报告一般应包括的内容如下：

(1) 单位工程的基本概况(建筑面积一栏按竣工的实际面积填写，如果有些项目在施工过程中已进行变更，附上变更资料即可)

(2) 分别对各分部工程质量情况进行评价

① 核查该工程的各分部工程是否无遗漏。

② 对该工程竣工的分部和特殊单项工程的竣工质量逐一进行评价。

(3) 安全和功能检验(检测)报告检查情况

① 对各分部、子分部的安全和功能检验(检测)报告核查是否无遗漏。

② 核查安全和功能检验(检测)报告是否满足设计要求作出评价。

(4) 质量控制资料和竣工文件的检查情况

① 核查质量控制资料和竣工文件是否完整。

② 对质量控制资料和竣工文件是否符合要求作出评价。

(5) 观感质量预验收

① 检查观感质量项数，符合要求的项数作出“好”“一般” “差”的评定。

② 对工程质量是否同意预验收作出结论。

(6) 预验收结果

① 分部工程无遗漏。

② 质量控制资料是否完整、安全和功能检测报告是否合格。

③ 观感质量竣工等级是否合格。

综合以上三个方面对工程质量竣工作出预验收结果的评价。

(7) 项目总监理工程师、单位负责人签名,并加盖单位法人公章

监理单位在工程竣工预验收后,施工单位整改完毕,由总监理工程师填写。监理单位工程竣工质量评价报告应一式五份,并应由建设单位、监理单位、施工单位、备案机关、城建档案馆各保存一份。

表 4-6 为"广西配套用表"(桂质监档表 14 表)监理单位工程竣工质量评价报告表格样式。

桂质监档表 14 表

表 4-6　监理单位工程竣工质量评价报告

工程名称	××住宅楼	建设单位	××建设房地产开发公司
工程地址	××市××路××号		
建筑面积	×××××m^2 (按竣工的实际面积填写)	结构类型	框架结构
层　　数	地下　1　层,地上　18　层		
开工日期	××年××月××日 (填写总监签署开工令的时间)	竣工日期	××年××月××日 (填写总监签署同意竣工的日期)
分别对各分部工程质量情况进行评价: 1. 地基与基础工程:轴线及标高符合设计要求,分部质量验收合格。 2. 主体结构工程:主体混凝土无蜂窝麻面,主体建筑物大角垂直度标高、全高的检测偏差在允许范围内,分部质量验收合格。 3. 建筑装饰装修工程 (1) 楼地面分项:楼地面标高及平整度符合设计及施工规范要求,楼地面砖铺贴符合规范要求。 (2) 抹灰分项:墙面的厚度、外墙面砖的平整度、垂直度及阴阳处理符合规范要求。 (3) 门窗分项:位置及尺寸符合设计要求,胶结及防水材料经检验合格后使用。 (4) 吊顶分项:吊顶标高、尺寸、造型符合设计要求,吊杆、龙骨、饰面材料安装牢固。 (5) 涂饰分项:涂饰质量的品种、型号和性能符合设计要求,涂饰均匀,粘结牢固,无漏涂、起皮现象,符合规范要求。 (6) 玻璃幕墙分项:各种材料、构件和组件质量、造型和立面分格、安装方向符合设计要求,结构胶和密封胶打注饱满、密实、均匀无气泡,宽度和厚度符合设计要求,玻璃幕墙防雷装置与主体结构的防雷装置可靠连接,垂直度测试合格,三项性能(抗风压、空气渗透、雨水渗透)检测合格。 4. 建筑屋面分部工程:找平层及防水层的施工质量符合设计要求,防水材料经检验合格后使用,防水层搭接缝粘结牢固、密封严密,分部质量验收合格。			

（续表）

<table>
<tr><td colspan="2">5. 建筑给水排水分部工程：安装位置及坡度、接头均符合设计要求，给水系统经水压试验合格，排水系统经灌水、通水、通球试验合格，分部质量验收合格。
6. 建筑电气分部工程：各种器具安装位置、标高符合设计及规范要求，预埋管线按图施工。避雷装置接地测试符合设计要求，分部质量验收合格。
7. 通风与空调分部工程：各种设备器具安装位置、标高符合设计及规范要求，经调试试运行，效果符合设计要求，分部质量验收合格。
8. 有被覆盖的部位会同施工单位检查，符合要求才同意隐蔽验收。
9. 施工过程中未出现质量问题。</td></tr>
<tr><td colspan="2">安全、功能检验（检测）报告检查情况：
1. 混凝土及砂浆试块强度经检验均满足设计强度要求。
2. 主体及竣工检测的建筑物垂直度、标高、全高的检测符合设计及规范要求。
3. 焊缝超声波（射线）探伤检测报告、钢网架节点承载力试验报告符合设计及规范要求。
4. 铝合金外窗气密性、水密性、抗风压检测报告，幕墙防雷装置测试报告、硅酮结构胶相容性检测报告、幕墙抗风压性能、空气渗透性能、雨水渗漏性能报告符合设计及规范要求。
5. 卫生间及屋面蓄水试验、阀门水压试验记录、给水系统及制冷管道系统水压、冲洗及消毒、通水试验，排水系统灌水、通水、通球试验结果合格；卫生器具通水、满水试验记录，地漏及地面清扫口排水试验记录符合设计及规范要求。
6. 绝缘、接地电阻检测，避雷装置的检测；照明全负荷试验记录符合设计及规范要求。
7. 风管严密性试验记录、漏风量测试记录、制冷机组试运行调试记录符合设计及规范要求。
8. 室内环境检测报告符合设计及规范要求。</td></tr>
<tr><td colspan="2">质量控制资料和文件的检查情况：
质量控制资料和安全功能检测资料、工程建设文件完整，监理资料完整。</td></tr>
<tr><td colspan="2">观感质量预验收：
预验收小组检查 19 项，符合要求 19 项，预验收小组评定结果为“好”，同意验收。</td></tr>
<tr><td colspan="2">预验收结果：
1. 地基与基础分部、主体结构分部、建筑装饰装修分部、建筑屋面分部、建筑给水、排水及采暖分部、建筑电气分部及通风与空调分部、建筑节能等八个分部工程质量符合设计和施工质量验收规范要求，分部工程全部合格。
2. 观感质量综合评价为“好”。
3. 质量控制资料及工程建设文件完整。
4. 综上所述：本工程质量竣工等级评为合格。</td></tr>
<tr><td>项目总监理工程师：×××
（签名）　　　　　　　　　　　×× 年××月×× 日</td><td rowspan="2">监理单位
（公章）</td></tr>
<tr><td>单位有关负责人：×××　　　（签名）
（法定代表人或总工）　　　　　×× 年××月 ××日</td></tr>
</table>

3. 勘察单位勘察文件及实施情况检查报告

勘察单位勘察文件及实施情况检查报告由工程项目勘察单位负责填写，施工单位负责收集、整理。勘察单位勘察文件及实施情况检查报告的内容一般包括：

(1) 一般情况。

(2) 勘察文件(包括变更文件)内容是否符合工程建设强制性标准。

(3) 工程地质的实际情况是否与勘察报告一致。

(4) 基础(包括桩基)是否落在勘察文件推荐的持力层上，对设计采用的持力层和基础形式有无异议。

(5) 项目勘察负责人、单位负责人(法定代表人或总工)签名，并加盖单位法人公章。

勘察单位勘察文件及实施情况检查报告应一式六份，并应由建设单位、勘察单位、监理单位、施工单位、备案机关、城建档案馆各保存一份。

表 4－7 是“广西配套用表”(桂质监档表 15 表)勘察单位勘察文件及实施情况检查报告样表。

表 4－7　勘察单位勘察文件及实施情况检查报告

桂质监档表 15 表

<table>
<tr><td>工程名称</td><td>××住宅楼</td><td>建设单位</td><td>××房地产开发公司</td></tr>
<tr><td>勘察单位名称</td><td colspan="3">××建筑设计勘察分院</td></tr>
<tr><td>勘察单位地址</td><td colspan="3">××市区××路段××号</td></tr>
<tr><td>勘察文件(包括变更文件)内容是否符合工程建设强制性标准</td><td colspan="3">勘察报告按条形基础进行勘察，基本查明了岩土层的分布特性，详细分析了天然地基的可行性，提出了合适的基础形式，提供了相应的岩土参数，满足规范的有关要求，勘察文件符合工程建设强制性标准的有关要求。</td></tr>
<tr><td>工程地质的实际情况是否与勘察报告一致，处理情况如何</td><td colspan="3">1. 基槽开挖过程中，勘察负责人 3 次前往现场进行验槽。
2. 防空洞洞体及壁土间空隙经填充石并压力灌注水泥浆后，胶结体结合密实整体，符合设计要求。
3. 工程地质情况与勘察报告一致。</td></tr>
<tr><td>基础(包括桩基)是否落在勘察文件推荐的持力层上，对设计采用的持力层和基础形式有无异议</td><td colspan="3">该工程基础所选持力层及基础形式的选用是合理的、可行的。</td></tr>
<tr><td colspan="2">项目勘察负责人：×××
(签名)　　　　××年 ××月××日</td><td colspan="2" rowspan="2">勘察单位(公章)</td></tr>
<tr><td colspan="2">单位负责人：×××
(法定代表人或总工签名)　　　　××年××月××日</td></tr>
</table>

广西工程质量监督总站统一印制

4. 设计单位设计文件及实施情况检查报告编写内容及要求

设计单位设计文件及实施情况检查报告由设计单位负责填写，施工单位负责收集、整理，设计单位设计文件及实施情况检查报告内容一般包括：

(1) 一般情况。

(2) 设计程序是否符合规定。设计文件(包括变更文件)内容是否符合工程建设强制性标准。工程档案资料是否齐全。

(3) 是否有重大变更，是否经设计单位认可。

(4) 对结构形式和构件位置是否符合设计文件(包括变更文件)的要求进行确认。

(5) 已完工程的层数、面积及功能与设计文件是否相符。

(6) 项目设计负责人、单位有关负责人(法定代表人或总工)签名，并加盖单位法人公章。

设计单位设计文件及实施情况检查报告应一式六份，并应由建设单位、设计单位、监理单位、施工单位、市级或省级备案机关、城建档案馆各保存一份。

表 4-8 为“广西配套用表”(桂质监档表 16 表)设计单位设计文件及实施情况检查报告样表。

表 4-8　设计单位设计文件及实施情况检查报告

桂质监档表 16 表

<table>
<tr><td>工程名称</td><td>××住宅楼</td><td>建设单位</td><td>××建设房地产开发公司</td></tr>
<tr><td>设计单位名称</td><td colspan="3">××建筑设计院</td></tr>
<tr><td>设计单位地址</td><td colspan="3">××市区××路段××号</td></tr>
<tr><td>设计程序是否符合规定。设计文件(包括变更文件)内容是否符合工程建设强制性标准。工程档案资料是否齐全</td><td colspan="3">1. 设计程序符合规定，设计文件符合工程建设强制性标准。
2. 设计过程进行了设计质量三环节的控制管理工作，建筑物的地基基础和主体结构体系安全可靠。
3. 设计满足抗震设防及构造要求。</td></tr>
<tr><td>有否变更，如有变更是否经设计单位认可</td><td colspan="3">无重大设计变更。
局部变更已经该设计单位认可。</td></tr>
<tr><td>对结构形式和构件位置是否符合设计文件(包括变更文件)的要求进行确认</td><td colspan="3">结构形式和构件位置符合设计图纸、文件要求。</td></tr>
<tr><td>已完工程的层数、面积及功能与设计文件是否相符</td><td colspan="3">已完工程的层数、面积及功能与设计文件相符。</td></tr>
<tr><td colspan="2">项目设计负责人：×××　　签名
×× 年××月××日</td><td colspan="2" rowspan="2">设计单位(公章)</td></tr>
<tr><td colspan="2">单位有关负责人：×××
(法定代表人或总工)签名　　×× 年××月××日</td></tr>
</table>

广西工程质量监督总站统一印制

5. 建设工程质量竣工验收意见书

建设工程质量竣工验收意见书由建设单位组织的工程质量验收小组填写，施工单位负责收集、整理。建设工程质量竣工验收意见书的内容一般包括：

(1) 工程概况：工程名称填写单位(子单位)工程全称；建筑面积按竣工的实际面积填写，如有些项目在施工过程中已进行变更，附上变更资料即可。

(2) 工程竣工验收内容

① 建设、勘察、设计、监理及施工单位合同履约情况和执行法律、法规及工程建设强制性标准的情况。

② 审查建设、勘察、设计、监理及施工单位档案资料的完整性。

③ 实地检查验收工程质量情况。

④ 竣工验收组对工程勘察、设计、监理、施工等单位以及设备质量和各管理环节等方面作出全面评价。

(3) 竣工验收组对单位工程的各个施工的分部工程作出验收结论：合格或不合格，是否同意验收。

(4) 竣工验收组对质量控制资料完整性的核查是否达到结构安全和使用功能的要求，是否同意验收作出结论。

(5) 竣工验收组对安全和主要使用功能核查及抽查结果是否全部合格作出结论。

(6) 竣工验收组对观感质量检查验收达到“好”“一般”或“差”观感评价。

(7) 竣工验收组按《广西壮族自治区房屋建筑工程和市政基础设施工程质量监督管理暂行规定》第二十一条所列参建各方(建设单位、监理单位、勘察单位、设计单位、施工单位)应具备的文件资料进行检查。对缺项作出记录，并作出不齐全或齐全的结论。

(8) 竣工验收组作出综合验收结论合格或不合格，是否同意验收的结论。

(9) 竣工验收组成员签字确认。

(10) 参加验收单位加盖单位法人公章及单位负责人签字确认。

由竣工验收组填写建设工程质量竣工验收意见书一式六份，并应由建设单位、设计单位、监理单位、施工单位、市级或省级备案机关、城建档案馆各保存一份。

表 4－9 为“广西配套用表”(桂质监档表 19 表)建设工程质量竣工验收意见书样表。

表 4－9　建设工程质量竣工验收意见书样表

桂质监档表 19 表

建设工程质量竣工验收
意　见　书

工程名称：××住宅楼

建设单位：××房地产开发公司

竣工验收时间：××年××月××日

（由竣工验收组填写）

广西工程质量监督总站统一印制

建设工程质量竣工验收意见　　　　**(续表)**

<table>
<tr><td>工程名称</td><td colspan="3">××住宅楼</td></tr>
<tr><td>工程地址</td><td colspan="3">××市××区××路××号</td></tr>
<tr><td>建筑面积
(或工程规模)</td><td>××××m^2</td><td>结构类型、层数</td><td>框架/18层</td></tr>
<tr><td>开工时间</td><td>××年××月××日</td><td>竣工时间</td><td>××年××月××日</td></tr>
<tr><td colspan="4">工程竣工验收内容：
1. 建设、勘察、设计、监理及施工单位分别汇报工程合同履约情况和在建设各个环节执行法律、法规和工程建设强制性标准的情况。
2. 审阅建设、勘察、设计、监理及施工单位档案资料，各单位资料完整。
3. 实地检查验收工程质量，检查项目为土建、水电、通风及空调，抽检部位为一、三、六层，抽检频率大于10%，经验收小组检查，该工程质量观感评价好。
4. 对工程勘察、设计、施工、设备质量和各管理环节等方面作出全面评价，形成经验收组人员签署的工程竣工验收意见。
5. 本工程没有违反基本建设程序。</td></tr>
</table>

序号	项目	验收记录	验收结论
1	分部工程	共7分部，经查7分部 符合标准及设计要求7分部	地基与基础、主体结构、装饰分部、屋面分部、给排水分部、电气分部、通风及空调分部7分部全部合格，同意验收。
2	质量控制资料核查	共34项，经审查符合要求34项，经核定符合规范要求0项	资料完整，能反映工程质量情况，达到保证结构安全和使用功能的要求，同意验收。
3	安全和主要使用功能核查及抽查结果	共核查15项，符合要求15项，共核查15项，符合要求15项，经返工处理符合要求0项	安全和功能抽查记录，无遗漏，检测报告结论满足要求，主要功能抽查结果全部合格。
4	观感质量验收	共抽查19项，符合要求19项，不符合要求0项	好

文件资料检查情况表 **（续表）**

<table>
<tr><td colspan="2">由验收组按《广西壮族自治区房屋建筑工程和市政基础设施工程质量监督管理暂行规定》第二十一条所列参建各方应具备的文件资料进行检查。对缺项作出记录，并作出不齐全、基本齐全的结论。</td></tr>
<tr><td>建设单位资料</td><td>有① 立项批文；② 规划许可证；③ 施工图设计文件审查意见；④ 施工许可证以及公安消防、规划等职能部门出具的认可文件，资料完整。</td></tr>
<tr><td>施工单位资料</td><td>有① 施工合同；② 施工单位工程竣工报告；③ 符合要求的工程技术管理资料；④ 质量控制资料；⑤ 施工质量验收记录资料；⑥ 工程使用符合要求的主要建筑材料合格证书和进场检验报告；⑦ 工程质量保修书等，资料完整。</td></tr>
<tr><td>勘察单位资料</td><td>勘察文件符合国家有关法律、法规及工程建设强制性标准，有① 工程地质勘察报告；② 工程勘察质量检查报告等，资料完整。</td></tr>
<tr><td>设计单位资料</td><td>有① 设计计算书；② 设计图纸；③ 设计变更；④ 设计单位设计文件及实施情况检查报告等，资料完整。</td></tr>
<tr><td>监理单位资料</td><td>有监理合同；监理日志；监理单位工程竣工质量评价报告等，资料完整。</td></tr>
</table>

（续表）

<table>
<tr><td colspan="6">综合验收结论（工程质量是否合格）：
　　本单位工程符合设计和规范要求，工程质量评定合格，同意验收。</td></tr>
<tr><td colspan="2"></td><td>姓名（亲笔签名）</td><td>工作单位</td><td>职务</td><td>技术职称</td></tr>
<tr><td rowspan="13">竣工验收组成员签字栏</td><td>组长</td><td></td><td>（略）</td><td></td><td></td></tr>
<tr><td rowspan="2">副组长</td><td></td><td></td><td></td><td></td></tr>
<tr><td></td><td></td><td></td><td></td></tr>
<tr><td rowspan="10">其他成员</td><td></td><td></td><td></td><td></td></tr>
<tr><td></td><td></td><td></td><td></td></tr>
<tr><td></td><td></td><td></td><td></td></tr>
<tr><td></td><td></td><td></td><td></td></tr>
<tr><td></td><td></td><td></td><td></td></tr>
<tr><td></td><td></td><td></td><td></td></tr>
<tr><td></td><td></td><td></td><td></td></tr>
<tr><td></td><td></td><td></td><td></td></tr>
<tr><td></td><td></td><td></td><td></td></tr>
<tr><td></td><td></td><td></td><td></td></tr>
</table>

<table>
<tr><td rowspan="2">参加验收单位</td><td>施工单位</td><td>勘察单位</td><td>设计单位</td><td>监理单位</td><td>建设单位</td></tr>
<tr><td>（公章）
单位负责人
年　月　日</td><td>（公章）
单位负责人
年　月　日</td><td>（公章）
单位负责人
年　月　日</td><td>（公章）
单位负责人
年　月　日</td><td>（公章）
单位负责人
年　月　日</td></tr>
</table>

6. 建设工程竣工验收报告

建设工程竣工验收报告由建设单位填写，本报告一般应包括的内容：

(1) 建设工程基本情况，单位工程的基本概况（建筑面积一栏按竣工的实际面积填写，如果有些项目在施工过程中已进行变更，附上变更资料即可）。

(2) 工程验收程序、内容、组织形式。

(3) 对参建各方文件资料完整性的评价（由验收组按《广西壮族自治区房屋建筑工程和市政基础设施工程质量监督管理暂行规定》第二十一条所列参建各方应具备的文件资料进行检查。对缺项作出记录，并作出不完整或完整的结论）。

(4) 工程竣工验收意见（参加验收小组的各方人员形成的统一验收意见：工程质量是否合格、是否存在问题、是否同意接收），项目负责人、建设单位负责人签字，并加盖单位法人公章。

保存要求及表格格式：

建设工程竣工验收报告应一式五份，并应由建设单位、监理单位、施工单位、备案机关、城建档案馆各保存一份。

表 4－10 为“广西配套用表”（桂质监档表 20 表）建设工程竣工验收报告表样表。

表 4－10　建设工程竣工验收报告样表

桂质监档表 20 表

建设工程竣工验收报告

工程名称：××住宅楼

建设单位：××建设房地产开发公司

竣工验收时间：××年××月××日

（由建设单位填写）

广西工程质量监督总站统一印制

建设工程竣工验收报告 **(续表)**

<table>
<tr><td>工程名称</td><td colspan="3">××住宅楼</td></tr>
<tr><td>预估结算价</td><td>××万元</td><td>工程地址</td><td>××市××区××路××号</td></tr>
<tr><td>建筑面积(m^2)
(或工程规模)</td><td>×××××m^2
(按竣工的实际面积填写)</td><td>结构类型
层 数</td><td>地下1层 地上18层</td></tr>
<tr><td>勘察单位名称</td><td colspan="3">××建筑设计勘察分院</td></tr>
<tr><td>设计单位名称</td><td colspan="3">××建筑设计院</td></tr>
<tr><td>施工单位名称</td><td colspan="3">××建筑工程公司</td></tr>
<tr><td>监理单位名称</td><td colspan="3">××建设监理公司</td></tr>
<tr><td>开工日期</td><td>××年××月×× 日
(总监签署的开工日期)</td><td>竣工日期</td><td>××年××月×× 日
(总监签署的竣工日期)</td></tr>
<tr><td colspan="4">工程验收程序、内容、组织形式:
一、工程验收程序:
1. 由建设、勘察、设计、施工、监理单位分别汇报工程合同履约情况和工程建设各个环节执行法律、法规和工程建设强制性标准的情况。
2. 审阅建设、勘察、设计、施工、监理单位的工程档案资料。
3. 实地查验工程质量。观感质量部位抽查率10%。
4. 对工程勘察、设计、施工、设备安装质量和各管理环节等方面作出全面评价,并形成了统一意见。详见《建设工程质量竣工验收意见书》。
二、验收内容:本工程土建、水电安装、通风与空调、建筑节能(包括整套竣工资料、观感质量检查评定)。
三、组织形式:由建设、勘察、设计、施工、监理五方组成验收小组。
验收小组名单:
建设单位:(略)
监理单位:(略)
施工单位:(略)
勘察单位:(略)
设计单位:(略)</td></tr>
</table>

（续表）

对勘察单位的评价： 1. 本工程地质勘察由××建筑设计院勘察分院承接，按时提交本工程《岩土工程报告》，地质勘察报告资料与现场地质情况相符。地基工程开挖后，勘察方派人到现场察看地基开挖情况，基槽达到设计要求后，方允许施工单位进入下道工序施工。地基与基础分部工程验收，竣工验收时分别等派人到现场进行验收，验收人员签署了验收原始文件，并提交《勘察单位勘察文件及实施情况检查报告》。
对设计单位的评价： 2. 本工程由××建筑设计院设计，按时向我单位提交本工程设计图纸，对图纸会审提出的问题及修改意见及时答复或另出变更设计，设计及设计修改文件能满足建筑物安全使用和功能要求。在施工过程中，派人到现场参加基槽验收、基础工程验收、主体结构工程验收、竣工验收，验收人员签署了竣工验收原始文件，并提交了《设计单位设计文件及实施情况检查报告》，我单位对本工程设计满意。
对施工单位的评价： 3. 施工单位有一整套完整的质量保证体系资料，在工程开工前已进行了施工组织设计及相应的质量保证措施，在施工过程中严格按设计图纸和施工规范等工程建设强制性标准施工，按设计变更通知及合同完成了所有的工作，各项管理工作到位。我单位对施工管理过程、工程质量非常满意。
对监理单位的评价： 4. 监理单位有一整套完整的监理大纲和监理细则。本工程自开工到竣工全过程，该公司始终履行监理职责、监理合同，组织图纸会审、审核开工报告及施工方案，对工程质量严格把关，现场监理工程师签认主要材料验收、复核、签字确认，隐蔽验收、检验批验收记录、施工记录，采用旁站、巡视、检查等手段，使工程质量、工期等均得到有效的控制。组织地基与基础、主体结构主要分部验收，验收人员并签署验收意见；参加竣工验收，提交监理单位工程竣工质量评价报告。
工程竣工验收意见： 参加验收小组的各方人员形成如下的统一验收意见： 1. 本工程的各项质量控制资料、施工管理资料、验收记录文件资料审查，资料完整。 2. 检查项目为土建、水电、通风及空调，抽检部位为一、三、六、十、十五、屋面层，抽检频率大于30%，经验收小组检查，该工程质量观感评价为“好”。 3. 验收小组对观感质量评价为“好”。 综上所述，本单位工程质量评定为合格等级。同意接收。 建设单位(公章) 项目负责人：(亲笔签名) 单位负责人：(亲笔签名)

七、建设工程消防竣工验收文件

1. 建设工程消防验收需准备资料

(1) 建设工程消防验收申报表。

(2) 工程竣工验收报告。

(3) 消防产品质量合格证明文件及国家防火检测机构出具检测报告,涉及主要消防产品包括:

① 通风防排烟系统主要设备(防火阀、风机等);

② 防火门及卷帘门等;

③ 应急照明及疏散指示;

④ 消火栓系统(消火栓箱、水带、水枪等);

⑤ 室外消火栓系统(室外消火栓、水泵接合器)。

(4) 有防火性能要求的建筑构件、建筑材料、室内装修装饰材料符合国家标准或者行业标准的证明文件。出厂合格证、有资质检测机构出具的见证取样检验报告。

(5) 消防设施、电气防火技术检测合格证明文件。

(6) 施工、监理、检测单位的合法身份证明和资质等级证明文件。

(7) 其他依法需要提供的材料。

2. 建设工程消防验收程序

(1) 建筑工程竣工后,建设单位应向公安消防管理部门提出工程竣工消防验收申请,一般是通过专用网络进行申报,填写相关资料。

(2) 公安消防管理部门受理案件后,负责验收的具体经办人应查验资料是否符合要求,资料验收齐全后安排现场验收。

(3) 按消防工程验收程序的规定由不少于两人的消防监督员到现场进行验收。

(4) 消防工程验收或复查合格后,各单位参加验收人员和公安消防管理部门参加验收人员在验收申报表上签名。

(5) 出具验收合格意见书。

3. 建设工程消防验收的主要内容及重点

(1) 主要内容

① 总平面布局和平面布置中涉及消防安全的防火间距、消防车道、消防水源等;

② 建筑的火灾危险性类别和耐火等级;

③ 建筑防火、防烟分区和建筑构造;

④ 安全疏散和消防电梯;

⑤ 消防给水和自动灭火系统;

⑥ 防烟、排烟和通风、空调系统;

⑦ 消防电源及其配电;

⑧ 火灾应急照明、应急广播和疏散指示标志;

⑨ 火灾自动报警系统和消防控制室;

⑩ 建筑内部装修;

⑪ 建筑灭火器配置;

⑫ 国家工程建设标准中有关消防安全的其他内容；

⑬ 查验消防产品有效文件和供货证明。

（2）验收重点

① 检查竣工图纸、资料、《建筑工程消防验收申报表》及与消防机构审核意见与工程是否一致；

② 检查《建筑工程消防设计审核意见书》中提出的消防问题在工程中是否已经整改；

③ 检查各类消防设施、设备的施工安装质量及性能；

④ 抽查测试消防设施功能及联动情况。

八、人防工程竣工验收内容及备案文件

1. 人防工程竣工验收程序

从工程具备竣工验收条件直至提交工程竣工验收报告整个过程应包括下列程序：工程具备竣工验收的条件→建设单位收集勘察、设计、施工、监理等单位《合格证明书》→组织成立竣工验收小组，制定验收方案→向质量监督机构申领《人防工程竣工验收通知书》及《人防工程竣工验收报告》→约定竣工验收时间、地点及验收小组人员进行竣工验收→竣工验收合格后提交工程竣工验收报告。

2. 人防工程竣工验收组织

（1）竣工验收应由建设单位负责组织，并邀请勘察、设计、施工、监理等单位参加。

（2）竣工验收组组长由建设单位负责人担任；副组长应至少由一名工程技术人员担任。

（3）验收组成员应由建设单位项目负责人，现场管理人员，勘察、设计、施工、监理单位与项目直接关系的技术或质量负责人和相关专业技术人员组成。

（4）建设单位应邀请当地人防主管部门和本工程质量监督机构进行竣工验收监督。

3. 竣工验收备案文件

（1）《人防工程竣工验收备案表》。

（2）人防工程档案，包括人防工程概况、建设核准单、施工图设计文件审查意见、竣工验收资料、竣工验收报告、质量验收记录及其他有关质量检测和功能性试验资料。

4. 人防资料整理要求

（1）竣工验收资料按照《建筑工程施工质量验收统一标准》《人民防空工程质量验收与评价标准》(RFJ 01—2015)和市城市建设档案馆的有关要求进行整理。

（2）《人防工程竣工验收备案表》需加盖建设单位公章，单列，不要装订在人防工程档案里。

（3）人防工程概况可以以文字的形式说明整个人防工程的概况，也可以用一份战时功能平面图的 A4 缩微图表示。

（4）建设核准单指市人防主管部门批准人防工程建设的《××××市防空地下室工程建设核准单》，施工图设计文件审查意见指委托专业的人防设计审查机构对人防工程的施工图设计文件进行审查的最终批准文件。

（5）工程质量保证资料按土建（含结构、防水、建筑装修）、安装（含风、水、电、消防）、孔口防护共三个部分进行分类整理，其包含内容有单位工程验收记录、分项、分部工程质量验收记录，隐蔽工程验收表，主体结构检验及抽样检测资料，原材料出厂合格证书及进场检(试)验报

告,施工试验报告及见证检测报告等。

(6) 竣工验收资料、竣工验收报告、质量验收记录及其他有关质量检测和功能性试验的资料包括施工单位的工程竣工报告和工程质量保修书,勘察、设计单位的工程检查报告,监理单位的工程质量评价报告,竣工验收的组织文件和工程质量保证资料等。

(7) 人防工程档案应包括封面、目录和各部分的首页,A4 纸张大小,按次序装订成册。

九、竣工验收备案表

我国实行建设工程竣工验收备案制度。新建、扩建和改建的各类房屋建筑工程和市政基础设施工程的竣工验收均应按《建设工程质量管理条例》的相关规定进行备案。

建设单位应当自建设工程竣工验收合格之日起 15 日内,将建设工程竣工验收报告和规划、公安消防、环保等部门出具的认可文件或准许使用文件,报建设行政主管部门或者其他相关部门备案。

备案部门在收到备案文件资料后的 15 日内,对文件资料进行审查,符合要求的工程,在验收备案表上加盖"竣工验收备案专用章",并将一份退建设单位存档。如审查中发现建设单位在竣工验收过程中有违反国家有关建设工程质量规定行为的,责令停止使用,重新组织竣工验收。

(1) 报建设行政主管部门备案主要档案清单

① 工程竣工验收报告;

② 工程施工许可证;

③ 施工图设计文件审查意见;

④ 单位工程质量综合验收文件;

⑤ 基础设施的有关质量检测和功能性试验资料;

⑥ 规划、环保等部门出具的认可文件或者准许使用文件;

⑦ 法律规定应当由公安消防部门出具的对大型的人员密集场所和其他特殊建设工程验收合格的证明文件;

⑧ 施工单位签署的工程质量保修书;

⑨ 商品住宅的《住宅质量保证书》和《住宅使用说明书》;

⑩ 法规、规章规定必须提供的其他文件。

广西某市城建档案管备案档案接收内容及排列顺序要求见表 4-11。

(2) 工程竣工验收备案表的内容

① 工程基本情况;

② 参建各方对工程竣工验收的验收意见;

③ 工程竣工验收备案文件清单;

④ 备案机关的备案意见(备案机关在收齐、验证备案文件和建设工程质量监督报告后在备案表上签署备案意见),并加盖公章;

⑤ 备案机关负责人、备案经手人签名;

⑥ 备案机关处理意见。

建设工程经验收合格后办理竣工验收备案手续前,由建设单位填写备案表一式三份,并应由建设单位、备案机关、城建档案馆各保存一份。

竣工验收备案表见表 4-12。

表 4－11　房建类档案接收内容及排列顺序

一、综合文字材料

1. 建设项目年度计划批复文件(或登记备案证)。

2. 国有土地使用证及附图(复印件)。

3. 建设工程规划许可证及附图(复印件)。

4. 总平面规划图。

5. 投标文件(商务标、技术标)。

6. 合同或协议书(设计、勘察、监理、施工等)。

7. 中标通知书、发承包审核通知书。

8. 公安消防部门审批验收意见。

9. 环保部门审批验收意见。

10. 人防部门审批验收意见。

11. 工程竣工验收备案证。

12. 工程结算审核报告、结算审定单、结算书(具有造价审核资质的部门出具)。

13. 工程地质勘察报告。

14. 工程监理文件(监理规划、监理实施细则、质量事故报告及处理意见、监理竣工总结)。

15. 其他。

二、工程施工文字材料

1. 施工技术管理

(1) 开工申请、开工令。

(2) 图书会审记录。

(3) 设计变更通知单、材料代用签证、洽商记录等。

(4) 施工组织设计、工序施工方案。

(5) 技术交底单。

(6) 测量定位记录。

(7) 建筑物沉降(变形)观测报告,建筑物垂直度、标高、全高、测量记录。

(8) 施工单位工程竣工报告。

(9) 监理单位工程竣工质量评价报告。

(10) 勘察单位勘察文件及实施情况检查报告。

(11) 设计单位设计文件及实施情况检查报告。

(12) 施工日记。

(13) 其他。

2. 质量控制××

(1) 地基与基础分部(含地基处理、桩基子分部)。

(2) 主体结构分部。

(3) 建筑装饰装修分部。

(4) 建筑屋面分部。

(5) 建筑给排水及采暖分部。

(6) 建筑电气分部。

三、附属配套工程竣工资料××

节能、消防、通风与空调、钢结构、幕墙、建筑智能化、二次装修装饰工程等。

四、逐套验收

1. 逐套验收实施方案。

2. 逐套验收汇总表。

3. 逐套验收资料。

五、竣工图

1. 建筑竣工图。

2. 结构竣工图。

3. 给排水竣工图。

4. 电气竣工图。

5. 其他竣工图。

六、工程声像资料

七、工程电子文件

注:1. 有第一大类综合文字材料第 11、12 项内容后我馆才开始受理档案移交。

2. 带××号的内容参照“单位(子单位)工程竣工验收文件和资料目录(房屋建筑工程)”。

表 4－12　竣工验收备案表样表

房屋建筑工程和市政基础设施工程

竣工验收备案表

中华人民共和国建设部制

(续表)

房屋建筑工程和市政基础设施工程
竣工验收备案表

建设单位名称	(填写建设单位全称)××房地产开发有限公司		
备案日期	(由备案机关填写)		
工程名称	(工程名称必须与施工许可证一致,应有栋号)××住宅楼		
工程地点	(写清楚路名,门牌号)××市××大道××号		
建筑面积(m^2)	(应与施工许可证、质量监督登记一致)××××m^2		
结构类型	(结构名称/层数)框架/18层		
工程用途	(例:一至十八层为住宅)　住宅		
开工日期	(应与竣工验收意见书一致)××年××月××日		
竣工验收日期	(应与竣工验收意见书一致)××年××月××日		
施工许可证号	××××××××		
施工图审查意见	(按图纸报审单中建委技术科审查意见填)施工图设计文件经审查合格		
勘察单位名称	(应写全称)××勘察设计研究院	资质等级	甲级
设计单位名称	(应写全称)××市建筑设计有限公司	资质等级	甲级
施工单位名称	(应写全称)××建设集团公司	资质等级	壹级
监理单位名称	(应写全称)××建设监理有限责任公司	资质等级	甲级
工程质量监督机构名称	××市建设工程质量监督站		

(续表)

<table>
<tr><td rowspan="5">竣
工
验
收
意
见</td><td>勘察单位意见</td><td>现场地质情况与勘察报告相符,同意评为合格。
(公章)
单位(项目)负责人:(亲笔签名)　　年　月　日</td></tr>
<tr><td>设计单位意见</td><td>该工程按设计图纸变更通知施工,同意评为合格。
(公章)
单位(项目)负责人:(亲笔签名)　　年　月　日</td></tr>
<tr><td>施工单位意见</td><td>完成设计和合同约定的各项内容,资料齐全,质量达到合格。
(公章)
单位(项目)负责人:(亲笔签名)　　年　月　日</td></tr>
<tr><td>监理单位意见</td><td>完成工程设计和合同约定的各项内容,各单位提供的资料齐全,工程质量达到合格,同意验收。
(公章)
总监理工程师:(亲笔签名)　　年　月　日</td></tr>
<tr><td>建设单位意见</td><td>完成工程设计和合同约定的各项内容,各单位提供的资料齐全,工程质量达到合格,同意验收。
(公章)
单位(项目)负责人:(亲笔签名)　　年　月　日</td></tr>
</table>

（续表）

<table>
<tr><td>工程竣工验收备案文件目录</td><td colspan="3">1. 工程竣工验收报告；
2. 工程施工许可证；
3. 施工图设计文件审查意见；
4. 单位工程质量综合验收文件；
5. 基础设施的有关质量检测和功能性试验资料；
6. 规划、环保等部门出具的认可文件或者准许使用文件；
7. 法律规定应当由公安消防部门出具的对大型的人员密集场所和其他特殊建设工程验收合格的证明文件；
8. 施工单位签署的工程质量保修书；
9. 商品住宅的《住宅质量保证书》和《住宅使用说明书》；
10. 法规、规章规定必须提供的其他文件。</td></tr>
<tr><td>备案意见</td><td colspan="3">该工程的竣工验收备案文件已于××　年××　月××　日收讫，文件齐全。
（公　　章）
××年　××　月　××　日</td></tr>
<tr><td>备案机关负责人</td><td>×××</td><td>备案经手人</td><td>×××</td></tr>
</table>

（续表）

备案机关处理意见： （略） （公　　章） ××年　××　月　××　日

十、房屋建筑工程质量保修书

房屋建筑工程质量保修书是指建设工程(新建、扩建、改建、装修及各类房屋建筑工程)竣工验收后,在保修期限内出现的质量缺陷(指房屋建筑工程的质量不符合工程建设强制性标准以及合同的约定),予以修复。

根据《中华人民共和国建筑法》和《建设工程质量管理条例》的规定,为保护建设单位、施工单位、房屋建筑所有人和使用人的合法权益,维护公共安全和公众利益,建设单位、施工单位应签署《房屋建筑工程质量保修书》。

1. 工程质量保修期限有关规定

根据建设部令第80号《房屋建筑工程质量保修办法》的规定,建设单位和施工单位应当在工程质量保修书中约定保修范围、保修期限及保修责任,在正常使用条件下,房屋建筑工程的最低保修期限为:

(1) 地基基础和主体结构工程,为设计文件规定的该工程的合理使用年限。

(2) 屋面防水工程,有防水要求的卫生间、房间和外墙面的防渗漏,为5年。

(3) 供热与供冷系统,为2个采暖期、供冷期。

(4) 电气系统、给排水管道、设备安装为2年。

(5) 装修工程为2年。

(6) 其他项目的保修期限由建设单位和施工单位约定。

2. 保修期计算日期

房屋建筑工程保修期从工程竣工验收合格之日起计算。

3. 保修书填写及保存要求

保修书由施工单位填写,应一式五份,并应由建设单位、监理单位、施工单位、备案机关、城建档案馆各保存一份。

实训练习

任务一　掌握竣工验收文件的概念。

1. 目的　通过展示某已竣工验收完毕的工程项目的竣工验收文件,进一步熟悉各类验收记录表格的填写。

2. 能力目标　懂得单位(子单位)工程竣工预验收报验表、单位(子单位)工程质量竣工验收记录表等表格的填写。

3. 实物资料　某已竣工工程竣工验收文件。

任务二　掌握施工单位《工程竣工报告》的填写。

1. 目的　通过展示某已竣工验收完毕的工程项目的施工单位《工程竣工报告》,再按某7层及以下民用建筑施工图纸及相关技术指标,编制一份《工程竣工报告》。

2. 能力目标　懂得如何编制施工单位《工程竣工报告》。

3. 实物资料　某7层及以下民用建筑施工图纸及相关技术指标。

任务三　掌握施工资料移交书编写。

1. 目的　提供某7层及以下民用建筑施工图纸、施工资料及相关技术指标，编制一份《施工资料移交书》。

2. 能力目标　懂得编制施工单位《施工资料移交书》。

3. 实物资料　某7层及以下民用建筑施工图纸、施工资料及相关技术指标。

模块五　住宅工程质量分户验收资料

模块概述　叙述了住宅工程分户验收的概念及意义；分户验收基本程序；参建单位的职责范围；逐套验收资料的收集与编制。

学习目标　通过本模块学习，掌握分户验收的概念及意义、分户验收基本程序，掌握分户验收室内净高的测量步骤及记录填写，了解分户验收其他表格的填写。

住宅工程质量分户验收是为了加强住宅工程质量管理，保护人民群众安全和利益，减少质量投诉，预防群诉群访事件的发生。通过分户验收，可以逐套检验住宅工程的质量。分户验收资料是真实记录验收过程的有效的实际测量数据文件。本模块主要是通过介绍地方管理规定，讲述了分户验收定义及与竣工验收和检验批验收的异同点、分户验收内容、分户验收组织、验收前准备工作、验收过程以及分户验收填表要求和资料的收集整理。按《广西壮族自治区住宅工程质量分户验收管理规定》，分户验收是指住宅工程在竣工验收。按定义可理解为：

(1) 竣工验收时，参加验收有关人员对每套住宅的分户验收记录进行检查并抽查一定数量房间实体的质量。

(2) “专门验收”是指对每套进行分户验收。分户验收主要以竣工时可以看到的室内观感、使用功能、使用安全、实测项目质量为主。

(3) “分户验收合格后出具《住宅工程质量分户验收表》”是指，单位工程每套住宅完成分户验收，并具备相关规定的全部竣工条件时，经竣工验收合格，出具《住宅工程质量分户验收表》。

一、分户验收与竣工验收和检验批验收的区别

1. 分户验收与竣工验收的不同点

分户验收是以每套住宅作为一个验收对象(子单位工程)，组织专门验收。当该套住宅所包含的分户检验批项目及内容符合分户验收合格标准时，该套住宅验收合格。而竣工验收是对单位(子单位)工程按照规定的验收条件、程序进行的验收。分户验收只对住宅套内的内容进行验收，属于私人空间；竣工验收还包括单位工程的公共部位、设施等，如：公共楼梯、大堂、走道、天面、变配电设备、给排水设备、空通风空调、管线等等。应按设计文件要求全部完成。

2. 分户验收与分项工程检验批验收(以下简称批验收)不同点

(1) 分户验收是检验批验收的补充，不代替检验批验收，分户验收不合理，不得进行竣工验收。

(2) 检验批划分的不同。分项工程检验批一般按楼层、施工段或50个房间等规定条件划分为一个检验批，所划分范围相对较大，抽查数量相对整个工程较少。而分户验收是以每套住宅划分一个验收对象，所划分范围相对较小，抽查数量相对整个工程较多。

(3) 检查内容的不同。分项工程验收批主要对检验批的主控项目和一般项目全面检查，验收内容相对较多。而分户验收主要对检验批的主控项目和一般项目中涉及观感、使用功能

和实测实量等内容进行检查，验收内容相对较少。分户验收是验收批的补充，不能代替验收批，但分户验收内容与验收批相同的，可作为验收批相应项目的有效内容。

(4) 参加验收的人员不同。分户验收参加人员，比验收批参加人员增加了建设单位人员或物业单位人员，全装修住宅的装修工程非主体施工总承包单位完成的，装饰装修单位应该参加分户验收。分户验收是由建设单位组织，而验收批是由监理工程师组织。

(5) 使用检查记录表格不同。分户验收记录表增加了建设单位和复查情况一栏，而且表头和表尾作了相应改动。

(6) 使用检查记录表格不同。逐套验收记录表增加了建设单位和复查情况一栏，而且表头和表尾作了相应改动。

二、分户验收的条件

(1) 分户验收的该户(子单位)工程已全部按设计图纸、文件和合同约定的工作内容施工完毕。为节省工期，分户验收不必待所有户全部完成再统一进行，而是工程量完成一户即可验收一户。

(2) 该次分户验收之前应进行的其他分部(子分部)工程质量已验收合格。

(3) 该次分户验收之前应进行的其他分户验收已验收合格。

(4) 工程质量控制资料完整并符合要求。

(5) 验收前应进行的各种结构、功能性检测合格。

(6) 竣工阶段分户验收应在节能工程专项验收合格后进行。

(7) 验收组人员的组成应满足验收要求。

(8) 分户验收应配备各种常规检测工具如激光测距仪等检测仪器，且所用的检测仪器和计量工具应经计量检定合格。

(9) 验收记录必须真实、填写完整，签字、签章齐全。

三、分户验收合格标准

(1) 施工单位已完成建设工程设计和施工合同约定的工作量。

(2) 工程所含分部(子分部)工程的质量均已验收合格。

(3) 每一套住宅工程质量检查结论与相对应的检验批工程质量验收结论一致，且《住宅工程质量分户验收表》齐全。

(4) 每一套住宅的观感质量由验收人员通过现场检查，并共同确认为合格。

(5) 按照本规定要求，对每一套住宅检查合格后，已在检查点位上作出明显检查标识或设立了检查图表。

(6) 对于工程质量不符合要求的项目，施工单位已整改完毕，且已经建设单位专业负责人或监理单位专业监理工程师重新检查验收合格，并形成整改处置记录。

(7) 建筑物外墙显著部位已镶刻符合要求的工程标牌。工程标牌应包括以下内容：

① 工程名称、开工日期、竣工日期。

② 建设(代建)、勘察、设计、监理、施工单位全称。

③ 项目总监理工程师、项目经理姓名。

四、分户验收基本程序

分户验收基本程序可分为三个阶段：

第一阶段：验收准备工作

(1) 根据工程特点编制分户验收方案。

(2) 成立分户验收小组。

(3) 组织分户验收检查人员学习有关规定、规范、标准。

(4) 根据工程特点，准备分户验收相关表格、套型图及检查工具。

第二阶段：验收过程工作

(1) 根据工程特点、验收内容和要求，在施工单位自检合格基础上，对已完成施工的部分开展分户验收检查工作。

(2) 按照分户验收方案、验收内容和验收检查结果，填写验收记录表并确认。

(3) 对验收检查中发现的不合格点，以分户验收组名义，书面责成责任单位限期整改至合格后组织复查，并填写复查记录。

第三阶段：验收资料整理工作

(1) 根据分户验收方案，以每户为单位，对分户验收相关记录表进行整理，形成单位工程分户验收资料。

(2) 每户经检查验收达到合格标准后，出具《住宅工程质量分户验收表》。

五、分户验收内容及确定

依据《广西壮族自治区住宅工程质量分户验收管理规定》第七条规定，住宅工程分户验收分为9类：

1. 分户验收类别的划分

(1) 室内空间尺寸；

(2) 门窗及玻璃安装质量；

(3) 墙面和顶棚面层施工质量；

(4) 地面面层施工质量；

(5) 防水工程质量；

(6) 给水、排水系统安装质量；

(7) 室内电气工程安装质量；

(8) 细部工程施工质量；

(9) 其他。

2. 分户验收项目的划分

按照分户验收仅对竣工时可以观察到的工程观感、使用功能、实测项目质量进行检查的原则，按不同的工程对分户验收类别进一步划分，共计涉及55项，详见表5-1《住宅工程质量分户验收表》。

表 5-1　住宅工程质量分户验收表

序号	所属类别	表格名称
1	汇总表	住宅工程质量分户验收表
2		单位工程分户验收汇总表
3	1. 室内空间尺寸	室内净高，开间净尺寸分户验收记录表
4	2. 门窗及玻璃安装质量	铝合金门窗及玻璃安装质量分户验收记录表
5		塑料门窗及玻璃安装质量分户验收记录表
6		木门窗及玻璃安装质量分户验收记录表
7		钢门窗安装质量分户验收记录表
8		涂色镀锌钢板门窗安装质量分户验收记录表
9		特种门安装质量分户验收记录表
10	3. 墙面和顶棚面层施工质量	一般抹灰工程(清水混凝土面)施工质量分户验收记录表
11		装饰抹灰施工质量分户验收记录表
12		清水构件勾缝施工质量分户验收记录表
13		骨架隔墙施工质量分户验收记录表
14		板材隔墙施工质量分户验收记录表
15		活动隔墙施工质量分户验收记录表
16		玻璃隔墙施工质量分户验收记录表
17		石板安装施工质量分户验收记录表
18		陶瓷板安装施工质量分户验收记录表
19		木板安装施工质量分户验收记录表
20		金属板安装施工质量分户验收记录表
21		塑料板安装施工质量分户验收记录表
22		内墙饰面砖安装施工质量分户验收记录表
23		水性涂料涂饰施工质量分户验收记录表
24		溶剂型涂料涂饰施工质量分户验收记录表
25		美术涂饰施工质量分户验收记录表
26		整体面层吊顶施工质量分户验收记录表
27		板块面层吊顶施工质量分户验收记录表
28		格栅吊顶施工质量分户验收记录表
29	4. 地面面层施工质量	地面找平层工程(清水混凝土地面)施工质量分户验收记录表
30		地面砖面层施工质量分户验收记录表
31		水泥混凝土面层施工质量分户验收记录表
32		水泥砂浆面层施工质量分户验收记录表

（续表）

序号	所属类别	表格名称
33		水磨石面层施工质量分户验收记录表
34		硬化耐磨面层施工质量分户验收记录表
35		防油渗面层施工质量分户验收记录表
36		涂料面层施工质量分户验收记录表
37		塑胶面层施工质量分户验收记录表
38		大理石和花岗石面层施工质量分户验收记录表
39		预制板块面层施工质量分户验收记录表
40		料石面层施工质量分户验收记录表
41		塑料板面层施工质量分户验收记录表
42		活动地板面层施工质量分户验收记录表
43		地毯面层施工质量分户验收记录表
44		实木地板、实木集成地板、竹地板面层施工质量分户验收记录表
45		实木复合地板面层施工质量分户验收记录表
46		浸渍纸层压木质地板面层施工质量分户验收记录表
47		软木类地板面层施工质量分户验收记录表
48	5. 防水工程施工质量	防水工程施工质量分户验收记录表
49	6. 给水、排水系统安装质量	室内给水排水管道、卫生器具及配件安装质量分户验收记录表
50	7. 室内电气工程安装质量	开关、插座、照明配电箱安装质量分户验收记录表
51	8. 细部工程施工质量	护栏和扶手制作与安装质量分户验收记录表
52		排烟(气)道安装质量分户验收记录表
53		裱糊施工质量分户验收记录表
54		软包施工质量分户验收记录表
55		门窗套安装质量分户验收记录表

六、分户验收组织

分户验收应由建设单位组织，监理单位、施工单位、物业公司等相关技术管理人员组成，并对检查人员职责作出相应规定。每次验收均须成立以建设单位为首的分户验收小组并由建设单位项目负责人（或者由建设单位项目负责人委托的监理单位项目负责人）具体组织验收。分包单位专业技术负责人参加分包项目的分户验收。

建设单位参验人员应为项目负责人、专业技术人员；施工单位参验人员应为施工单位（含装饰装修单位）的项目经理、专业技术（质量）负责人、质量检查员等；监理单位参验人员应为总监理工程师、相关专业监理工程师。

七、分户验收部分表格示例

分户验收在验收过程编制形成资料较多，以“室内空间尺寸”分户验收过程及表格《室内净高、开间净尺寸逐套验收记录表》填写为例。

室内空间尺寸验收一般包括对房间净高、开间、进深、方正等进行检查。

一般可按计算基准值、标识、测量控制点和线、测量、填表等步骤依次进行。

1. 室内净高的测量步骤

(1) 计算净高基准值。净高基准值指高度 H 方向净空的设计值，应根据施工图设计文件推算出来，并填写在表 5-1 中。

(2) 确定测量基点。首先在楼地面上分别弹出距墙面 500 mm 的四条平行墨线 L_1，L_2，B_1，B_2，接着用红笔或红油漆将 L_1，L_2，B_1，B_2 之间的交点 H_1，H_2，H_3，H_4 明显标出，连接 H_3H_2 得线段 D_1，连接 H_1H_4 得线段 D_2，标出线段 D_1 和 D_2 的交点 H_5，点 H_1，H_2，H_3，H_4，H_5 就是测量基点。

(3) 在测量基准点处用测量工具量取高度尺寸，并与基准值相减，将所得差值即实测偏差值填入表 5-2 中，实测偏差值可能为负数也可能为正数；再将实测偏差值的极差填入表 5-2 中，极差值为绝对值。

如图 5-1 所示，设计层高值为 2 800 mm，楼板厚度为 100 mm，地面找平层厚度为 25 mm，顶棚抹灰层厚度为 15 mm。

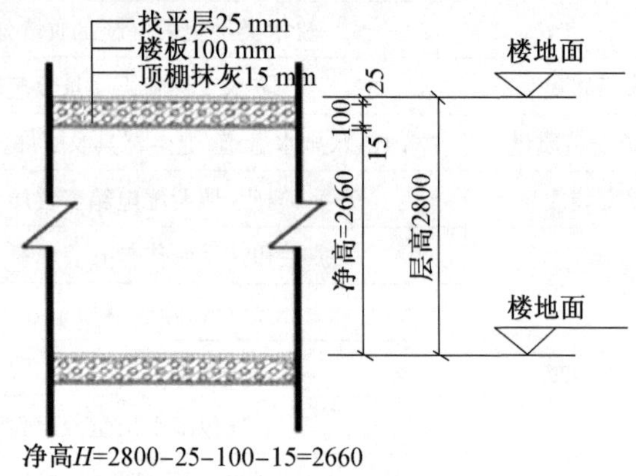

图 5-1　室内净高计算示意图

计算：H=设计层高值—楼板厚度－地面找平层厚度－天棚抹灰厚度(H=2 800 mm－100 mm－25 mm－15 mm=2 660 mm)，即净高基准值，填入表 5-1 中。

2. 开间尺寸及对角线测量步骤

(1) 计算基准值。L 方向为开间，B 方向为进深。开间尺寸及对角线的基准值指 L_1 和 L_2 方向开间净尺寸 L、B_1 和 B_2 方向进深净尺寸 B 的设计值，应根据施工图设计文件计算得出，并填入表 5-2 中。

(2) 在 L_1，L_2，B_1，B_2 四条墨线的上空距地 500 mm 的水平位置分别量取开间、进深的尺寸，并在墙面上用红笔标明测量点，分别计算实测偏差值（将测量所得数值与基准值相减）和极差值（实测偏差值之间的最大绝对差值），并将结果填入表 5-2 中。

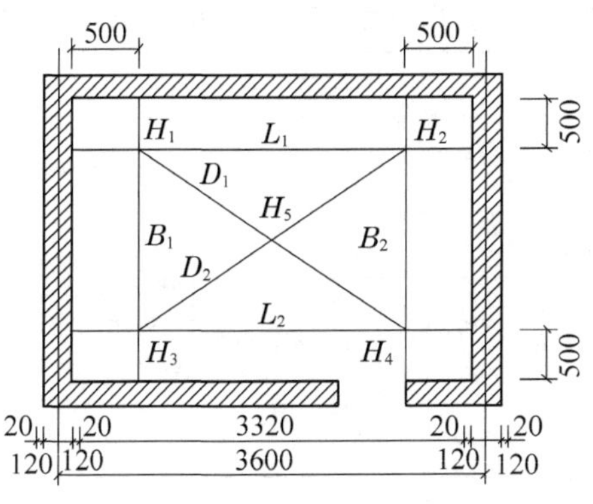

图 5 - 2

如图 5 - 2 所示，L 方向的轴线设计尺寸为 3 600 mm，两侧墙厚度为 240 mm，墙中线与轴线重合，墙抹灰厚度为 20 mm。

L＝设计值－两侧砖墙厚度－两侧墙抹灰厚度＝3 600 mm－120 mm－120 mm－20 mm－20 mm＝3 320 mm。L＝3 320 mm 就是该房间 L 方向开间基准值，填入表 5 - 2 中。

极差计算：L_1-L_2，B_1-B_2；即 $|L_1-L_2|=|15-(-10)|$ mm＝25 mm，$|B_1-B_2|=|15-15|$ mm＝0。因为 25 mm＞0，所以开间极差值为 25 mm，比较这两个差值的绝对值大小，然后选择绝对值最大的数据填入表 5 - 2。

3. 检查房间方正的测量步骤

在楼地面对角分别量取 D_1，D_2 的长度，将其差值的绝对值填入表 5 - 3 中，验收人员及时签字确认。

表 5-2　室内净高、开间净尺寸逐套验收记录表

单位工程名称	××住宅楼	房号及套型	A 户型
验收部位(房间号)	1001 号房		

房间编号	值(mm)			(mm)									(mm)		
	H	L	B	H_1	H_2	H_3	H_4	H_5	L_1	L_2	B_1	B_2	净高	开间	对角 D_1-D_2
	2 660	3 320	2 840	28	8	26	21	5	25	23	21	26	23	5	1.73
复查记录															

室内空间尺寸测量平面示意图

填表说明

1. 基准值指净高 H,L_1 和 L_2 方向开间净尺寸 L,B_1 和 B_2 方向开间净尺寸 B 的设计值。
2. 实测值与基准值之差即实测偏差值,极差为实测偏差值中最大与最小值之差的绝对值。
3. 每弯抽查房间数应不少于弯内自然间(含卫生间、储物间)总数的 30%且不少于 3 间。
4. 实测值差值或极差值大于 30 mm 为不合格。

实测房间＿1＿间,需要改的房间号＿0＿。

复查结论		
验收结论	合格	建设(代建)单位工程代表(签章):　　年　　月　　日
		施工单位质量检测员(签章):　　年　　月　　日
		建设工程师(签章):　　年　　月　　日

表 5-3 室内净高、开间净尺寸逐套验收记录表

套型图贴图区 （须标明轴线尺寸、抽查房间号和不合格点，不合格点用“△”标示） 略

4. 质量检查标准、数量、方法

(1) 将套型图贴在表 5-2 的背后,见表 5-3,对受检房间进行编号,每套抽查房间数应不少于套内自然间(含卫生间、储物间)总数的 30%且不少于 3 间。

(2) 实测值与基准值相减的差值称为实测偏差值,同类实测偏差值之间的差值的绝对值称为极差值,当实测偏差值或极差值不大于 30 mm 时判为合格,否则判为不合格,应在此实测偏差值或极差值记录上画圈作出不合格记号,并用"△"在套型图中相应的测量点处标明。

(3) 对于不合格点,应由施工单位提出技术处理方案,并经监理(建设)单位认可后进行处理。对应处理的部位,应重新检查验收,并记录复查情况。

实训练习

任务一　掌握分户验收的概念及意义。

1. 目的　通过学习《广西壮族自治区住宅工程质量逐套验收管理暂行规定》,熟悉分户验收概念,同时了解地方规章制度。

2. 能力目标　懂得分户验收的概念和意义。

3. 实物资料

任务二　掌握分户验收基本程序。

1. 目的　提供某 7 层及以下民用建筑施工图纸、施工资料及相关技术指标,编制分户验收流程,列出应准备的检查工具。

2. 能力目标　懂得分户验收基本程序,熟悉验收检查时应该准备哪些工具。

3. 实物资料　某 7 层及以下民用建筑施工图纸、施工资料及相关技术指标。

任务三　掌握分户验收室内净高的测量步骤及记录填写。

1. 目的　提供某户住宅一套或一间教室,测量净高并填写记录。

2. 能力目标　懂得分户验收室内净高的测量步骤及记录填写。

3. 实物资料　某户住宅一套或一间教室,测量相关工具。

复习思考题

1. 分户验收定义。
2. 分户验收与竣工验收的不同点。
3. 分户验收有多少项评分表?请举例列出各项的检查评分表格。

模块六　施工资料管理软件上机操作基础知识

模块概述　叙述了工程资料管理软件的安装方法；介绍如何通过软件输入工程信息、建立、编制工程资料表格。

学习目标　通过本模块学习，熟练操作工程资料管理软件，编制各式工程表格等资料。

建筑行业中原始的建筑施工资料编制大多采用预先印制好的空白表格再用钢笔手写记录相关数据。这种手工操作往往工作效率低，书写工具常常达不到保存时限要求，字迹不工整难以辨识等因素，不利于建筑工程施工资料的管理。现代信息管理技术的日趋成熟，建筑工程施工资料编制与管理均可通过计算机程序完成。在网络状态下编制完成资料表格传输至各相关人员，如技术负责人、监理工程师等，审查确认后通过网络签名保存；或在单机状态下编制完成资料表格，打印输出后呈送相关人员检查确认，再手签确认。无论是单机还是网络状态，用工程资料软件编制出来的资料整洁、美观，易于保存，而且节能环保，大大提高城建档案质量，目前大多城市建设工程原始资料均要求使用电子化资料管理。

目前市场上工程资料管理软件很多，工程项目资料管理人员要选择获得当地建设主管部门审批的工程资料软件，方可确保制作出来的工程资料达到项目验收及城建档案存档要求。

本模块是以“品茗施工资料管理软件 V2019 广西版”为例，简述施工资料管理软件的上机操作过程。

一、软件安装

请在以下计算机环境下安装本软件，安装过程中请依照对话框提示操作。

1. 硬件平台

● 英特尔 PIII 550MHz/赛扬 800 MHz 或以上处理器(建议采用英特尔 PIII 1 GHz 以上)

● Windows 98/ME 至少 64 MB 内存；Windows 2000/XP 至少 128 MB 内存；Windows Vista 至少 512 MB 内存(建议采用上述 2 倍的内存)

● 1 GB 以上可用的硬盘空间

● 至少一个空闲的 USB 接口

● VGA 显示器并设置为 800×600 256 色模式(最低要求)

● 建议使用 Microsoft 兼容鼠标

● 光驱

2. 软件环境

● Windows 9X/Me，Windows. NET，Windows 2000/XP，Windows Vista，Windows 7，推荐使用 WinXP，Windows 7

● Word 2000，Word XP，Word 2003，Word 2007，Word 2010

3. 软件安装

将安装光盘放入光驱，双击打开品茗施工资料软件文件夹，双击 pmgxzl. exe 文件后，在弹出的软件安装界面单击“我同意用户许可协议”，软件默认安装路径为D盘，单击“更改”后可选择适合的安装路径，如E或F盘等，更改完成后点击“立即安装”，软件将按安装路径安装软件，如图6-1所示。

图6-1　安装软件界面

二、创建工程项目

双击桌面“品茗二代施工资料软件广西版”的快捷方式，输入默认的密码“123”打开软件，进入软件界面。

第一步：新建工程。目前大多的资料管理软件可同时编制、存储多个工程项目的资料，新开工的工程，首先要在软件中新建一个工程项目，今后所有的资料均在此目录下进行操作。

操作步骤：在对话框的左上角，单击工具栏上的“新建工程”，如图6-2所示。

图6-2　“新建工程”界面

第二步：选择模板。一般工程资料软件根据购买的需求，分为不同的专业。如“品茗施工资料软件广西版”则有建筑、市政、园林、安全、人防、节能、装饰、监理、土地、公路、水利、电力共十二个专业，现在我们要编制建筑工程资料，则选择“建筑”专业。

操作步骤：在“新建-选择模板”对话框中包含有建筑、安全、市政、园林等共十二专业，我们选择“建筑”，并用鼠标点击选择“广西建筑安装工程资料新规程版”这个新表格模板，完成后点击“下一步”，如图6-3所示。

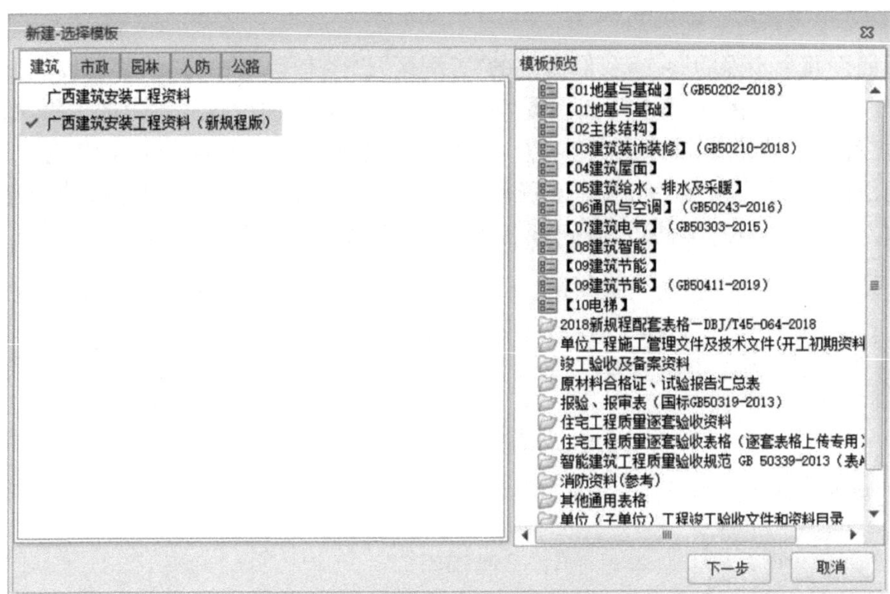

图 6－3　“选择模板”界面

第三步：填写工程概况。工程资料管理软件都设置自动默认功能，新建工程每个共同的信息，如项目工程名称、工程的规模、结构类型、楼层、建设单位和监理单位等参建单位信息、项目经理部组成人员信息等，只需要输入一次，编制的表格的相应栏目内就会自动生成这些信息内容，不需重复填写。当然，自动生成的信息如果不合适的话，还可以手工直接修改。

操作步骤：在“新建-工程概况”的左侧对话框中选择“基本信息”，输入工程名称、工程地址、结构类型、施工许可证号等信息；以此类推，分别在“新建-工程概况”的左侧对话框中选择“建设单位”“施工单位”“监理单位”“设计单位”，分别输入各单位信息。输入完毕，点击“完成”即可。如图 6－4 所示。

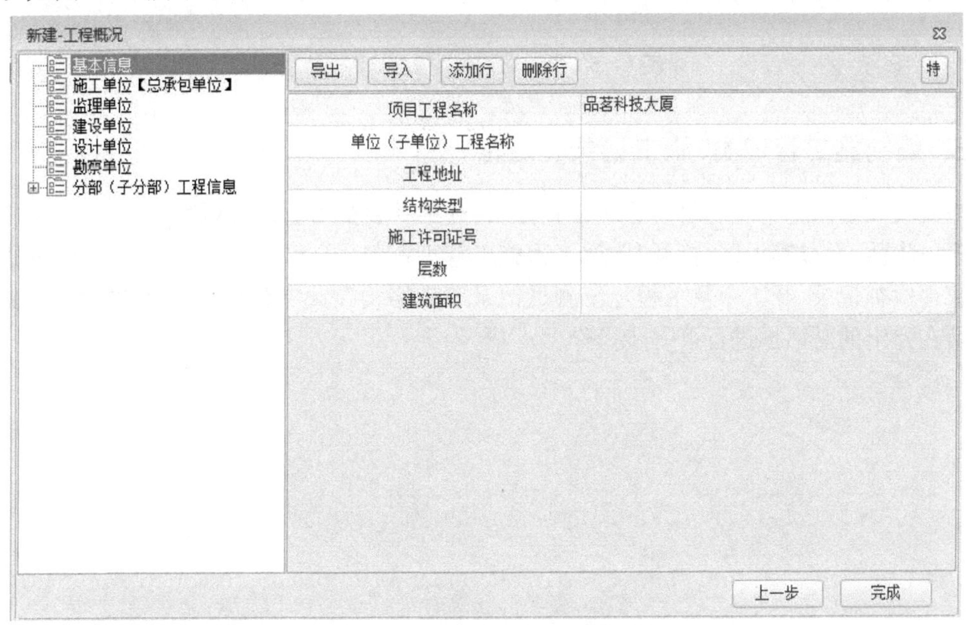

图 6－4　“填写工程概况”界面

第四步：完成新建工程创建。

通过前面几个步骤的操作，我们看到的“工程区”已经有新建好的“品茗科技大厦”工程显示，如图 6－5 所示。图 6－5 左下部分是“模板区”，“模板区”内设置有各分部工程质量验收记录，单位工程施工管理资料，竣工验收及备案资料，报验、报审表等多个文件包。看到如图 6－5 所示的界面时，说明在“品茗施工资料管理软件 V2019—广西版”中已成功创建了“品茗科技大厦”工程资料管理文件包，我们可以按需要编制相关资料表格了。

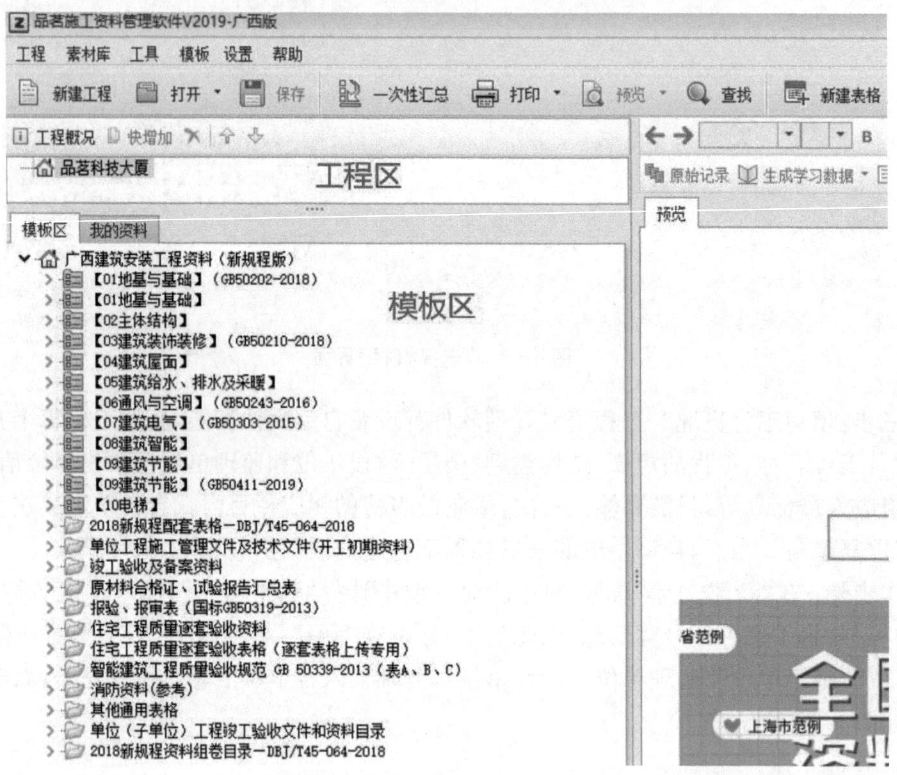

图 6－5 “完成新建工程创建”界面

三、编制施工管理类、施工记录类表格

本模块以编制施工现场质量管理检查记录、开工令表格为例进行说明。

第一步骤：通过模板区，打开“单位工程施工管理资料（开工初期资料）”文件夹，施工现场质量管理检查记录、开工令及工程定位测量记录等表格均在此文件夹内。因此，点击“新建表格”后，在弹出的对话框进行下一步操作。

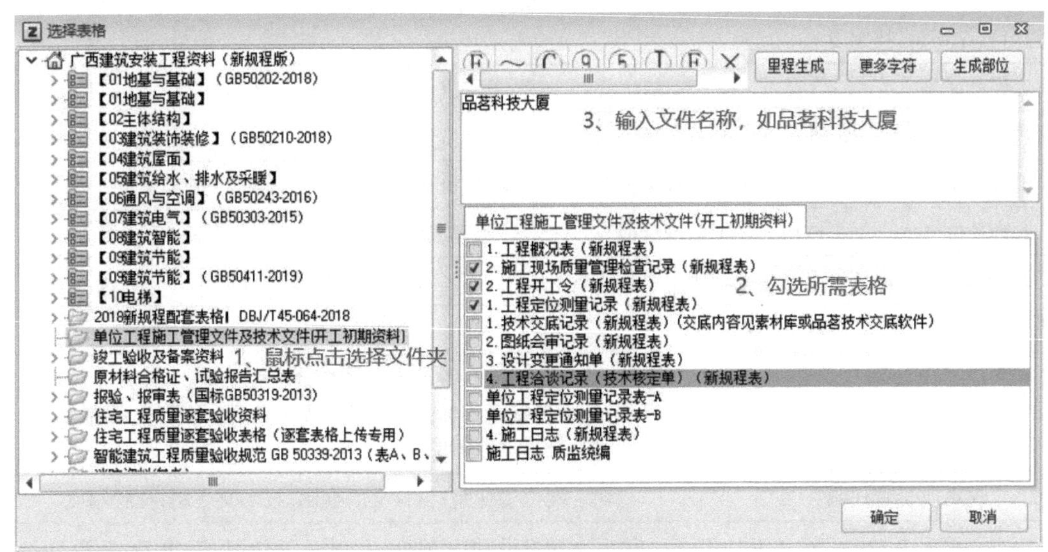

图 6－6　“新建表格”界面

第二步骤：点击确定后，施工现场质量管理检查记录、开工令及工程定位测量记录等即新建完成，如下图所示：

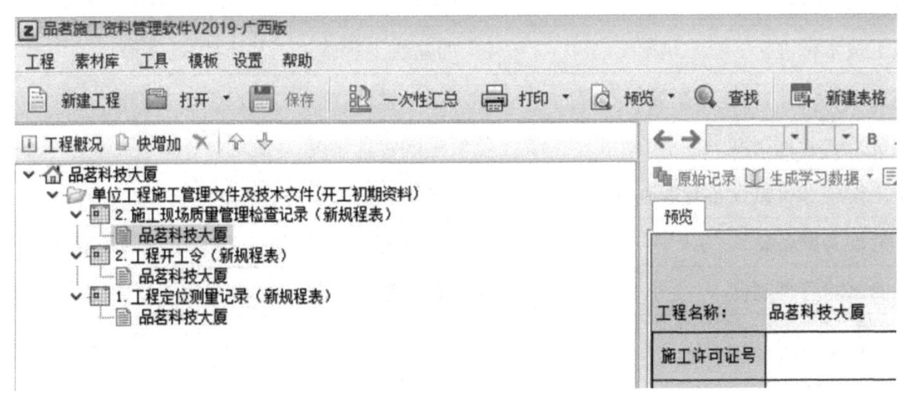

图 6－7　“新建完成”界面

第三步骤：编制内容。管理类表格均需按工程实际情况如实填写，软件一般会提供表格填写示例，双击打开相应表格后，我们可参考示例内容快速完成表格填写工作，生成施工建构质量管理检查表。

表 6-1　施工现场质量管理检查记录

工程名称：品茗科技大厦　　　　　　　　　　　　　　　　编号：00-00-C1-001

施工许可证号		开工日期	2020 年 2 月 18 日
建设单位	广西×××投资集团公司	项目负责人	黄××
设计单位	广西×××设计集团	项目负责人	张××
监理单位	广西×××监理公司	总监理工程师	李××

施工单位	广西×××建工集团	项目负责人	项××	项目技术负责人	潘××

序号	项　目	内　容
1	项目部质量管理体系	过程控制、合格控制的质量管理体系；三检及交接检验制度；每周质量例会制度；每月度质量评定奖励制度；质量事故责任制度
2	现场质量责任制	岗位责任制；设计交底会制；技术交底制；挂牌制度
3	主要专业工种操作岗位证书	测量员、焊工、钢筋工、木工、混凝土工、电工、起重工、架子工程等专业工种，上岗证书齐全
4	分包单位管理制度	
5	图纸会审记录	已经进行了图纸会审，四方签字确认完毕
6	地质勘察资料	有勘察资质的单位出具的正式地质勘察报告
7	施工技术标准	《广西建筑工程施工工艺标准》(试行)
8	施工组织设计、施工方案编制及审批	施工组织设计、施工方案已编制并审批
9	物资采购管理制度	物资采购管理制度
10	施工设施和机械设备管理制度	施工设施和机械设备管理制度
11	计量设备配备	计量设备配备管理制度和计量设施的精确度及控制措施
12	检测试验管理制度	检测试验管理制度
13	工程质量检查验收制度	验收制度合理，符合法规及规范的要求，各项验收环节已经落实到人
14		

自检结果：	检查结论：
现场质量管理制度齐全	现场质量管理制度基本完善
施工单位项目负责人：	总监理工程师： (建设单位项目负责人)
年　月　日	年　月　日

生成工程开工令：

表 6-2　工程开工令

工程名称：品茗科技大厦　　　　　　　　　　　　编号：00-00-B2-001

致：广西×××建工集团（施工单位） 经审查，本工程已具备施工合同约定的开工条件，现同意你方开始施工，开工日期为：2020 年 2 月 18 日。 附件：工程开工报审表 项目监理机构（盖章） 总监理工程师（签字、加盖执业印章） 年　　月　　日

四、编制质量验收类表格

(一) 编制检验批质量验收记录

第一步:新建表格,新建表格有二种方式可建立表格。

第一种方法:首先是在工具栏单击"新建表格",如图 6-8 所示。

图 6-8 "新建表格"界面

接着在对话框左侧菜单中选择要编制的表格所属的分部工程、子分部工程,右侧上部输入验收批的工程部位,右侧下部再勾选相应的检验批表格名称。

例如要编制一层柱混凝土质量验收表格,选择步骤为:单击"广西建筑安装工程资料(新规程版)"→单击"主体结构"分部工程→单击"混凝土结构子分部"工程→输入验收批的工程部位→勾选"现浇结构模板安装检验批质量验收记录""钢筋原材料(钢筋加工、钢筋连接、钢筋安装)检验批质量验收记录""混凝土拌合物(混凝土施工)检验批质量验收记录""现浇结构外观质量及尺寸偏差检验批质量验收记录"(具体按工程实际情况进行勾选)→单击"确定"进入下一步操作,如图 6-9 所示。

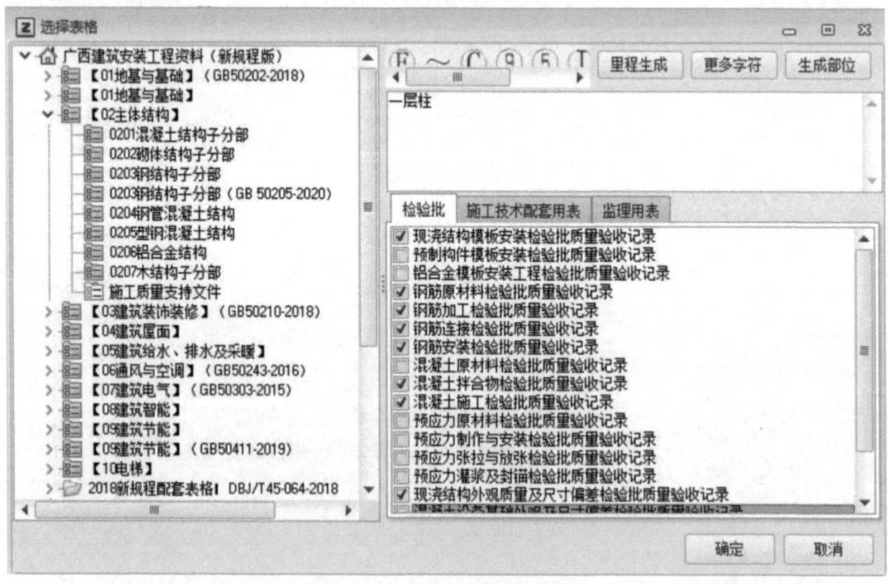

图 6-9 "编制表格"界面

“品茗施工资料软件 V2019—广西版”是较为先进的智能软件，所有表格已经按相关规范及工程实现情况进行了联想关联，通常我们只需勾选相应的检验批及配套施工记录即可。如上例：一层柱是主体结构分部工程的一个组成部分，我们只需勾选主体结构—混凝土结构子分部的检验批：现浇结构模板安装、钢筋、混凝土、现浇结构等相关检验批，同时再单击“施工技术配套用表”，勾选如：商品混凝土施工记录、混凝土结构子分部结构实体混凝土强度验收记录（同条件养护）、混凝土试块抗压强度统计及验收记录（标准养护）等相关配套的施工记录；勾选表格完成后，在验收部位栏填写“一层柱”，最后点击“完成”。

现在，我们可看到新建的工程部位是“一层柱”混凝土结构施工完整的验收资料框架，如图 6－10 所示。

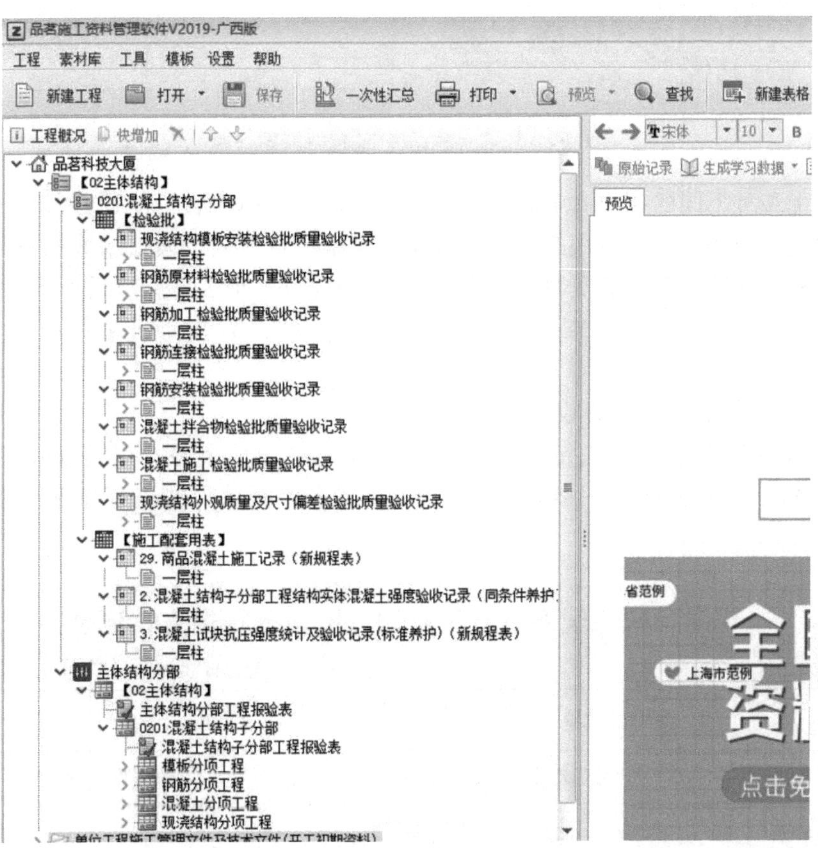

图 6－10　“一层柱”验收资料框架

第二种方法，首先在“模板区”找到表格“混凝土试块抗压强度统计及验收记录（标准养护）”名称，并双击名称，在弹出的对话框填写表格验收批的工程部位，如“一至三层柱”，点击“确定”即可。如图 6－11 所示。

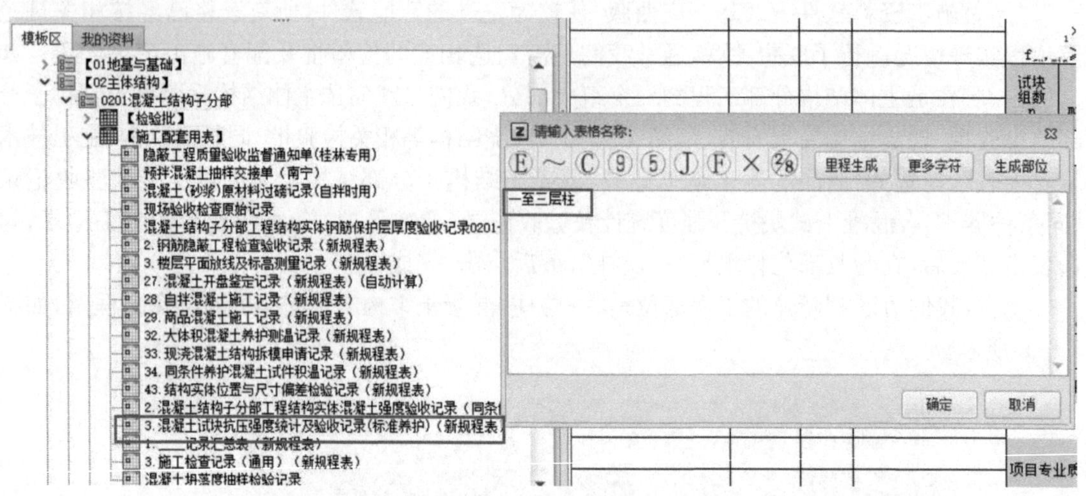

图 6-11 “一至三层柱”资料编制界面

通过以上二种不同的新建质量验收表格的方式，我们可看到，第一种方式更快，对于工作繁忙的资料员来说都能达到极快的添加表格和形成相关施工记录表格的效果；第二种方式对于刚接触工程资料管理工作的资料员来说，每步操作与每一小工序完成后所要做的资料步骤一致，相比之下直观、易理解。对于熟练的资料员来讲，大多数的情况下都是根据实际需要，二种方式综合运用，效果更佳。

第二步：编辑检验批质量验收表格。

首先，双击打开“现浇结构外观质量及尺寸偏差检验批质量验收记录”，可以看到编号为001(一)表格，表头部分的工程概况，软件已按新建表格时填写的工程概况自动生成，如图6-12所示。

现浇结构外观质量及尺寸偏差检验批质量验收记录

GB50204－2015　　　　桂建质 020105 (I) 0 0 1 (一)

单位(子单位)工程名称	品茗科技大厦	分部(子分部)工程名称	主体结构（混凝土结构）	分项工程名称	现浇结构
施工单位	广西×××建工集团	项目负责人	项××	检验批容量	柱 48件
分包单位	/	分包单位项目负责人	/	检验批部位	一层柱
施工依据	《混凝土结构工程施工规范》GB 50666-2011		验收依据	《混凝土结构工程施工质量验收规范》GB50204-2015	

图 6-12 “现浇结构外观质量及尺寸偏差检验批质量验收记录”编制界面

接着，在表头部分填写“检验批容量”，软件自动依据验收标准自动生成“最小/实际抽样数量”，如表6-3所示。

表 6－3　现浇结构外观质量及尺寸偏差检验批质量验收记录

GB 50204—2015　　　　　　　　　　　　　　桂建质　020105(Ⅰ)0 0 1(二)

	验收项目				设计要求及规范规定			样本总数	最小/实际抽样数量	检查记录	检查结果
一般项目	2 现浇结构位置和尺寸允许偏差(毫米)	轴线位置	整体基础		15	经纬仪及尺量	按楼层、结构缝或施工段划分检验批。在同一检验批内，对梁、柱和独立基础，抽查构件数量的10%，并不少于3件；对墙和板，按有代表性的自然间抽查10%，并不少于3间；对大空间结构，墙按相邻轴线间高度5 m左右划分检查面，板按纵、横轴线划分检查面，抽查10%，并均不少于3面；对电梯井，应全数检查		5/5		
			独立基础		10				5/5		
			柱、墙、梁		8	尺量			5/5		
		垂直度	层高	≤6 m	10	经纬仪或吊线、尺量			5/5		
				>6 m	12				5/5		
			全高(H)≤300 m		H/30000+20	经纬仪、尺量			5/5		
			全高(H)>300 m		H/10000且≤80				5/5		
		标高	层高		±10	水准仪或拉线、尺量			5/5		
			全高		±30				5/5		
		截面尺寸	基础		+15，−10	尺量			5/5		
			柱		+10，−5				5/5		
			梁		+10，−5				5/5		
			板		+10，−5				/		
			墙		+10，−5				5/5		
			楼梯相邻踏步高差		6				/		
		电梯井	中心位置		10				/		
			长、宽尺寸		25，0				/		
		表面平整度			8	2 m靠尺和塞尺量测			/		
		预埋件中心位置	预埋板		10	尺量			/		
			预埋螺栓		5				3/3		
			预埋管		5				/		
			其他		10				/		
		预留洞、孔中心线位置			15				/		

下面，依据工程实际情况填写主控项目及一般项目的“样本总数”后，点击工具栏的“原始记录”，软件自动生成“检查记录”“检查结果”及“检验批现场验收检查原始记录”，如表 6－4、表 6－5 所示：

表 6-4 现浇结构外观质量及尺寸偏差检验批质量验收记录

GB 50204—2015　　　　桂建质 020104(I)0 0 1(二)

		验收项目			设计要求及规范规定			样本总数	最小/实际抽样数量	检查记录	检查结果
一般项目	2 现浇结构位置和尺寸允许偏差(毫米)	轴线位置	整体基础		15	经纬仪及尺量			/	/	/
			独立基础		10				/	/	/
			柱、墙、梁		8	尺量	按楼层、结构缝或施工段划分检验批。在同一检验批内，对梁、柱和独立基础，抽查构件数量的10%，并不少于3件；对墙和板，按有代表性的自然间抽查10%，并不少于3间；对大空间结构，墙按相邻轴线间高度5 m左右划分检查面，板按纵、横轴线划分检查面，抽查10%，并均不少于3面；对电梯井，应全数检查	48	5/5	抽查5处，全部合格	合格
		垂直度	层高	≤6 m	10	经纬仪或吊线、尺量		48	5/5	抽查5处，全部合格	合格
				>6 m	12				/	/	/
			全高(H)≤300 m		H/30000+20	经纬仪、尺量			/	/	/
			全高(H)>300 m		H/10000且≤80				/	/	/
		标高	层高		±10	水准仪或拉线、尺量			/	/	/
			全高		±30				/	/	/
		截面尺寸	基础		+15，−10	尺量			/	/	/
			柱		+10，−5			43	5/5	抽查5处，全部合格	合格
			梁		+10，−5				/	/	/
			板		+10，−5				/	/	/
			墙		+10，−5			5	5/5	抽查5处，全部合格	合格
			楼梯相邻踏步高差		6				/	/	/
		电梯井	中心位置		10				/	/	/
			长、宽尺寸		+25，0				/	/	/
		表面平整度			8	2 m靠尺和塞尺量测			/	/	/
		预埋件中心位置	预埋板		10	尺量			/	/	/
			预埋螺栓		5			21	3/3	抽查3处，全部合格	合格
			预埋管		5				/	/	/
			其他		10				/	/	/
		预留洞、孔中心线位置			15				/	/	/

表 6－5　检验批现场验收检查原始记录

共 1 页第 1 页

<table>
<tr><td>单位(子单位)
工程名称</td><td colspan="4">品茗科技大厦</td></tr>
<tr><td>检查工具</td><td colspan="4">吊线、尺子</td></tr>
<tr><td>检验批名称</td><td colspan="2">现浇结构外观质量及尺寸偏差
检验批质量验收记录</td><td>检验批编号</td><td>桂建质 020105(I)004</td></tr>
<tr><td>编号</td><td>验收项目</td><td>验收部位</td><td>验收情况记录</td><td>备注</td></tr>
<tr><td>主控项目 1</td><td>外观质量</td><td>一层柱，共 48 件</td><td>外观质量好，无裂缝，无严重缺陷</td><td></td></tr>
<tr><td>主控项目 2</td><td>现浇结构的尺寸偏差</td><td>一层柱，共 48 件</td><td>无影响结构性能或使用功能的尺寸偏差</td><td></td></tr>
<tr><td>一般项目 1</td><td>外观质量一般缺陷</td><td>一层柱，共 48 件</td><td>外观质量好，无一般缺陷</td><td></td></tr>
<tr><td>一般项目 2</td><td>轴线位置_柱、墙、梁[8]</td><td>一层①×ⒶKZ1</td><td>3</td><td></td></tr>
<tr><td>一般项目 2</td><td>同上</td><td>一层①×ⓁKZ9</td><td>3</td><td></td></tr>
<tr><td>一般项目 2</td><td>同上</td><td>一层⑬×ⒶKZ13</td><td>1</td><td></td></tr>
<tr><td>一般项目 2</td><td>同上</td><td>一层⑬×ⓁKZ29</td><td>1</td><td></td></tr>
<tr><td>一般项目 2</td><td>同上</td><td>一层⑥×ⒺKZ25</td><td>1</td><td></td></tr>
<tr><td>一般项目 2</td><td>垂直度_层高_≤6 m[10]</td><td>一层①×ⒶKZ1</td><td>3</td><td></td></tr>
<tr><td>一般项目 2</td><td>同上</td><td>一层①×ⓁKZ9</td><td>2</td><td></td></tr>
<tr><td>一般项目 2</td><td>同上</td><td>一层⑬×ⒶKZ13</td><td>3</td><td></td></tr>
<tr><td>一般项目 2</td><td>同上</td><td>一层⑬×ⓁKZ29</td><td>6</td><td></td></tr>
<tr><td>一般项目 2</td><td>同上</td><td>一层⑥×ⒺKZ25</td><td>6</td><td></td></tr>
<tr><td>一般项目 2</td><td>截面尺寸_柱[＋10，－5]</td><td>一层①×ⒶKZ1</td><td>2</td><td></td></tr>
<tr><td>一般项目 2</td><td>同上</td><td>一层①×ⓁKZ9</td><td>9</td><td></td></tr>
<tr><td>一般项目 2</td><td>同上</td><td>一层⑬×ⒶKZ13</td><td>－4</td><td></td></tr>
<tr><td>一般项目 2</td><td>同上</td><td>一层⑬×ⓁKZ29</td><td>－4</td><td></td></tr>
<tr><td>一般项目 2</td><td>同上</td><td>一层⑥×ⒺKZ25</td><td>6</td><td></td></tr>
<tr><td>一般项目 2</td><td>截面尺寸_墙[＋10，－5]</td><td>一层①×ⒶKZ1</td><td>7</td><td></td></tr>
<tr><td>一般项目 2</td><td>同上</td><td>一层①×ⓁKZ9</td><td>2</td><td></td></tr>
<tr><td>一般项目 2</td><td>同上</td><td>一层⑬×ⒶKZ13</td><td>－1</td><td></td></tr>
<tr><td>一般项目 2</td><td>同上</td><td>一层⑬×ⓁKZ29</td><td>－4</td><td></td></tr>
<tr><td>一般项目 2</td><td>同上</td><td>一层⑥×ⒺKZ25</td><td>0</td><td></td></tr>
<tr><td>一般项目 2</td><td>预埋件中心位置_预埋螺栓[5]</td><td>一层 13×ⒶKZ13</td><td>0</td><td></td></tr>
<tr><td>一般项目 2</td><td>同上</td><td>一层⑬×ⓁKZ29</td><td>0</td><td></td></tr>
<tr><td>一般项目 2</td><td>同上</td><td>一层⑥×ⒺKZ25</td><td>0</td><td></td></tr>
<tr><td rowspan="2">检查人员
(签名)</td><td colspan="2">专业监理工程师：</td><td colspan="2">专业质量检查员：</td></tr>
<tr><td colspan="2">专业工长：</td><td colspan="2">记录人：</td></tr>
</table>

检查日期：　　　　年　月　日

最后，在表尾部分，软件依据填写情况，按相关规范要求自动分析，生成相应的评语。如全部达到规范要求，"施工单位检查评定结果"栏则生成"主控项目全部符合要求，一般项目满足规范要求，本检验批符合要求""监理单位验收结论"栏则生成"主控项目全部合格，一般项目满足规范要求，本检验批合格"。软件已经按规范要求自动生成评语，如表 6-6 所示：

表 6-6　表尾部分

施工单位 检查结果	主控项目全部符合要求，一般项目满足规范要求，本检验批符合要求 专业工长： 项目专业质量检查员：　　　　年　月　日
监理(建设)单位 验收结论	主控项目全部合格，一般项目满足规范要求，本检验批合格 专业监理工程师： (建设单位项目专业技术负责人)：　　　　年　月　日

混凝土评定表格的填写，双击打开"混凝土试块抗压强度统计及验收记录(标准养护)，先选择"强度等级"如 C25，"试块代表部位、编号、试块组数代表值"等栏按试块报告填写，完成后，只需点工具栏上的"混凝土评定"即可，软件自动计算，自动评定合格或不合格，如表 6-7 所示：

表 6－7　混凝土试块抗压强度统计及验收记录(标准养护)

编号:02－01－C5－001

工程名称	品茗科技大厦	强度等级	C25	养护方法	标准养护

序号	试块代表部位	试块报告编号	龄期(d)	试块组强度代表值 fcu, i(N/mm²)
1	①~⑬×Ⓐ~Ⓛ二层梁、板	2013—35890	28	33
2	①~⑬×Ⓐ~Ⓛ三层梁、板	2013—35987	28	32
3	①~⑬×Ⓑ~Ⓛ四层梁、板	2013—36003	28	30.3
4	①~⑬×Ⓑ~Ⓛ五层梁、板	2013—36034	28	29.3
5	①~⑬×Ⓑ~Ⓛ六层梁、板	2013—36055	28	29.6
6	①~⑬×Ⓑ~Ⓛ七层梁、板	2013—36089	28	32.3
7	①~⑬×Ⓑ~Ⓛ八层梁、板	2013—36115	28	32.8
8	①~⑬×Ⓑ~Ⓛ九层梁、板	2013—36146	28	29.6
9	①~⑬×Ⓑ~Ⓛ十层梁、板	2013—36167	28	29.3
10	①~⑬×Ⓑ~Ⓛ十一层梁、板	2013—36186	28	33.4
11	①~⑬×Ⓑ~Ⓛ十二层梁、板	2013—36236	28	31.5
12	①~⑬×Ⓑ~Ⓛ十三层梁、板	2013—36276	28	32.7
13	①~⑬×Ⓑ~Ⓛ十四层梁、板	2013—36287	28	33.8
14	①~⑬×Ⓑ~Ⓛ十五层梁、板	2013—36354	28	33.2
15	①~⑬×Ⓑ~Ⓛ十六层梁、板	2013—36387	28	31.4
16	①~⑬×Ⓑ~Ⓛ十七层梁、板	2013—36394	28	33

数理统计($n\geq10$)	非数理统计($n<10$)	n	10~14	15~19	≥20	设计等级	<C60	≥C60
$mf_{cu}\geq f_{cu,k}+\lambda_1\times Sf_{cu}$ $f_{cu,\min}\geq\lambda_2\times f_{cu,k}$	$mf_{cu}\geq\lambda_3\times f_{cu,k}$ $f_{cu,\min}\geq\lambda_4\times f_{cu,k}$	λ_1	1.15	1.05	0.95	λ_3	1.15	1.10
		λ_2	0.90	0.85		λ_4	0.95	

试块组数 n	平均值 mf_{cu}(MPa)	标准差 Sf_{cu}(MPa)	强度标准值 $f_{cu,k}$(MPa)	最小值 $f_{cu,\min}$(MPa)	合格评定系数			
					λ_1	λ_2	λ_3	λ_4
16	31.70	2.50	25	29.30	1.05	0.85	/	/

计算结果：

$\lambda_2\times f_{cu,k}=$　21.25　　$f_{cu,k}+\lambda_1\times Sf_{cu}=$　27.63

$mf_{cu}\geq f_{cu,k}+\lambda_1\times Sf_{cu}$　31.70>27.63　　$f_{cu,min}\geq\lambda_2\times f_{cu,k}$　29.30>21.25

计算	潘××	审核	项××
施工单位评定结果： 合格 项目专业质量检验员： 年　月　日		监理(建设)单位验收结论： 合格 监理工程师(建设单位项目专业技术负责人)： 年　月　日	

注：f_{cu}, i—任一组试件的强度代表值，一组 3 个试件：① f_{cu}, i 为 3 个试件强度的算术平均值；② 一组试件中强度的最大值或最小值与中间值之差超过中间值的 15%时，f_{cu}, i 取中间值；③ 一组试件中的最大值、最小值与中间值之差均超过中间值的 15%时，该组试件的强度不作为评定的依据。

表格编辑完成后保存并退出即可。

通常一个工程项目划分为多个验收批，对于编制过检验批质量验收记录可用的“批量快增加功能”迅速增加新表格，快增加表格相当于复制表格。操作如下：鼠标点击选择“现浇结构外观质量及尺寸偏差检验批质量验收记录”的“一层柱”验收部位后，鼠标点击工具栏上的“快增加”，在弹出的“请输入表格名称对话框”输入“二层梁板、二层柱”等，如图 6－13 所示：

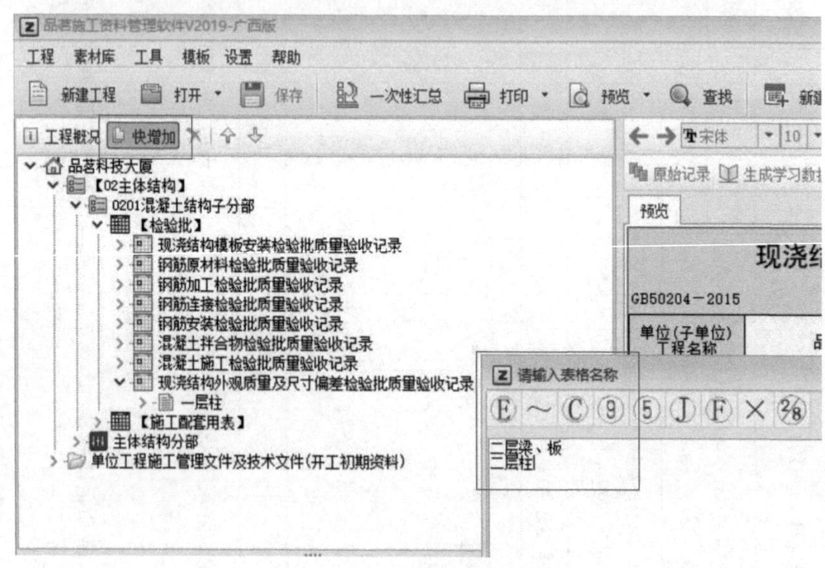

图 6－13　批量快增加功能

点击“确定“后，我们就同时复制了 2 份“现浇结构外观质量及尺寸偏差检验批质量验收记录”表格了，我们只需要输入检验批表格中不同内容就可快速完成较多的检验批编制工作。

（二）编制分项、子分部、分部工程质量验收表格

分部工程检验批填写完成后，点击工具栏上的“一次性汇总”或在分部工程右键选择“分部汇总”，软件将自动生成“分项、子分部、分部工程”自动统计，并自动生成分项、子分部、分部工程质量验收记录表，如图 6－14、表 6－8、表 6－9、表 6－10、表 6－11 所示：

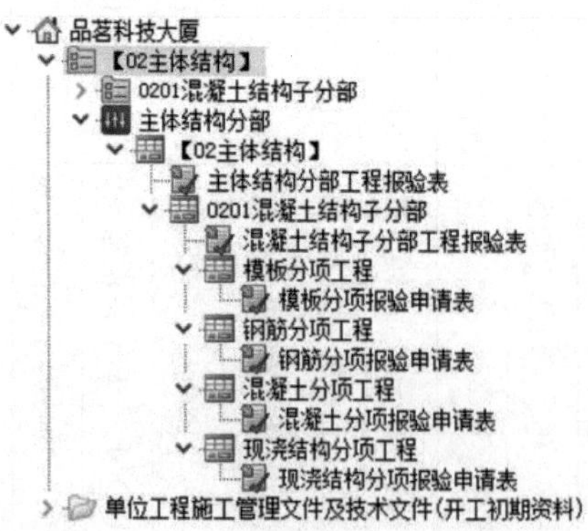

图 6－14

分项工程质量验收记录

表 6-8　混凝土分项工程质量验收记录

桂建质(分项 A 类)

<table>
<tr><td>单位(子单位)
工程名称</td><td colspan="3">品茗科技大厦</td><td>分部(子分部)
工程名称</td><td colspan="3">主体结构(混凝土结构)</td></tr>
<tr><td>检验批数量</td><td colspan="3">2</td><td>分项工程专业
质量检查员</td><td colspan="3"></td></tr>
<tr><td>施工单位</td><td colspan="3">广西×××建工集团</td><td>项目负责人</td><td>项××</td><td>项目技术
负责人</td><td>潘××</td></tr>
<tr><td>分包单位</td><td colspan="3"></td><td>分包单位
项目负责人</td><td></td><td>分包内容</td><td></td></tr>
<tr><td>序号</td><td>检验批名称</td><td>检验批容量</td><td colspan="2">部位/区段</td><td colspan="2">施工单位检查结果</td><td>监理(建设)单位
验收意见</td></tr>
<tr><td>1</td><td>混凝土拌合物</td><td>90 m²</td><td colspan="2">一层柱</td><td colspan="2">合格</td><td rowspan="7">所含检验批无遗漏,各检验批所覆盖的区段和所含内容无遗漏,所查检验批全部合格</td></tr>
<tr><td>2</td><td>混凝土施工</td><td>90 m²</td><td colspan="2">一层柱</td><td colspan="2">合格</td></tr>
<tr><td></td><td></td><td></td><td colspan="2"></td><td colspan="2"></td></tr>
<tr><td></td><td></td><td></td><td colspan="2"></td><td colspan="2"></td></tr>
<tr><td></td><td></td><td></td><td colspan="2"></td><td colspan="2"></td></tr>
<tr><td></td><td></td><td></td><td colspan="2"></td><td colspan="2"></td></tr>
<tr><td></td><td></td><td></td><td colspan="2"></td><td colspan="2"></td></tr>
<tr><td colspan="8">说明:
检验批质量验收记录资料齐完整。</td></tr>
<tr><td>施工单位检查结果</td><td colspan="7">所含检验批无遗漏,各检验批所覆盖的区段和所含内容无遗漏,全部符合要求,本分项符合要求
项目专业技术负责人:
年　月　日</td></tr>
<tr><td>监理(建设)单位
验收结论</td><td colspan="7">本分项合格
专业监理工程师:
(建设单位项目专业技术负责人):
年　月　日</td></tr>
</table>

注:本表(分项 A 类)适用于不涉及全高垂直度检查、无特殊要求的分项工程。混凝土现浇结构、混凝土装配结构、砖砌体、混凝土小型空心砌块砌体、石砌体分项工程质量验收记录使用分项 B 类表格。

子分部工程质量验收记录

表 6－9　混凝土结构子分部工程质量验收记录

GB 50204—2015　　　　桂建质 0201

<table>
<tr><td>单位(子单位)工程名称</td><td colspan="2">品茗科技大厦</td><td>分部工程名称</td><td>主体结构</td><td>分项工程数量</td><td>4</td></tr>
<tr><td>施工单位</td><td colspan="2">广西×××建工集团</td><td>项目负责人</td><td>项××</td><td>技术(质量)负责人</td><td>李××</td></tr>
<tr><td>分包单位</td><td colspan="2">/</td><td>分包单位负责人</td><td>/</td><td>分包内容</td><td>/</td></tr>
<tr><td>序号</td><td>分项工程名称</td><td>检验批数</td><td colspan="2">施工单位检查结果</td><td colspan="2">监理(建设)单位验收意见</td></tr>
<tr><td>1</td><td>模板</td><td>1</td><td colspan="2">合格</td><td colspan="2" rowspan="6">(验收意见、合格或不合格的结论、是否同意验收)
所含分项无遗漏并全部合格,本子分部合格,同意验收</td></tr>
<tr><td>2</td><td>钢筋</td><td>4</td><td colspan="2">合格</td></tr>
<tr><td>3</td><td>混凝土</td><td>2</td><td colspan="2">合格</td></tr>
<tr><td>4</td><td>预应力</td><td></td><td colspan="2"></td></tr>
<tr><td>5</td><td>现浇结构</td><td>1</td><td colspan="2">合格</td></tr>
<tr><td>6</td><td>装配式结构</td><td></td><td colspan="2"></td></tr>
<tr><td>质量控制资料检查结论</td><td colspan="2">(按附表第 1～18 项检查)
共　11　项,经查符合要求　11　项,
经核定符合规范要求　0　项。</td><td>安全和功能检验(检测)报告检查结论</td><td colspan="3">(按附表第 19～23 项检查)
共核查　4　项,符合要求　4　项,
经返工处理符合要求　0　项。</td></tr>
<tr><td>观感验收记录</td><td colspan="2">1. 共抽查　5　项,符合要求　5　项,不符合要求　0　项。
2. 观感质量评价：　好</td><td>验收组验收结论</td><td colspan="3">(合格或不合格、是否同意验收的结论)
合格,同意验收</td></tr>
<tr><td colspan="2">勘察单位

项目负责人：

年　月　日</td><td colspan="2">设计单位

项目负责人：

年　月　日</td><td colspan="2">分包单位

项目负责人：

年　月　日

施工单位

项目负责人：

年　月　日</td><td>监理(建设)单位

项目负责人：

年　月　日</td></tr>
</table>

注:“经核定符合规范要求项”是指初验未通过的项目,按《建筑工程施工质量验收统一标准》(GB 50300—2013)第 5.0.6 条处理的情况。

表 6 - 10　混凝土结构子分部工程资料检查表

GB 50204—2015　　　　桂建质 0201　附表

序号	检查内容	份数	监理(建设)单位检查意见
1	设计图纸/变更文件	1/　/	✓
2	钢材合格证/试验报告	10/10	✓
3	钢材焊接试验报告/焊条(剂)合格证/焊工上岗证	10/10/8	✓
4	水泥合格证/试验报告	10/10	✓
5	混凝土外加剂合格证/试验报告	/	/
6	混凝土掺合料合格证/试验报告	/	/
7	商品混凝土出厂合格证	14	✓
8	砂检验单/石检验单	4/4	✓
9	混凝土配合比报告	10	✓
10	混凝土开盘鉴定记录	1	✓
11	混凝土施工记录	20	✓
12	混凝土装配式结构预制构件的合格证/安装验收记录	/	/
13	预应力筋(钢绞线)合格证/进场复验报告	/	/
14	预应力筋用锚具、夹具、连接器合格证/进场复验报告	/	/
15	预应力筋安装、张拉及灌浆记录	/	/
16	隐蔽工程检查验收记录	5	✓
17	混凝土现浇结构分项工程质量验收记录——桂建质(分项B类)-01	1	✓
18	混凝土装配式结构分项工程质量验收记录——桂建质(分项B类)-02	/	/
19	重大质量问题处理方案/验收记录	/	/
20	混凝土抗压强度试验报告/混凝土试件的性能试验报告	19/19	✓
21	混凝土试块抗压强度统计及验收记录	19	✓
22	混凝土结构子分部工程结构实体混凝土强度验收记录	1	✓
23	混凝土结构子分部工程结构实体钢筋保护层厚度验收记录——桂建质(附)0201-02	1	✓
检查人： 年　月　日			

注：1. 检查意见分两种：合格打“✓”，不合格打“×”。

2. 验收时，若混凝土试块未达龄期，各方可验收除混凝土强度外的其他内容。待混凝土强度试验数据得出后，达到设计要求则验收有效；达不到要求，处理后重新验收。

3. 钢筋工程检验批已含隐蔽验收，不必另做隐蔽工程检查验收记录，须做隐蔽工程检查验收的是诸如埋入管线之类。

分部工程质量验收记录

表 6-11　主体结构分部工程质量验收记录

GB 50300—2013　　　　　　　　　　　　　　　　　　　　　　　　桂建质 02

<table>
<tr><td>单位(子单位)工程名称</td><td>品茗科技大厦</td><td>子分部工程数量</td><td>1</td><td>分项工程数量</td><td>8</td></tr>
<tr><td>施工单位</td><td>广西×××建工集团</td><td>项目负责人</td><td>项××</td><td>技术(质量)负责人</td><td>李××</td></tr>
<tr><td>分包单位</td><td>/</td><td>分包单位负责人</td><td>/</td><td>分包内容</td><td>/</td></tr>
<tr><td>序号</td><td>子分部工程名称</td><td>分项工程数</td><td colspan="2">施工单位检查结果</td><td>验收组验收结论</td></tr>
<tr><td>1</td><td>混凝土结构</td><td>4</td><td colspan="2">合格</td><td rowspan="7">(验收意见、合格或不合格的结论、是否同意验收)

所含子分部无遗漏并全部合格，本分部合格，同意验收</td></tr>
<tr><td>2</td><td>砌体结构</td><td>4</td><td colspan="2">合格</td></tr>
<tr><td>3</td><td>钢结构</td><td></td><td colspan="2"></td></tr>
<tr><td>4</td><td>钢管混凝土结构</td><td></td><td colspan="2"></td></tr>
<tr><td>5</td><td>型钢混凝土结构</td><td></td><td colspan="2"></td></tr>
<tr><td>6</td><td>铝合金结构</td><td></td><td colspan="2"></td></tr>
<tr><td>7</td><td>木结构</td><td></td><td colspan="2"></td></tr>
<tr><td>质量控制资料检查结论</td><td colspan="2">共　8　项，经查符合要求　8　项，
经核定符合规范要求　0　项。</td><td>安全和功能检验(检测)报告检查结论</td><td colspan="2">共核查　4　项，符合要求　4　项，
经返工处理符合要求　0　项。</td></tr>
<tr><td>观感质量验收结论</td><td colspan="5">1. 共抽查　6　项，符合要求　6　项，不符合要求　0　项。
2. 观感质量评价(好、一般、差)：
好</td></tr>
<tr><td colspan="2">施工单位</td><td>设计单位</td><td colspan="2">监理(建设)单位</td><td>勘察单位</td></tr>
<tr><td colspan="2">项目负责人：

(公章)
年　月　日</td><td>项目负责人：

(公章)
年　月　日</td><td colspan="2">项目负责人：

(公章)
年　月　日</td><td>项目负责人：

(公章)
年　月　日</td></tr>
</table>

注：1. 质量控制资料、安全和功能检验(检测)报告检查情况可查阅有关的子分部工程质量验收记录或直接查阅原件，统计整理后填入本表。

2. 本验收记录尚应有各有关子分部工程质量验收记录作附件。

3. 观感质量验收由总监理工程师或建设单位项目专业负责人组织并以其为主，听取参验人员意见后作出评价，如评为“差”时，能修的尽量修，若不能修，只要不影响结构安全和使用功能，可协商接收，并在“验收组验收意见”栏中注明。

4. 勘察单位不需参加除地基与基础分部以外的分部工程验收，此时可以将勘察单位签字盖章栏删除；设计单位不需参加电梯分部工程验收，此时可以将设计单位签字盖章栏删除，并将施工单位栏改为电梯安装单位栏。

五、编制竣工验收记录的操作

工程资料管理软件中竣工验收记录包括：单位（子单位）工程质量竣工验收记录（汇总表）001、质量控制资料核查记录 002、安全和功能检验资料核查及主要功能抽查记录 003、观感质量检查记录 004。

第一步：新建表格。点击“新建表格”后，在弹出的对话框按勾选 001、002、003、004 表并输入文件名称，如品茗科技大厦，如图 6－15 所示：

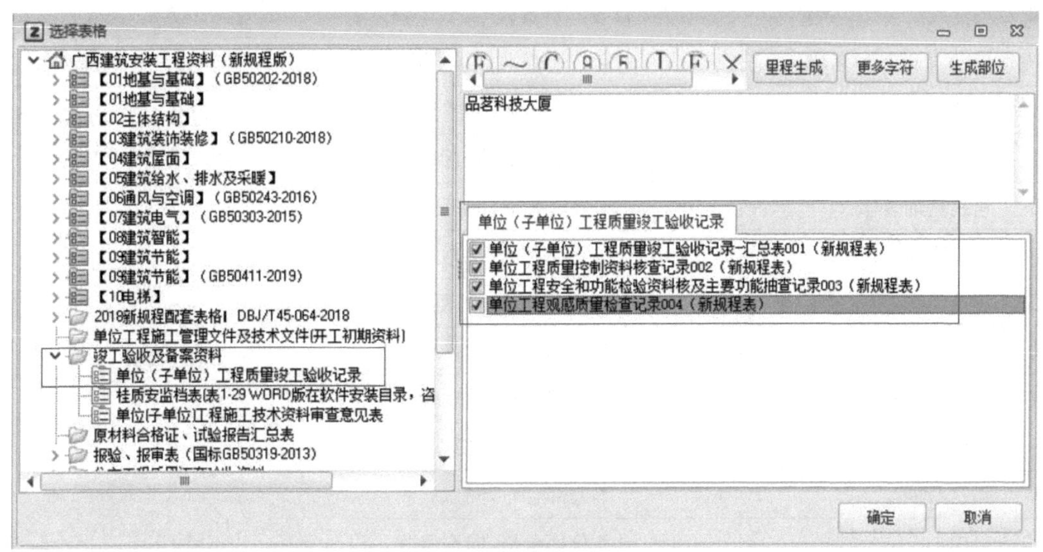

图 6－15　新建表格

点击确定后，单位（子单位）工程质量竣工验收记录 001、002、003、004 即新建完成，如图 6－16 所示：

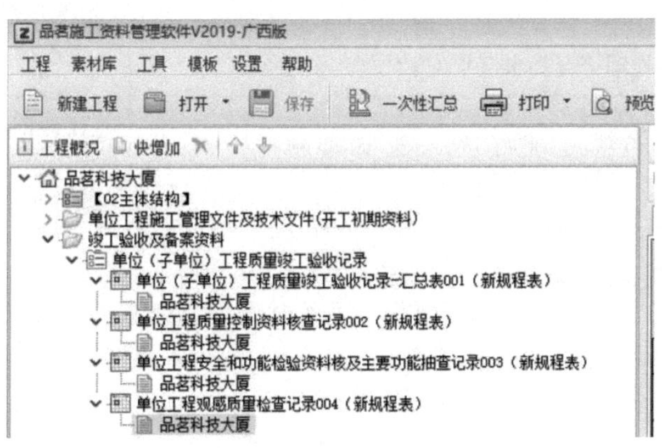

图 6－16　新建完成

第二步，编制表格。分别点击“单位（子单位）工程质量竣工验收记录汇总表 001”“质量控制资料核查记录 002”“安全和功能检验资料核查及主要功能抽查记录 003”“观感质量检查记录 004”，按表格内容填写相应的数据即可，如表 6－12 所示。

表 6-12　单位(子单位)工程质量竣工验收记录

汇总表

GB 50300—2013　　　　桂建质 00(一)

<table>
<tr><td>单位工程名称</td><td colspan="3">品茗科技大厦</td><td colspan="2">子单位工程名称</td><td colspan="2"></td></tr>
<tr><td>建筑面积
(或投资规模)</td><td colspan="2"></td><td>结构类型</td><td colspan="2"></td><td>层　数</td><td>地上　　层
地下　　层</td></tr>
<tr><td>施工单位</td><td colspan="2">广西×××建工集团</td><td>技术负责人</td><td colspan="2"></td><td>开工日期</td><td>年　月　日</td></tr>
<tr><td>项目负责人</td><td colspan="2">项××</td><td>项目技术负责人</td><td colspan="2">潘××</td><td>完工日期</td><td>年　月　日</td></tr>
<tr><td>序号</td><td>分部工程名称</td><td colspan="4">分部工程验收组验收意见</td><td colspan="2">监理(建设)单位验收结论</td></tr>
<tr><td>1</td><td>地基与基础</td><td colspan="4">本分部合格,同意验收</td><td colspan="2" rowspan="10">本工程共含 10 分部。经查 10 分部,符合标准及设计要求 10 分部。

结论(是否同意验收):

同意验收</td></tr>
<tr><td>2</td><td>主体结构</td><td colspan="4">本分部合格,同意验收</td></tr>
<tr><td>3</td><td>建筑装饰装修</td><td colspan="4">本分部合格,同意验收</td></tr>
<tr><td>4</td><td>建筑屋面</td><td colspan="4">本分部合格,同意验收</td></tr>
<tr><td>5</td><td>建筑给水、排水及采暖</td><td colspan="4">本分部合格,同意验收</td></tr>
<tr><td>6</td><td>建筑电气</td><td colspan="4">本分部合格,同意验收</td></tr>
<tr><td>7</td><td>智能建筑</td><td colspan="4">本分部合格,同意验收</td></tr>
<tr><td>8</td><td>通风与空调</td><td colspan="4">本分部合格,同意验收</td></tr>
<tr><td>9</td><td>建筑节能</td><td colspan="4">本分部合格,同意验收</td></tr>
<tr><td>10</td><td>电梯</td><td colspan="4">本分部合格,同意验收</td></tr>
<tr><td>质量控制资料
核查情况</td><td colspan="4">共 57 项。经查符合要求 57 项,经核定符合规范要求　项。</td><td colspan="3">(情况是否属实,是否同意验收):
情况属实,同意验收</td></tr>
<tr><td>安全和功能
检验(检测)
及抽查情况</td><td colspan="4">共检查 32 项,符合要求 32 项;
共抽查 32 项,符合要求 32 项;
经返工处理符合要求 0 项。</td><td colspan="3">(情况是否属实,是否同意验收):
情况属实,同意验收</td></tr>
<tr><td>观感质量验收</td><td colspan="4">共抽查 26 项,达到“好”和“一般”的 26 项。
经返修处理符合要求的 0 项。</td><td colspan="3">总体评价(好、一般、差):
好
(是否同意验收): 同意验收</td></tr>
<tr><td>竣工验收组
综合验收结论</td><td colspan="7">(是否符合设计和规范要求,合格或不合格)
本单位(或子单位)工程符合设计和规范要求,工程质量合格</td></tr>
<tr><td>竣工验收组
成员签名</td><td colspan="7">年　　月　　日</td></tr>
<tr><td>勘察单位</td><td colspan="2">设计单位</td><td colspan="2">施工单位</td><td colspan="2">监理单位</td><td>建设单位</td></tr>
<tr><td>项目负责人:</td><td colspan="2">项目负责人:</td><td colspan="2">项目负责人:</td><td colspan="2">项目负责人:</td><td>项目负责人:</td></tr>
</table>

六、表格打印输出

资料编制整理、检查无误后，我们需打印输出。工程资料软件可提供：工程打印、节点打印及单张表格快速打印等多种方式。如，按工程打印时，选择工程，点击工具栏“快速打印”右边的下拉框，选择“批量打印”后点击打印即可，如图 6 - 17 所示：

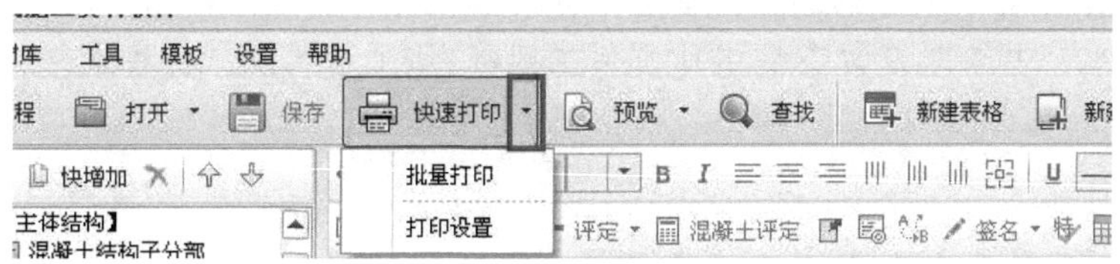

图 6 - 17　快速打印

当选择节点打印时，系统自己提供所选节点以下包含表格的菜单目录，如选择“混凝土结构子分部”节点，后点击工具栏“快速打印”下拉框，再选择“批量打印”即可，如图 6 - 18 所示。

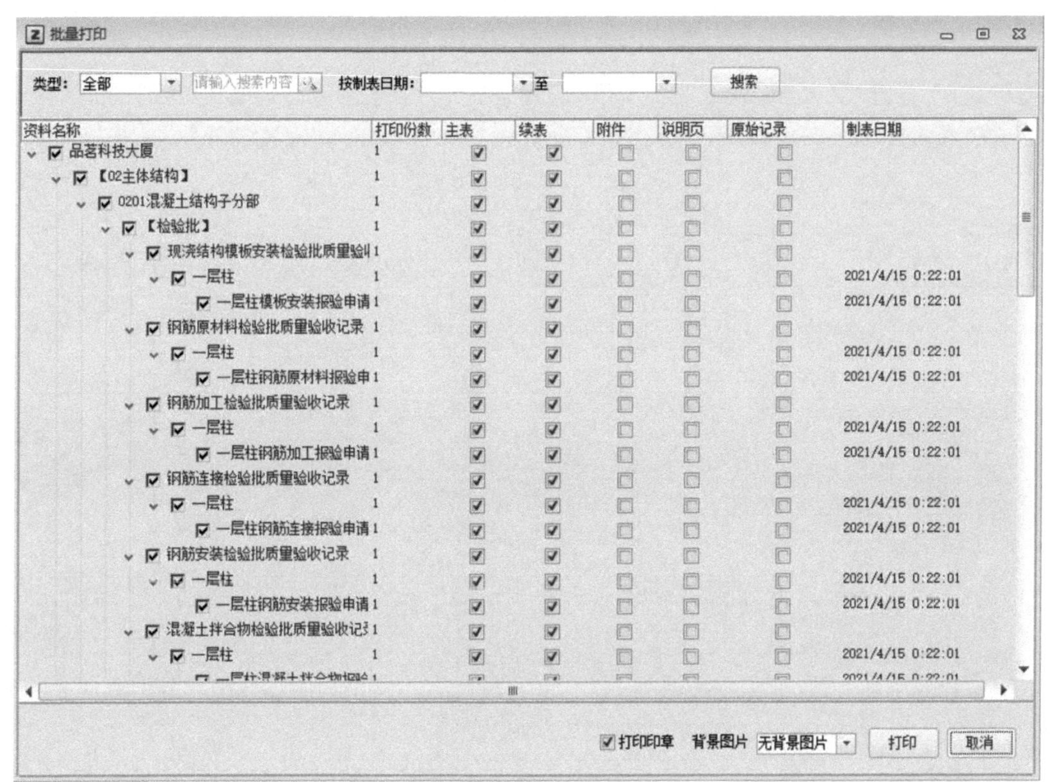

图 6 - 18　批量打印

七、签章确认，资料存档

上述简要地说明了工程资料管理软件的安装、使用实务操作情况，大量的实务操作均在上机课堂教学完成。

实训练习

任务一

1. 目的　提供某 7 层及以下民用建筑施工图纸、施工资料及相关技术指标，分组上机编制工程施工资料。

2. 能力目标　熟悉工程施工资料管理软件的上机操作。

3. 实物资料　某 7 层及以下民用建筑施工图纸、施工资料及相关技术指标。

参考文献

[1] 中华人民共和国国家标准. GB 50300—2013 建筑工程施工质量验收统一标准[S]. 北京：中国建筑工业出版社，2013.

[2] 中华人民共和国国家标准. GB/T 50328—2014 建设工程文件归档整理规范[S]. 北京：中国建筑工业出版社，2001.

[3] 中华人民共和国行业标准. JGJ/T 185—2009 建筑工程资料管理规程[S]. 北京：中国建筑工业出版社，2009.

[4] 陈光. 建筑施工企业管理人员岗位资格培训教材·资料员岗位实务知识(第二版)[M]. 北京：中国建筑工业出版社，2013.

[5] 林伊宁. 国家标准建筑工程施工质量验收规范广西应用手册[M]. 广西：广西科学技术出版社，2004.

[6] 桂建设(2020)6 号《广西壮族自治区住宅工程质量分户验收管理规定》，广西壮族自治区住房和城乡建设厅.